新形态一体化系列教材
陕西省一流在线课程配套教材

幼儿园组织与管理

主　审　张建昌
主　编　吴　琼　高晶晶　阎　涛
副主编　强海英

安徽师范大学出版社
ANHUI NORMAL UNIVERSITY PRESS
·芜湖·

图书在版编目（CIP）数据

幼儿园组织与管理 / 吴琼等主编. — 芜湖：安徽师范大学出版社，2022.3
ISBN 978-7-5676-5481-5

Ⅰ.①幼… Ⅱ.①吴… Ⅲ.①幼儿园-组织管理 Ⅳ.①G617

中国版本图书馆CIP数据核字（2022）第029588号

幼儿园组织与管理　吴　琼　高晶晶　阎　涛　王　珍　主编
YOUERYUAN ZUZHI YU GUANLI

责任编辑：祝凤霞　管健行
责任校对：李　玲
装帧设计：嘉鸿永徽科技
出版发行：安徽师范大学出版社
芜湖市北京东路1号安徽师范大学赭山校区　邮政编码：241000
网　　址：http://www.ahnupress.com/
发 行 部：0553-5910319　5910327　5910310（传真）
印　　刷：廊坊市广阳区九洲印刷厂
版　　次：2022年3月第1版
印　　次：2022年3月第1次印刷
规　　格：787 mm × 1092 mm　1/16
印　　张：16
字　　数：409千字
书　　号：ISBN 978-7-5676-5481-5
定　　价：48.00元

如发现印装质量问题，影响阅读，请与发行部联系调换。

前言 PREFACE

学前教育是终身教育的开端，是国民教育体系的重要组成部分。办好学前教育、实现“幼有所育”是党和国家的一项重大民生工程。幼儿园的教育质量是“幼有所育”民生工程得以保障和改善的核心，是学前教育个体利益和社会效益实现的关键。幼儿园科学有效的管理是高质量保教服务供给的必要条件。党的十九大以来，党和国家对发展更丰富、更多元、更科学、更优质的学前教育提出了新要求，指明了新前景和新方向。因此，我国的幼儿园管理必将顺应新时代的发展要求和社会的多元需求，改革创新、完善管理、强化队伍、提升质量，推进学前教育普及、普惠、安全、优质发展。

“幼儿园组织与管理”是学前教育专业的专业基础课，是教育部《教师教育课程标准（试行）》中规定的幼儿园教师教育必修课，是促进职前教师、幼儿园教师、幼儿园园长职业生涯发展规划的有效资源。本书旨在让学习者掌握幼儿园组织与管理的基本规律，培养其具备问题意识和解决问题的能力，理解管理育人的独特地位和价值，树立人人都是管理者的意识，进而提升学习者的职业竞争力、适应力和领导力。本书具有新颖性、实践性、时代性、问题导向性，既适合对学前教育专业学生的培养，又服务于幼儿园教师、园长的职业发展。

本书在设计与编写过程中，力求体现如下特点：

1. 以学生为中心、问题为导向，尊重差异化

本书定位于应用型人才培养，结合编写团队多年一线教学经验和调研实践，坚持以学生为中心、以问题为导向，尊重差异化，有针对性地进行内容设计和资源整合。本书的设计框架分为上、中、下三篇，分别为幼儿园管理基础及体制、幼儿园常规工作管理和幼儿园发展与评价。既在横向上涵盖了幼儿园组织与管理的基础知识和职业能力训练等内容，又在纵向上包含了幼儿园创设、幼儿园组织与制度建设、幼儿园过程管理和幼儿园文化品牌打造等动态可持续发展内容，动静交替，兼顾基础知识、实践操作与创新创业，为学生今后从事幼儿园教育和管理工作奠定良好基础。

2. 内容系统化、功能化，落实立德树人

为更好地培养“四有幼儿教师”，将课程思政内容有机融入教学。本书贯彻《幼儿园教师

专业标准（试行）》《学前教育专业认证标准》《学前教育专业师范生教师职业能力标准（试行）》等文件精神，结合每章内容设计课程思政目标，配套思政元素，落实立德树人。每章均设有课前问题导学、学习目标、课程思政目标、思维导图、案例导入、本章小结、思考与练习等栏目，保障教材内容更加系统化、功能化。

3. 资源配套多元丰富，支持特色教学、线上线下联动

本书有幼儿园管理相关的真实案例、图表及具有时代性和现实指导意义的拓展阅读，使理论阐述和策略方法、案例分析相结合，更具有针对性、指导性。另外，编写团队在学银在线平台上建设了《幼儿园组织与管理》“省级一流在线开放课程”（网址http：//www.xueyinonline.com/输入本课程名称即可查询），可与本书配套使用。既便于校内外学生的自主学习，又为开展特色教学、实施线上线下混合式教学提供有力支持，满足教师及学习者的需求。

本书由吴琼、高晶晶、阎涛、王珍任主编，由强海英任副主编，具体的编写分工为：第一章、第二章、第三章由吴琼编写，并负责每章的真题解析与答案整理；第五章、第六章、第七章由高晶晶编写；第八章、第十章、第十一章由阎涛编写；第四章、第九章、第十二章由王珍编写。全书由吴琼进行统稿，由张建昌作为主审，并指导全书的整体框架和编写工作的组织协调。邀请一线幼儿园园长强海英对全书内容从实践层面进行把关，确保本书内容与一线工作的有效衔接。

本书在编写过程中，参阅了大量文献资料、幼儿园调研资料及其他相关资源，在此一并致谢。由于编者水平有限，书中难免存在不足之处，敬请广大读者提出宝贵意见。

编　者

目录 CONTENTS

上篇 幼儿园管理基础及体制

第一章 管理与幼儿园管理概述 …… 3

第一节 管理概述 …… 4
第二节 管理者概述 …… 8
第三节 管理理论的形成和发展 …… 11
第四节 幼儿园管理概述 …… 18

第二章 幼儿园创设和管理体制 …… 28

第一节 幼儿园的创设 …… 29
第二节 幼儿园的申办程序 …… 36
第三节 幼儿园的管理体制 …… 40

第三章 幼儿园的组织机构与规章制度 …… 48

第一节 幼儿园的组织机构 …… 49
第二节 幼儿园的规章制度 …… 55

第四章 幼儿园管理过程与目标管理 …… 61

第一节 幼儿园管理过程的基础知识 …… 62
第二节 幼儿园的管理过程 …… 64
第三节 幼儿园的目标管理 …… 72

中篇 幼儿园常规工作管理

第五章 幼儿园保教工作管理 …… 81

第一节 幼儿园保教工作管理概述 …… 82
第二节 幼儿园保教工作管理的组织与实施 …… 84
第三节 幼儿园课程管理 …… 88
第四节 幼儿园教研、科研活动的意义与组织 …… 91

第六章 幼儿园班级管理 …… 95

第一节 幼儿园班级管理概述 …… 96
第二节 幼儿园班级一日活动的内容及安排 …… 103

第三节　幼儿园各年龄班的班级管理……107
第四节　幼小衔接存在的问题……112

第七章　幼儿园卫生保健与安全管理……117

第一节　幼儿园卫生保健工作管理的重要性和任务……118
第二节　幼儿园卫生保健工作管理的要求与程序……120
第三节　幼儿园安全工作管理概述……122
第四节　幼儿园安全工作管理策略……124

第八章　幼儿园总务工作管理……132

第一节　幼儿园总务工作管理概述……133
第二节　幼儿园膳食管理……140
第三节　幼儿园财务工作管理……144
第四节　幼儿园事务性工作管理……147

第九章　幼儿园公共关系管理……153

第一节　幼儿园公共关系概述……154
第二节　幼儿园家长工作管理……156
第三节　幼儿园社区工作管理……161
第四节　幼儿园与其他公众的公共关系管理……164

下篇　幼儿园发展与评价

第十章　幼儿园人力资源管理……171

第一节　幼儿园人力资源管理概述……172
第二节　幼儿园人员配备和管理……177
第三节　幼儿园教师队伍建设……182
第四节　幼儿园领导职能建设……192
第五节　园长负责制……199

第十一章　幼儿园组织文化建设……204

第一节　幼儿园组织文化的内涵……205
第二节　幼儿园物质文化建设……214
第三节　幼儿园精神文化建设……218
第四节　幼儿园品牌建设……223

第十二章　幼儿园工作评价……233

第一节　幼儿园工作评价及作用……234
第二节　幼儿园工作评价的实施……237
第三节　幼儿园工作评价的注意事项……246

参考文献……249

上篇

幼儿园管理基础及体制

你是否希望自己成为一名优秀的幼儿园教师？你是否期望通过努力成为幼儿园的管理者或一名园长？你是否梦想未来拥有并管理一所幼儿园？总之，要想成为一名全面而高效的管理者，你需要了解本章的内容。

第一章　管理与幼儿园管理概述

学习目标

1. 理解“管理”“组织”的含义，掌握管理的属性和职能。
2. 了解管理者的特征和技能，初步建立科学管理思维。
3. 了解管理理论的形成和发展过程，掌握各时期管理理论的特点和观点。
4. 了解幼儿园管理的概念、要素与特征。
5. 理解幼儿园管理的内容、原则、意义及方法。

课程思政目标

1. 理解幼儿园管理工作的意义，热爱学前教育事业，具有职业理想和敬业精神。
2. 认同幼儿园教师及管理者的专业性和独特性，具有终身学习与持续发展的意识和能力。
3. 具有全局意识及科学管理理念，提升情绪调节能力和自我管理能力。

思维导图

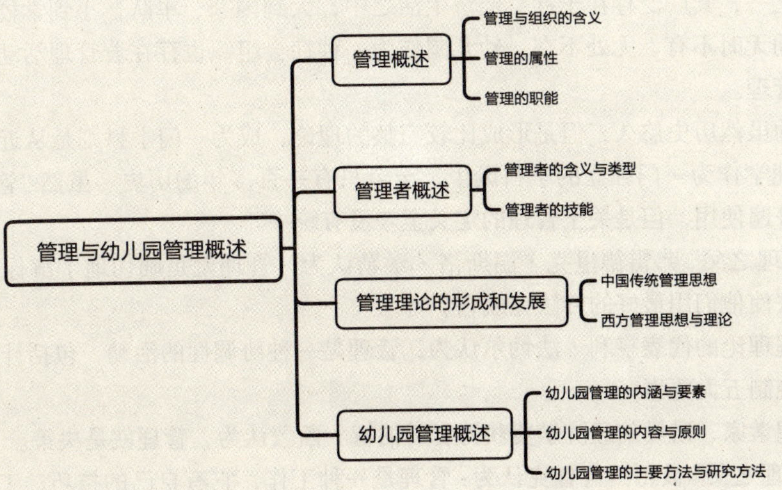

案例导入

袋鼠和笼子

有一天，动物园的管理员们发现有一只袋鼠从笼子里跑了出来，于是开会讨论原因。大家普遍认为是笼子的高度过低所致，于是他们决定将笼子的高度由原来的 10 米加到 15 米。第二天他们发现那只袋鼠又跑到了外面，于是他们决定将笼子的高度加到 20 米，没想到隔天居然看到所有袋鼠都跑到了外面。管理员们大为紧张，决定一不做二不休，将笼子高度加到 30 米。

一天，长颈鹿和袋鼠们闲聊。"你们说，这些人会不会继续加高你们的笼子？"长颈鹿问。

"很难说，如果他们继续忘记关门的话！"袋鼠说。

思考：动物园在管理方面是否存在问题？问题是什么？你身边有类似案例吗？

第一节 管理概述

幼儿园组织与管理是建立在一般管理学基础上的学科。学习一门学科首先应了解它的基本概念、属性、职能和演进，这对后续的学习具有重要的指导意义。因此，研究幼儿园组织与管理，首先要对管理知识有初步的了解。

想一想：什么是"管理""组织"？为什么要进行管理？

一、管理与组织的含义

（一）管理的含义

管理活动自古有之，自从人群组织产生，便有了管理活动。管理活动是人类各项活动中最重要的活动之一，其广泛存在于社会经济生活之中，大到国家、军队，小到学校、企业等，可以说管理活动无时不有、无处不在。幼儿园作为一种社会组织也存在着管理活动，其运行和发展更离不开管理。

管理活动虽然历史悠久，但是形成比较完整的理论，成为一门学科则是从近代才开始。20 世纪初，管理学作为一门独立的学科诞生，至今只有一百多年的历史。虽然"管理"一词在当今社会中被普遍使用，但是关于管理的定义至今没有统一。

"科学管理之父"弗雷德里克·温斯洛·泰勒认为，管理就是确切地了解你要别人干些什么，然后设法使他们用最好的方法完成它。

古典管理理论的代表亨利·法约尔认为，管理是一种协调性的活动，包括计划、组织、指挥、协调、控制五大要素。

美国管理学家、诺贝尔经济学奖获得者赫伯特·西蒙认为，管理就是决策。

"现代管理之父"彼得·德鲁克认为：管理是一种工作，它有自己的技巧、工具和方法；管理是一种器官，能赋予组织以生命的、能动的、动态的器官；管理是一门科学，是一种系统化的并普遍适用的知识；管理是一种文化。

还有很多学者从不同的角度对管理下定义，这里不再一一列举。可见，管理的内涵和外延随着社会的发展被不断地丰富和充实。结合学者们的一些共识和对管理要素的理解，我们认为：管理是一定组织中的管理者在特定的环境条件下，协调以人为中心的各种资源，通过计划、组织、领导和控制等职能，带领人们有效益地实现组织目标的过程。

管理的含义可以从以下几个方面理解，见表1-1。

表1-1 管理的含义

管理要素	简明理解	内容
管理的主体	由谁管	承担责任，决定管理的方向和进程
管理的客体	管什么	以人为中心的各种资源（人、财、物、信息等）
管理的职能	怎么管	计划、组织、领导和控制
管理的目的	为什么管	有效益地实现组织目标
管理的核心	什么是管	协调（处理好各种关系）

（二）组织的含义

管理活动都是发生在组织范围之内的，即组织是管理活动的载体。因此，在学习管理理论之前，把握组织的含义非常必要。

在汉语中，“组织”一词的原意是纺织，即“经纬相交，织作布帛”，在《吕氏春秋》《文心雕龙》等古代名著中都有记载。从《辞海》中可查到“组织”的引申义为：将分散的人或事安排成一定的系统或整体，按照一定的宗旨建立起来的团体，等等。

我们认为“组织”一词，有动词性概念和名词性概念。动词性的组织，是管理的一项职能（后面会讲解），指为更好地实现共同目标进行的明确分工、设置岗位、确立合作关系、建立协作系统等活动的集合，如组织晚会、组织人员开展工作等。

这里我们主要讲作为名词的组织，名词性的组织有广义和狭义之分。广义的组织是指由诸多要素按照一定方式相互联系起来的系统；狭义的组织是指人们为实现一定的目标，相互协作结合而成的集体或团体，如党团组织、工会组织、企业、军事组织等。我们应明确幼儿园也是一种社会组织。它们之所以被称为组织，是因为具有以下三个共同特征。

（1）每个组织都有明确的目的，这个目的一般用组织目标来表示。

（2）每个组织都由两个或两个以上的人组成。

（3）每个组织都有一种系统性的结构，用以规范和限制成员的行为。

例如，幼儿园的各项规章制度、各项工作程序等，使全体成员知道自己应做什么、不应做什么。因此“组织”是人们组成的，具有明确的目的和系统性结构的实体。

（三）组织与管理的关系

组织与管理是两个不同的概念，二者既相互联系又相互区别。

二者的联系表现为：首先，动词性的组织是管理的基本职能之一；其次，名词性的组织是管理活动的载体；再次，管理活动以组织为对象，组织是由人组成的协作系统，管理活动的对象不仅是个体的人，更多的是由多人组成的组织系统。

二者的区别表现为：首先，组织与管理的内涵不同，组织有名词性和动词性双重概念，既是人的协作系统，也是实现协作活动的集合，管理的实质是促进组织优质高效地实现目标的过程；其次，组织不等于管理，从管理职能角度看，组织只是管理的一项职能，但从组织系统论的角度看，组织还有很多的要素和广泛的内涵，管理仅仅是组织的一个要素。

综上所述，组织与管理既相互区别又相互融合，如何理解管理与组织的关系呢？我们认为，不必把管理等同为组织，或者把组织诠释为管理，而应在管理中理解组织，在管理中把握组织。随着组织理论的不断发展，组织理论在幼儿园管理中逐步被重视并使用，人们逐渐将“幼儿园管理”称为“幼儿园组织与管理”。本书也主要依据管理学的理论体系来理解组织、把握组织、运行组织。

二、管理的属性

管理是一种社会活动，这种社会活动不是个人的活动，而是两个或两个以上的人的社会活动。管理具有三个方面的属性，即二重性、科学性与艺术性、普遍性。

（一）二重性

管理的二重性是马克思关于管理问题的基本观点，二重性是指管理具有自然属性和社会属性。

想一想：什么是自然属性和社会属性？

一方面，管理是人类社会的客观需要，是由共同劳动的性质所决定的，是有效组织共同劳动所必需的，不以人的意志为转移，不因社会制度、意识形态的不同而有所变化，完全是一种客观存在，我们称之为管理的自然属性。管理要处理人类社会与自然的关系，要合理地组织社会生产力，故也称为管理的生产力属性。

另一方面，管理体现着生产资料所有者指挥劳动、监督劳动的意志，又同生产关系和社会制度相联系。也就是说，任何管理活动都是在特定的社会生产关系条件下进行的，为特定的社会生产关系服务，从而实现其调节和维护社会生产关系的目的。所以，管理具有社会属性，也称为管理的生产关系属性。

学习和掌握管理的二重性对我们后续学习和理解幼儿园管理原则及运用管理学指导幼儿园实践都具有重要的现实意义。

（二）科学性与艺术性

管理是科学性与艺术性相统一的活动。

想一想：为什么说管理是一门科学，又是一门艺术？

管理的科学性体现为管理具有客观规律性，这是管理科学性的明显标志。人们经过无数次的实践活动，从中总结出一系列反映管理活动客观规律的理论和方法，又反过来利用这些理论和方法指导自己的管理实践，从而使管理理论和方法在实践中不断得到验证和丰富。照章运作便可以取得预想效果的管理活动叫作程序性活动，相反，无章可循的管理活动叫作非程序性活动。程序性活动是由非程序性活动转化而来的，转化是对管理对象科学化的总结。因此，管理是一门科学。

管理的艺术性体现为管理的灵活性、创造性与美感。就管理环境和对象而言，管理是一项不可复制的人类社会活动，管理对象要素的多样性和外在影响因素的复杂性，使得管理活动的内外环境充满着变数。同时每个具体的管理对象没有唯一的完全有章可循的管理模式，所以管理主体面对复杂的管理对象和多变的环境，要能够随机应变，恰当、巧妙地做好各项管理工作。管理艺术源于管理主体自身的个性特点和一定水平的管理理论素养与实践经验。成熟的管理者都会有自己独特的管理艺术。

管理是科学与艺术的有机结合体。对管理的这一认识，对从事幼儿园管理工作的人员十分重要，它可以促使人们既注重管理基本理论的学习，又不忽视在实践中因地制宜地灵活运用管理理论，可以说是管理成功的一项重要保证。

（三）普遍性

管理的普遍性，也称为管理的一般性。古典管理学家法约尔强调，所有机构——工业、商业、政治、宗教等都需要实行管理。这种对管理“普遍性”的认识和实践，在当时是一个重大的贡献，克服了管理只局限于工厂的狭隘观点。

如今，管理活动与社会活动、组织活动及家庭活动都息息相关，因此管理也是幼儿园教育活动中不可缺少的一项重要活动。正是由于管理的普遍性，我们才有可能把握管理活动的基本规律，才有必要学习管理理论和方法，从而保证幼儿园各项工作的有序开展，保障幼儿园保教质量的不断提高。

三、管理的职能

某一事物的职能是指客观存在于该事物内部，不以人的主观意志为转移的固有功能或属性。管理的职能是指管理承担的功能，是管理过程中各项行为的内容。一般认为，管理有四项职能，即计划、组织、领导、控制。

（一）计划

计划职能是指管理者对将要实现的目标和应采取的行动方案做出选择及具体安排的过程。简言之，就是对未来活动的预先筹划，主要内容包括分析组织内外部环境、确定组织目标、选择实现目标的途径等。任何组织的管理活动都是从计划出发的。因此，计划职能是管理的首要职能。

（二）组织

组织职能是指管理者根据既定目标，对组织中的各种要素及人们之间的相互关系进行合理安排的过程。主要内容包括四个方面：组织机构的设计、组织人员的合理配备、合理分权与授权地运行组织、组织改革和组织文化建设。

组织机构的设计是一个组织的首要任务，具体通过以下几个步骤进行：第一，工作划分，将工作总任务划分为系统化的具体任务，形成相应的工作岗位；第二，建立不同类型的部门，根据不同类型的工作岗位，建立相应的职能部门；第三，确定管理幅度和管理层次；第四，确定职权关系，根据工作需要和人员特点，合理确定职权关系；第五，动态调整组织结构，根据环境的变化不断完善组织结构，提高组织的灵活性和适应性。

（三）领导

领导职能是指管理者为了实现组织目标而对被管理者施加影响的过程，其目的在于使组织成员能够自觉、自愿并自信地为实现组织目标而努力。管理者在执行领导职能时，一方面要激发组织成员的潜能，使其发挥应有的作用；另一方面要促进组织成员之间的团结协作，使组织中的所有活动和努力统一和谐。具体途径包括激励下属，对他们进行活动指导，选择合理的沟通渠道解决组织成员间的冲突，等等。

（四）控制

控制职能是指管理者按照既定目标和标准对组织的活动进行监督、检查，发现偏差，采取纠正措施，使工作能按照原定计划进行，或适当调整计划以达到预期目的的过程。在执行计划的过程中，环境的变化及影响，可能导致人们的活动或行为与组织的要求不一致，出现偏差，管理者必须及时采取纠正措施，以保证组织工作在正确的轨道上进行，确保组织目标的实现。简言之，控制就是保证组织的一切活动尽量符合预先制订的计划。

综上所述，在管理实践中，管理的四项职能之间不是孤立的，而是相互联系、相互制约的关系，它们共同构成一个有机的整体。对管理职能的掌握，有助于幼儿园管理者更清楚地了解管理活动的整个过程，有助于幼儿园管理者在实践中实现管理活动的专业化，有助于幼儿园管理者运用职能观点去建立或改革组织机构。

第二节　管理者概述

一、管理者的含义与类型

（一）管理者的含义

管理者是管理过程的主体。简言之，管理者是指组织中直接监督和指导他人工作的人。我们可以这样理解管理者：第一，管理者是具有职位和相应权力的人，职权是管理者从事管理活动的资格，职位越高，其权力越大；第二，管理者是担负一定责任的人，任何组织或团体的管理者，都具有一定的职位，行使权力的同时也要承担一定的责任和义务。

案例分析

动物拉车

梭子鱼、虾和天鹅是好朋友。有一天，它们同时发现一辆装有很多好吃的东西的车，于是就想把车从路上拉下来。它们三个一起套上绳子用力拉，可是车子却在原地一动也不动。

原来，天鹅使劲往天上提，虾一步步向后倒拖，梭子鱼朝着河里用力拉。究竟谁对谁错？反正，它们都用尽全力了。

想一想：梭子鱼、虾和天鹅的问题出在哪里？怎样才能解决问题？

（二）管理者的类型

根据管理组织的层次，管理者可划分为高层管理者、中层管理者和基层管理者，如图 1-1 所示。

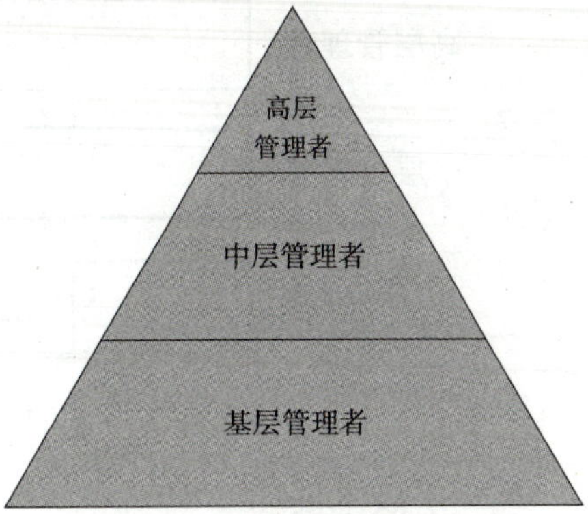

图 1-1 管理组织的层次

（1）高层管理者是指组织中居于顶层或接近顶层的人，是对整个组织的管理负有全面责任的人。其主要职责是沟通组织与外部的联系，决定组织的大政方针、战略部署，把握组织的发展方向等。另外，高层管理者的重要职责还包括确立一个被所有组织成员所认同的愿景，创建一个人们愿意积极工作并有归属感的环境，预测并迎接变化乃至更新所带来的挑战。高层管理者的称谓有董事会主席、总裁、副总裁、行政长官、首席执行官等。幼儿园的高层管理者是幼儿园园长。

（2）中层管理者是指位于高层管理者和基层管理者之间的人，起承上启下的作用。其主要职责是正确领会高层管理者的指示精神，将高层管理者制订的总目标和计划转化为更具体的目标和活动，并监督和协调基层管理者的工作。传统意义上的中层管理者是高层管理者和基层管理者之间的管理控制者，而现在，他们还是下属的成长教练，负责支持并指导下属更有效地开展工作。中层管理者的称谓有部门主管、项目经理、业务主管、门店经理等。幼儿园的中层管理者包括副园长、保教主任、总务主任等。

（3）基层管理者是指组织底层的管理者，他们管理的是作业人员而不涉及其他管理人员。其主要职责是直接指挥和监督现场作业人员，保证完成上级下达的各项计划和指令，他们主要关注的是具体任务的完成。基层管理者的称谓有教练、班组长、工段长、部门协调人等。幼儿园的基层管理者包括大班组、小班组、膳食组、财务组等组长。

在过去，定义谁是管理者是一件简单的事，但是在当代经济全球化、世界一体化、社会信息化的背景下，管理工作更加复杂多变，管理者与被管理者的界限越来越模糊。雅各布·摩根在《重新定义工作》一书中提出："未来的管理者将不得不挑战传统的管理理念，以适应未来的员工。"在未来的工作中，每个人都能发挥管理者的作用。我们需要的不是一个新的头衔，而是一种新的思维方式：管理者的目标是移除员工前进道路上的障碍，赋予他们权力，做他们的"点火器"，以调动他们的积极性，帮助他们取得成功。

二、管理者的技能

在各种社会组织中，有不同类型的管理者，但不管他处于哪个管理层次，承担什么工作，他们发挥作用的大小很大程度上取决于他们是否具备管理技能。那么，管理者需要具备哪些技能呢？目前人们普遍接受的是美国著名管理学家罗布特·卡茨于 20 世纪 70 年代提出的管理技能模型。如图 1-2 所示，有效的管理者应当具备三种基本技能：技术技能、人际技能和概念技能。

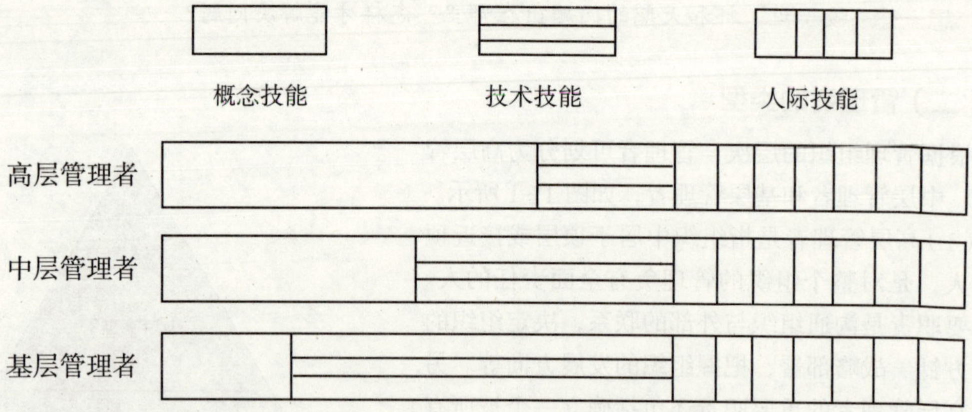

图 1-2 有效的管理者应当具备的三种基本技能

（一）技术技能

技术技能是指管理者拥有和使用与某一专业领域有关的技术、程序、知识和方法及完成组织任务的能力。作为基层管理人员，每天大量的工作是与从事具体工作的人员打交道，虽然自己不一定要成为精通某一领域技能的专家，但必须全面而系统地掌握与组织工作内容相关的各种技术技能，否则无法与组织内的专业操作人员进行有效沟通及工作指导。如幼儿园中的班组长、保教主任必须掌握保教基本知识与能力，具备较高的综合素质。相对而言，技术技能对基层管理者最重要，但基层管理人员也会面临一些例外、复杂的工作，如协调所管辖人员的工作关系，制订本部门的工作计划等，因此也需要具备较好的人际技能和一定的概念技能。

（二）人际技能

人际技能是指管理者处理人际关系的技能，即沟通、理解、激励他人并与他人共事的能力。管理的核心要素是人，管理者需要花费大量时间与人打交道。管理者不仅要领导下属，还要与上级和同级人员交流，与组织外部的利益相关者沟通。一个成功的管理者，能够与不同类型的人愉快相处并具备在沟通中交换信息的能力。由此可见，良好的人际技能对于基层、中层、高层管理者有效开展工作非常重要。一个管理者成功与否往往不是取决于他有没有技术技能，而是取决于他有没有人际技能。

（三）概念技能

概念技能是指管理者纵观全局、系统分析和解决问题的能力，即洞察组织与环境要素之间相互影响和相互作用的关系，并在此基础上加以分析、抽象概括，然后迅速做出正确判断的能力。当管理者考虑组织的整体战略目标和组织各部分的相互关系以及组织在外部环境中的角色时，就需要这种技能。越是处于高层的管理人员，越需要具备更多的概念技能。例如，幼儿园园长处于幼儿园管理的主体地位，全面负责幼儿园的各项管理工作，所以应对内能够统筹全局、合理调配、科学决策，对外能够协调发展、敏锐洞察、双向互动，从而使幼儿园更好地向良性方向发展。

扫一扫 看一看

第三节 管理理论的形成和发展

一、中国传统管理思想

中华文化源远流长，在华夏五千年的历史长河中，各种思想光辉夺目，各派智慧大放异彩，共同创造出辉煌灿烂的华夏文明。古代先贤在几千年前便站到了领导艺术的高峰，从管理思想的角度出发，对中华文化影响最为深远的莫过于儒、道、法三大家，所以本章对儒家、道家、法家的核心思想进行概述。

（一）儒家管理思想

儒家文化源远流长，其作为东方文化的核心，在很长一段时间内是我国的主导思想，至今仍对我国的管理思想产生着深刻的影响，其核心内容包括以下几点。

1．“仁”是儒家管理思想的核心

“仁”在以孔子为代表人物的儒家思想体系中指爱人，是孔子道德哲学的最高范畴，也是儒家管理思想的理论基础。“仁者爱人”分为三个层次：第一是爱自己的亲人；第二是朋友之间要互相友爱；第三是“泛爱众”，要爱其他人（包括小人）。同时，从“有教无类”到“德治”，从“亲亲之爱”到“博爱”，都体现了孔子博施济众的仁爱思想。儒家以“仁”作为管理思想的核心，站在较高的管理层次上突出管理对人的关爱，是人性化管理的起源。

2．“修齐治平”是儒家的管理逻辑

《礼记·大学》中记载：“古之欲明明德于天下者，先治其国；欲治其国者，先齐其家；欲齐其家者，先修其身；欲修其身者，先正其心；欲正其心者，先诚其意；欲诚其意者，先致其知。致知在格物。”这里“修身”“齐家”“治国”“平天下”所表达的管理思想，有着内在的联系，反映管理思想是由小至大，从自身的修养做起，目标是平天下。

“修身”被儒家看作社会管理的逻辑起点，主要指提高个人的品德修养，只有自身品德端正，才能为民众所拥护，修身是齐家、治国、平天下的出发点。“齐家”就是要管理好自己的家庭，自己的家庭管理好了才能教化社会大众。“治国”是为政以德，实现以德治国，实施仁政管理国家。“平天下”是指只有提高品德修养后才能管理好自己的家庭和家族，进而再治理好国家，最后才能使天下太平。

概括地说，儒家遵循从自我到家庭管理，再到国家管理，继而达到“大同”社会的管理逻辑。

3．“以和为贵”是儒家的管理方式

在管理方式上，儒家主张“以和为贵”，通过“礼”与“德”两种手段，实现人性化管理。儒家“父子有亲，君臣有义，夫妇有别，长幼有序，朋友有信”的“五伦”道德规范和“仁、义、礼、智、信”的“五常”之道，数千年来一直被奉为处理人际关系的基本准则和行为规范。儒家以“亲亲”“尊尊”为立法原则，在各正其位的基础上主张“礼治”，提倡“德治”，重视“人治”，在社会上具有深远的影响，在历史上长期被国家管理者奉为正统。

《论语》说：“礼之用，和为贵。”治国以礼，而礼之功用和礼之运用，是以和为贵。由此可

见，儒家管理思想的出发点与归宿，都在“和”字。这也印证了我国“以和为贵”的外交思想和当今组织中以人为本的管理初衷——在天时地利之外求得人和。

（二）道家管理思想

道家管理思想的核心在于“无为而治”。“无为”绝不是人们什么都不做，其指的是人的行动和指导思想必须顺应自然，必须符合自然规律的要求，不能违反自然规律而主观随意地蛮干、胡为。“无为而治”的核心内容包括以下几个方面。

1. 无为而无不为

世间万物都有自己本身的规律，这种规律是不能违背的，老子称之为“道”。老子主张“道”是宇宙的本源，万物都是由“道”派生出来的，“道法自然”“无为而无不为”。遵守客观规律，顺应自然，所谓“无为”；符合客观规律，改造现实世界，所谓“无不为”。“无为”具有两层含义：第一，“无为”当有为，唯有有为，方能至无为之境界；第二，“无为”当无为，人应该效法自然，不可逆天行道，不可多为。

2. 柔克刚与弱胜强

道家“无为而治”管理思想的另一个特色是以柔克刚、以弱胜强。老子说：“天下莫柔弱于水，而攻坚强者莫之能胜，以其无以易之。弱之胜强，柔之胜刚，天下莫不知，莫能行。”

强与大往往是相互联系的，强大组织的环节越多，则合作与团结就越是成功的关键因素。对于个人而言，一个人能力过强，能干的事过多，就可能招致众人的嫉妒，会有不利的影响。而柔弱的一方，往往能团结一致，产生巨大的力量从逆境中获得生路。在现实中，没有一直的强者，也没有永远的弱者，善于按自然规律行事的弱者，往往能转弱为强。

道家“无为”“贵柔”的管理艺术，隐含了“深藏”的品质。“无为”不等于无能，管理者之所以能纳器于身、深藏不露，原因在于此时无为胜有为。

道家“道法自然、无为而治”的思想对统治阶级治理天下有重要的指导作用，“无为而治”的管理效能也得到了历史的验证。西汉初年，汉文帝、汉景帝以道家思想治国，践行老子“无为而治”的思想，使刚刚从秦朝苛政中解脱的民众得以休养生息，从而造就了赫赫有名的“文景之治”。这一道理在当今市场经济竞争越发激烈的情况下，显得尤为精到和适用。

（三）法家管理思想

法家是制度化管理的典型代表，法家在历史上以重视纪律、主张“法治”而闻名。在国家管理过程中，法家通过严刑峻法来治理天下，以严明的法纪维持社会秩序，达到富国强兵的目的。前期法家的杰出代表是管仲、商鞅，后期法家集大成者为韩非。法家对于人性假设的基本观点是“人性恶”，其管理思想的核心在于以法治国。

1. 性恶论

“人性恶”是法家人性论的基本观点。法家著作中列举了大量的史实和案例，从人性自私、追名逐利、趋利避害等方面阐明了其性恶论的人性观点。比如《韩非子》中说：“利之所在，民归之；名之所彰，士死之。”韩非子不同意儒家的性善论，在他看来，人都是十分自私的动物，被教育感化的可能性低，要用法术和权势来加以驾驭。所以法家提出了中央集权的管理模式，这对中国历史产生了巨大影响，在两千多年的封建帝制环境中，体现出明显的优越性。站在今天的角度来看法家的思想，虽然其存在着严重的缺陷，但对于管理学还是具有重要的启发作用。

2. “法治”管理理念

在国家管理上，法家特别重视控制，主张国家“不务德而务法”。法家认为，要使国家治理取得成就，就应当遵循几个重要的基本理念：第一，德治误国，法治为本。法家的目的在于富国强兵。在法家看来，德治需要君主事事身为表率，不具有可操作性，慈不掌兵，仁义道德容易削弱君主的意志，更为不利的是德治照顾到了民众却往往损害了国家的利益。第二，智不足取，实力为据。作为实践者，法家鄙视空谈者，强调事实。在法家眼里，智谋重要，但并不足以决定成败，唯有实力，才是说话的唯一依据。第三，改革。锐意改革是法家区别于儒家、道家的重要特点之一。法家“不法古”“不循今”，锐意改革，认为一切法制、制度都必须顺应历史发展而变化，不能因循守旧，更不可复古倒退。

法家思想在“法”的基础上提出了一系列的管理原则：一是有法可依，不断完善“法”的内容；二是有法必依，所有人必须守法；三是执法必严，不守法必然受到严厉的惩罚；四是违法必究，强调公平性，无论是谁不守法都要受到惩罚。

法家的管理思想体系对现代管理思想体系具有深刻影响和重大意义，今天我们提倡的法治建设、现代治理等是对法家的管理思想比较系统的继承和发展。

二、西方管理思想与理论

18 世纪到 19 世纪中期，文艺复兴后的欧洲各国在政治、经济、文化、艺术等方面呈现出一派繁荣的景象，欧洲逐渐成为世界的中心。这时的资本主义生产方式已经从封建制度中脱胎而出，工厂制逐步取代家庭手工业制，机器大生产普遍出现。在这种背景下，工厂及公司的管理越来越重要。很多工厂主及企业管理者开始反思和总结自己的经验和教训，许多政治经济学家、理论学家在其著作中越来越多地论及管理方面的问题，如古典政治经济学家亚当·斯密的《国富论》、大卫·李嘉图的《政治经济学及赋税原理》等。一系列的管理思想顺应时代发展需要而产生，对管理学形成专门的理论和学派具有积极的影响。

西方管理学的形成与发展可以划分为三个阶段：古典管理学阶段、现代管理学阶段、当代管理学阶段。

（一）古典管理学阶段（19 世纪末—20 世纪初）

19 世纪末 20 世纪初，管理学正式诞生，这一时期的管理学一般被称为古典管理学，主要代表人物有美国的泰罗、法国的法约尔、德国的韦伯等。

1. 泰罗的科学管理理论

泰罗是美国古典管理学家，科学管理的创始人，1911 年出版《科学管理原理》一书，被公认为“科学管理之父”。

泰罗的职业经历非常丰富，在费城米德维尔钢铁公司期间，他从一名学徒工开始，先后被提拔为车间管理员、技师、小组长、工长、设计室主任和总工程师等。工厂的经历使他清楚工人们普遍怠工的原因，他认为缺乏有效的管理手段是提高生产率的严重障碍。为此，泰罗开始探索科学的管理方法和理论。

泰罗的科学管理理论的主要内容如下：

(1)科学管理的中心问题是提高劳动生产率。

(2)为了提高劳动生产率，必须为工作挑选“第一流的工人”。泰罗所说的“第一流的工人”是指最适合又最愿意干某种工作的人。所谓挑选就是企业在人事管理方面，把合适的人安排在合适的岗位上。

(3)要使工人掌握标准化的操作方法，使用标准化的工具、机器和材料，并使作业环境标准化。

(4)实行差别计件工资制。当时的工资是按职务和岗位发放，虽然工人在一定程度上可以多劳多得，但超过一定范围，资本家就降低工资，所以不能充分调动员工的积极性，不能满足效率最高原则。于是，泰罗就提出了一种有很大激励性的报酬制度——在制定标准定额基础上的差别计件工资制，尽可能按工人的技能和付出的劳动计算工资。

(5)工人和雇主双方都必须来一次“精神革命”。也就是劳资双方要进行相互协作，双方的注意力不要放在盈余分配上，而要放在增加盈余的数量上，即一起把“蛋糕”做大。

(6)把计划职能与执行职能分开，变原来的经验工作方法为科学工作方法，按科学规律办事。

(7)实行职能工长制。泰罗废除了当时企业军队式的组织形式而代之以“职能式”的组织形式，有效发挥工长职能。

(8)在管理控制上实行例外原则。例外原则是指最高层管理者将日常发生的例行工作规范化，并授权给下级管理人员处理，自己主要处理那些不规范的例外工作。

2. 法约尔的一般管理理论

法约尔是法国古典管理学家，“现代经营管理之父”，1916 年出版《工业管理和一般管理》一书，在其中阐述了他的管理理论。

法约尔的一般管理理论的主要内容如下：

(1)区分经营和管理。法约尔认为经营和管理是两个不同的概念，他将管理活动从经营之中提取出来，称其为经营的第六项职能。企业的全部活动包括技术活动、商业活动、财务活动、安全活动、会计活动、管理活动六项。

(2)明确管理的职能。法约尔区分了经营与管理后，又进一步指出，管理就是实行计划、组织、指挥、协调和控制的活动。这五项管理职能为现代管理学提供了总框架，现代管理学教材内容安排基本遵循这一理论框架。

(3)提出了管理的十四项原则。为了使管理者更好地履行各种管理职能，法约尔提出十四项原则，即劳动分工原则、权力与责任原则、纪律原则、统一指挥原则、统一领导原则、个人利益服从集体利益原则、人员的报酬原则、适当的集权与分权原则、等级制度原则、秩序原则、公平原则、人员的稳定原则、首创精神、团队精神。

3. 韦伯的官僚组织理论

韦伯是德国古典管理学家，德国著名的社会学家、哲学家、政治经济学家，被称为“组织理论之父”。他提出了理想的行政组织理论，即“官僚制”，我国称为“科层制”。韦伯的主要著作有《新教伦理与资本主义精神》《一般经济史》《社会和经济组织的理论》等。

韦伯官僚组织理论的主要内容是理想的行政组织体系。

行政组织体系又称为官僚政治，与汉语不同，“官僚”不代表贬义。韦伯认为理想的行政组织体系应当通过职务和职位来进行管理，他主张建立一种高度结构化的、正式的、非人格的理想官僚组织体系。其具有下列特征：第一，组织中的人员应有固定和正式的职责并依法行使职权；第二，组织的结构是一层层控制的体系，在组织内按照地位的高低规定成员间命令与服从的关系；第三，人与工作的关系只有对事的关系而无对人的关系；第四，成员的选用与保障按照自由契约原则；第五，专业分工与技术训练，对成员进行合理分工并明确每个人的工作范围及权责，然后通过技术培训来提高工作效率；第六，成员的工资及升迁，按职位支付薪金，并建立奖惩与升迁制度，使成员安心工作，培养其事业心。

韦伯认为，凡具有上述六项特征的组织，可表现出高度的理性化，其成员的工作行为能达到预期的效果，组织目标也能顺利地达成。

（二）现代管理学阶段（20 世纪 20—60 年代）

从 1929 年到 1933 年的经济危机，对资本主义社会形成了严峻的挑战。在这一挑战面前，管理学开始了新的探索，由此诞生了现代管理学。代表人物有梅奥、巴纳德、西蒙等。现代管理学的基本特点是：不再局限于效率追求，确立了“以人为本”的理论基础，专注于研究人的行为与组织行为，致力于决策理论和战略管理。现代管理理论阶段主要包括人际关系学说和行为科学理论。

1．人际关系学说

人际关系学说是由美国行为科学家梅奥等人通过“霍桑实验”创立的。其特点是将社会学、心理学等引入企业管理的研究领域，打破传统认为工人是“经济人”的假设，特别重视人的因素。

人际关系学说的主要内容如下：

（1）工人是“社会人”，而不是“经济人”。梅奥认为，人们的行为并不单纯出自追求金钱的动机，还有社会方面、心理方面的需要，即追求人与人之间的友情、安全感、归属感和受人尊敬等，而后者更为重要。因此，不能单纯从技术和物质条件着眼，而必须首先从社会心理方面考虑合理的组织与管理。

（2）企业中存在着“非正式组织”。企业中除了存在着明确层级和职责范围的正式组织之外，还存在着非正式组织。企业成员在共同工作过程中，相互间产生共同的情感、态度，形成了共同的价值标准、行为准则和道德规范，这就构成了“非正式组织”。“非正式组织”的作用在于维护其成员的共同利益，使之免受内部个别成员的疏忽或外部人员的干涉所造成的损失。“非正式组织”中有自己的核心人物和领袖。

（3）新型的领导能力在于提高工人的满意度。梅奥认为劳动生产率主要取决于工人的满意度，而生产条件、工资报酬是第二位的。职工的满意度越高，其士气就越高，生产效率就越高。高的满意度来源于工人个人需求的有效满足，不仅包括物质需求，还包括精神需求。

拓展阅读

霍桑实验

从 1924 年到 1932 年，以梅奥为首的美国国家研究委员会与西方电气公司合作，在美国西方电器公司霍桑工厂进行的长达九年的实验研究——霍桑实验，真正揭开了作为"组织中的人"的行为研究的序幕。霍桑实验的初衷是试图通过改善工作条件与环境等外在因素，找到提高劳动生产率的途径。他们先后进行了四个阶段的实验：照明实验、继电器装配工人小组实验、大规模访谈和对接线板接线工作室的研究。实验结果出乎意料：无论工作条件改善还是未改善，实验组和非实验组的产量都在不断上升；在实验计件工资对生产效率的影响时，发现生产小组内有一种默契，大部分工人有意限制自己的产量，否则就会受到小组内其他成员的冷遇和排斥，奖励性工资并未像传统管理理论认为的那样使工人最大限度地提高生产效率；在历时两年的大规模访谈实验中，工人由于可以不受拘束地表达自己的想法，发泄心中的闷气，从而态度有所改变，生产效率也相应地得到了提高。

通过霍桑实验，梅奥认为影响生产效率的根本因素不是工作条件，而是工人本身。参加实验的工人意识到自己"被注意"，是一个重要的存在，因而增强了归属感，正是这种人的因素促进了劳动生产率的提高。

想一想：你理解"非正式组织"的含义吗？你身边有"非正式组织"吗？

2. 行为科学理论

1949年在美国芝加哥大学召开了一次由哲学家、心理学家、生物学家等跨学科专家参加的科学会议，讨论应用现代科学知识来研究人类行为的一般规律，会议给这个综合性学科定名为"行为科学"。此后，行为科学蓬勃发展，产生了一大批有影响力的科学家及许多重要的行为科学理论。

影响较大的行为科学理论有马斯洛的人类需求层次论、麦格雷戈的XY理论、赫茨伯格的双因素理论、维克托·弗鲁姆的期望理论等。

行为科学理论的主要特点如下：

（1）把人作为管理的首要因素，强调以人为中心的管理，重视职工多种需要的满足。

（2）综合利用多学科的成果，用定性和定量相结合的方法探讨人的行为之间的因果关系及改进行为的办法。

（3）重视组织的整体性及整体发展，把正式组织和非正式组织、管理者和被管理者作为一个整体来把握。

（4）重视组织内部的信息流通和反馈，用沟通代替指挥监督，注重参与式管理和职工的自我管理。

（5）重视内部管理，忽视市场需求、社会状况、科技发展、经济变化、工会组织等外部因素的影响。

（6）强调人的感情和社会因素，忽视正式组织的职能及理性和经济因素在管理中的作用。

（三）当代管理学阶段（20世纪60年代至今）

20世纪60年代的民权运动和社会变化，对资本主义社会形成新的冲击。随后，日本的经济在第二次世界大战的废墟中异军突起，计算机信息技术迅猛发展，经济全球化不断深化，世界格局进入多级化，企业竞争更加激烈。在环境复杂多变的背景下，管理面临许多新的挑战，各个领域的专家都对管理理论研究产生了极大的兴趣，许多新的管理理论应运而生。其中具有代表性的管理学家有彼得·德鲁克、彼得·圣吉等。

1. 彼得·德鲁克

彼得·德鲁克，1909年出生于维也纳，祖籍荷兰，后移居美国。德鲁克对世人有卓越贡献及深远影响，他以基于广泛实践的39部著作，奠定了自己现代管理学开创者的地位，被尊为“管理大师中的大师”和“现代管理学之父”。

作为第一个提出“管理学”概念的人，当今世界很难再找到一个比德鲁克更能引领时代的思考者：20世纪50年代初，他指出计算机终将彻底改变商业；1961年，他提醒美国应关注日本工业的崛起，20年后，又是他首先警告这个东亚国家可能陷入经济滞胀；20世纪90年代，他率先对“知识经济”进行了阐释。

作为“现代管理学之父”，德鲁克的思想几乎涉及管理学的方方面面，我们熟知的许多管理理论的概念都是他首先提出来的，如营销、目标管理和知识工作者等。1991年，91岁高龄的德鲁克在回答“我最重要的贡献是什么”这个问题时写道：“我着眼于人和权力、价值观、结构和规范去研究管理学，而在所有这些之上，我聚焦于‘责任’，那意味着我是把管理学当作一门真正的‘博雅艺术’来看待的。”①

2. 彼得·圣吉

彼得·圣吉是美国麻省理工学院斯隆管理学院资深教授，也是当代杰出的新管理大师之一。1990年彼得·圣吉出版的《第五项修炼》被誉为“21世纪的管理圣经”，他本人被誉为“学习型组织之父”。

彼得·圣吉认为，为应对剧烈变化的外部环境，企业应建立学习型组织。组织应力求精简、扁平化、柔性化、终生学习、不断自我组织再造，以保持竞争力。

彼得·圣吉指出，学习型组织应包括以下五项要素。

（1）建立共同愿景。愿景可以凝聚组织上下的意志力，透过组织共识，大家努力的方向一致，个人也乐于奉献，为组织目标奋斗。

（2）团队学习。团队智慧应大于个人智慧的平均值，能做出正确的组织决策，通过集体思考和分析，找出个人弱点，强化团队向心力。

（3）改变心智模式。组织的障碍多来自个人的旧思维，如固执己见、本位主义等，唯有通过团队学习，才能改变心智模式，有所创新。

（4）自我超越。个人有意愿投入工作，专精于有关工作的技巧，个人与愿景之间有种“创造性的张力”，正是自我超越的来源。

（5）系统思考。应通过资讯搜集，掌握事件的全貌，以避免“见树不见林”，培养纵观全局的思考能力，看清问题的本质，有助于明晰因果关系。

在21世纪的新形势下，组织面临的环境更加复杂多变，各种管理理论及研究更是蓬勃发展。幼儿园管理者在新的时代背景下，应关注管理理论新的发展趋势，以期更好地指导自己的管理实践。

---

① 彼得·德鲁克.德鲁克管理思想精要[M].李维安，王世权，刘金岩，译.北京：机械工业出版社，2019.

第四节　幼儿园管理概述

一、幼儿园管理的内涵与要素

幼儿园是我国学前教育的主要形式，在我国学前教育体系和整个国民教育体系中具有举足轻重的地位。这里幼儿园泛指收托 0~6 岁幼儿的各类从事保育、教育活动的社会组织。幼儿园是幼儿生活、游戏的乐园，是幼儿的“第二个家”。教师在此积累教育经验，进行反思与成长；家长的教育意识在此被唤醒，育儿能力得到提高，与幼儿共同成长。

科学的管理是各种社会组织有效运转的保障。作为一种社会组织——幼儿园，其有效运转也离不开科学的管理。幼儿园的管理会直接影响幼儿园的办园方向、幼儿园的体制机制建设、幼儿园的保教质量、幼儿园的办园效益等。

案例分析

新园长的苦恼

孙洋是某高校学前教育专业的优秀毕业生，由于成绩优秀，专业技能出色，没多久她就被一家正在发展中的集团幼儿园聘用，开始了自己的职业生涯。

在试用期期间，她作为配班老师，尽心尽力地完成主班老师交给她的任务，完成园所安排的各项工作，经常加班做手工环创到深夜。有一次，孙洋接到一个临时任务，她从来没做过，对她来说是个挑战。她找了很多前辈讨教，并收集了各种案例样本，较圆满地完成了任务。园长得知后对孙洋大加赞赏，并决定提前结束她的试用期，与她签订正式合同。

成为正式员工后，孙洋踏实工作，虚心向前辈求教，专业技能有了很大的进步。3 年后，管理层人事变动，孙洋因工作出色被提拔为保教主任。在新岗位上，孙洋尽心竭力做好自己分内的工作，对自己的下属也很宽容和理解，从不让他们超量工作，分配给他们的任务都是自己提前做好流程和时间规划，下面的老师只需要按照制定好的方案实施就好了，部门权力集中在孙洋手里。孙洋也十分注意与其他部门关系的处理，经常了解其他部门的难处，尽全力帮助他们，因此换来了其他部门的支持和信任。3 年后，集团人事变动，原来的园长被调去新园开展业务，孙洋接替老园长的位置，担任园长。

孙洋接替了园长的职位，高兴之余她回想这些年兢兢业业、勤勤恳恳的经历，觉得自己身上的担子越来越重，生怕自己哪里做错，让园所产生损失或对园所产生不好的影响。因此，她更加埋头苦干，事无巨细、亲力亲为。一段时间后，孙洋觉得自己有忙不完的工作、看不完的文件、开不完的会议，而且每天还要去各部门指导工作，保证各部门顺利运转。不久，各部门负责人都对孙洋有了意见，觉得她管得太宽，剥夺了他们的权力，渐渐地失去了工作积极性。另外，老师们也觉得无所适从，一会儿接到部门领导的指示，一会儿又接到园长的指示。集团董事会看到幼儿园各方面状况不断，也对孙洋显示出了不满和怀疑，孙洋感到非常苦恼。

请分析：

1. 作为一名管理者，孙洋比较擅长哪些技能？而哪些技能比较欠缺？

2. 你觉得孙洋是合格的幼儿园管理者吗？为什么？

3. 你觉得孙洋应该补上哪些技能才能胜任园长一职？她应该如何提高这些技能？

（一）幼儿园管理的概念

幼儿园管理的概念可分为广义和狭义两种。广义的幼儿园管理是指对幼儿园实施的一切管理活动，包括相关行政部门（教育、卫生、物价、妇联等）的管理和幼儿园的内部管理。狭义的幼儿园管理是指幼儿园内部管理人员依据国家相关教育方针政策和保教工作规律，采用科学的工作方式和管理手段，充分发挥各项管理职能，组织协调幼儿园的人、财、物等各种管理要素，优质高效地实现幼儿园工作目标的管理活动。本书主要介绍狭义的幼儿园管理，即幼儿园内部的管理活动和过程。

想一想：幼儿园管理中管理的主体、客体分别是什么？

（二）幼儿园管理的特征

扫一扫 看一看

幼儿园管理是从管理的角度研究教育现象，属于教育科学范畴。总体来说，幼儿园管理既有一般管理的共性，也有与教育学紧密联系的自身特征，具体表现为以下几个方面。

1. 复杂性

幼儿园承担着非常复杂的管理工作。幼儿园是培养和教育学前儿童的场所，其管理工作涉及幼儿的饮食、生活、学习、成长、健康等诸多方面，需要通过对各种资源的有效整合实现幼儿园的综合效益和目标的达成。管理的核心资源是人，人是最复杂、最难管的资源，加之幼儿年龄小、身心发展不成熟，又增加了幼儿园管理工作的复杂性。

2. 教育性

幼儿园是教育机构，幼儿园管理要遵循一定的教育方针和保教工作的客观规律，在不断提高教育质量的基础上，寻求生存和发展，进而提高幼儿园的社会效益和经济效益。教育质量是幼儿园生存和发展的根本。

3. 程序性

幼儿园管理的实质是组织全体成员按计划、有步骤地进行共同活动的程序。有效的管理活动是围绕目标，按照计划、执行、检查、总结这四个环节，阶梯式地向前循环推进。幼儿园管理以日、学期、学年为单位循环进行，呈现出以阶段为标志的程序性。

（三）幼儿园管理的要素

管理活动的基本要素包括人、财、物、事、时间、空间、信息，管理的效率和质量主要取决于对这七大要素的处理。幼儿园管理也不例外，其效率与质量取决于对上述七大要素的合理协调和配置。所以，了解幼儿园管理的要素并对其进行分析是幼儿园管理中非常重要的工作。

（1）“人”，是指幼儿园的管理者和被管理者，是幼儿园管理的核心要素。任何管理活动都是通过人去计划、指挥、协调、控制，并同时实施对人的管理。只有做好了对人的管理，才能将以人为核心的各种教育资源统筹利用，使人尽其才，充分发挥人的内在潜能，实现管理目标。

幼儿园中的“人”包括园长、教师、保育员、医务人员、后勤工作人员等。

（2）“财”，是指资金，是幼儿园管理的物质基础。幼儿园的资金管理最主要的是要做好开源节流工作。“开源”就是通过有效的途径积极筹措资金，满足办学需要；“节流”就是要坚持勤俭办园的原则，厉行节约、反对浪费。此外，还应严格执行国家的财务纪律要求，把有限的资金合理利用，最大限度地提高效益。

（3）“物”，是指教学设施、各种仪器设备、玩教具、材料、能源等物质基础。对物的管理包括合理购置、科学保管、恰当运用、节约维护等，使物尽其用，充分发挥物质条件的效能。

（4）“事”，是指育人活动和管理工作。幼儿园有大量复杂的事务性工作，对事的管理包括贯彻国家的法规、方针、政策和地方教育行政部门的指令，研究本园的发展建设规划，对教养业务、思想教育、卫生保健、总务后勤等工作进行合理计划和统筹，保障幼儿园各项活动有条不紊、井然有序地开展。

（5）“时间”，是指管理活动的持续性和顺序性，是无形但不可或缺的资源。幼儿园各项活动的开展都需要时间管理，管理者应围绕管理目标，分清轻重缓急、合理安排时间、珍惜时间，力求在有限的时间内获得最大的效益，创造更多的价值。

（6）“空间”，是指管理活动的广延性，是开展各项管理活动的基本平台。幼儿园空间包括物理空间和精神空间。物理空间是指幼儿园安全、卫生、绿色、优美的物理环境；精神空间即心理空间，是指幼儿园民主、团结、尊重、友爱、和谐、向上的园风。它们也是重要的教育资源。幼儿园应重视空间管理工作，做好空间的规划和管理，最大限度发挥空间环境的教育作用。

（7）“信息”，是指人类社会传播的一切内容，是现代管理不可或缺的特殊资源。在当今的信息化时代，管理的过程就是信息传递的过程。幼儿园信息管理有助于管理者准确地做好决策与协调工作，提高管理效能。新的教育信息有助于保教人员改进保教方法，提高保教质量。

上述各个要素在管理过程中都不能孤立存在，必须在特定的管理活动中，通过相互结合、综合运用才能产生良好的管理效能。管理活动的功能及效果绝不是上述要素的机械叠加，只有各要素达到优化组合，构成有机整体，才能更好地发挥功效。同时，诸要素是在不断变化、发展的，所以管理系统需要相应地发生变化，实行“动态管理”。应强调的是，上述要素中的核心要素是人，只有把人的事业心、责任心、主动性、积极性和创造性充分调动起来，才能使管理活动运转有序，获得理想的管理效果。

二、幼儿园管理的内容与原则

幼儿园应遵循保教结合的管理理念和科学的管理原则，合理组织各个要素，开展园所工作，不断提高保教质量，促进幼儿身心全面发展，较好地完成保教幼儿、服务家长的双重任务。

（一）幼儿园管理的基本内容

幼儿园是一个复杂的系统，根据幼儿教育的目标和内容以及幼儿园工作的范围和基本规律，幼儿园管理的内容主要包括以下几个方面。

（1）幼儿园的创设和幼儿园管理体制。

（2）幼儿园的组织机构和规章制度。

（3）幼儿园的目标管理和过程管理。

（4）幼儿园的保教工作管理。

（5）幼儿园的班级管理。

（6）幼儿园的卫生保健与安全管理。

（7）幼儿园的总务工作管理。

（8）幼儿园的公共关系管理。

（9）幼儿园的人力资源管理。

（10）幼儿园的组织文化与品牌建设。

（11）幼儿园的工作评价与管理。

以上各项管理内容是幼儿园管理系统的基本组成部分，没有严格意义的划分标准，它们之间既相互独立又相互联系，共同构成完整的幼儿园管理系统。本书后续将按章节对每部分内容进行详细讲解。

（二）幼儿园管理的基本原则

原则是人们行动的基本规范和要求。管理原则是将管理原理具体化为工作中可以遵循的基本要求。幼儿园管理原则是对幼儿园管理实践的总结和概括，反映幼儿园管理活动的本质和规律，是全员必须遵守的管理准则。

一般来说，幼儿园管理应遵循以下五项基本原则。

1. 方向性原则

方向性原则是指幼儿园管理工作必须依照国家的教育方针，坚持正确的办园方向，即坚持党和国家的教育方针，贯彻学前教育的政策法规，坚持社会主义办园方向。

我国现阶段的教育方针是：教育必须为社会主义现代化建设服务，必须与生产劳动相结合，培养德、智、体等方面全面发展的社会主义事业建设者和接班人。《幼儿园工作规程》（以下简称《规程》）明确指出："幼儿园是对3周岁以上学龄前幼儿实施保育和教育的机构。幼儿园教育是基础教育的重要组成部分，是学校教育制度的基础阶段。"幼儿园的任务是："贯彻国家的教育方针，按照保育与教育相结合的原则，遵循幼儿身心发展特点和规律，实施德、智、体、美等方面全面发展的教育，促进幼儿身心和谐发展。幼儿园同时面向幼儿家长提供科学育儿指导。"

《规程》对幼儿园性质、任务、人才培养等的规定体现了我国社会主义的办园目的，双重任务是幼教机构的工作方向。简言之，教育好幼儿是为未来的社会主义建设做准备，服务好家长则是为当前的社会主义建设服务，二者均服务于社会主义建设的总目标。方向性原则的作用是指导人们端正办园的思想和方向。

2. 整体性原则

整体性原则是指幼儿园管理要依照幼儿教育自身规律，坚持以保教工作为中心，整体安排、全面规划，使幼儿园管理的各个要素、各个部门、各项工作协调配合、有序运行。

幼儿园是社会系统中的一部分，幼儿园本身也是一个组织系统。在幼儿园管理中要坚持贯彻整体性原则，以保教工作为中心，正确处理管理工作中整体利益与局部利益、主要矛盾与次要矛盾、中心工作与其他工作、教育与管理等多种错综复杂的关系。同时还应注意以下实践要求：

第一，促进全面发展，培养复合型人才。幼儿园教师要全面提升自身的保教能力，保护幼儿的身心健康，发展幼儿的智力和语言能力，培养幼儿的积极情感和个性品质，使幼儿形成良好的社会适应性，促进幼儿全面和谐发展，培养高素质复合型人才。

第二，整体考虑，统筹兼顾。幼儿园由保教、后勤、行政、党务等职能部门组成，培养幼儿和服务家长是幼儿园的双重任务。因此，幼儿园各项管理工作要正确处理部门目标与全园目标之间的关系，要明确分工并加强协作，要从整体着眼做好各部门之间的沟通，充分发挥幼儿园的组织功能。

第三，保教为主，全面安排。保教工作是幼儿园的中心工作，保证保教活动顺利开展是幼儿园管理的核心任务。但应注意，幼儿园是由多部门构成的一个有机系统，离开了其他部门的支持，保教工作无法顺利实施。因此，在坚持保教为主的前提下，还需要科学合理地安排园内的其他各类活动，从而保障全园活动协调开展，高质量地完成保教任务。

3. 民主性原则

民主性原则是指幼儿园管理要坚持“以人为本”的理念，充分发扬民主，帮助幼儿园教师树立主人翁意识，尊重他们参与管理的各项权利，建立幼儿园民主管理机制，充分调动每个人的积极性，促进幼儿园办园目标顺利实现。

幼儿园的教职工既是管理的对象，也是管理的主体。幼儿园管理者要充分尊重、信任、依靠教职工出谋划策；要广开言路，集思广益，随时听取他们的意见和建议①。贯彻民主性原则，幼儿园管理者应注意以下几点：第一，健全教职工民主监督制度，完善教职工大会、教代会、工会制度；第二，保障教职工享有知情权、评议权、监督权，实行园务公开制度；第三，管理工作要坚持群众路线，可以通过多种形式鼓励教职工出主意、提建议。例如，采用召开民主会议、设立意见箱等形式鼓励教职工参与管理工作。幼儿园管理的民主化是幼儿园管理科学化的保障。

4. 有效性原则

有效性原则是指幼儿园管理工作在正确的目标指导下，管理者充分发挥管理的职能，通过科学管理，合理组织和利用幼儿园的人、财、物等资源，高质量、高效益地实现管理目标。

管理的根本目的在于提高效率，即以最小的投入创造最大的社会效益和经济效益。贯彻有效性原则：第一，树立正确的质量效益观。幼儿园作为教育机构，应该以“育人”为根本目的，因此要树立正确的幼儿发展观、教育质量观，要关注社会发展对未来人才规格的要求，要树立社会效益与经济效益相统一的观念。第二，完善管理机制与制度。规范高效的管理机制和制度是提升管理质量的保障，幼儿园应建立合理的组织机构，明确幼儿园的目标任务，建立健全各层级的管理制度，保障组织管理的规范性。第三，追求办园效益的最优化。幼儿园为了更好地生存和发展，尽量争取以最少的成本投入获取尽可能多的收益。管理者要有优化经营意识，知人善任、人尽其才，充分利用财物资源，合理统筹工作时间。

5. 协调性原则

协调性原则是指幼儿园管理要注重幼儿园与社会环境的联系，加强幼儿园与家庭的联系，通过内外协调，实现双向互动，不断提高保教工作质量和管理水平。

幼儿园不是一个封闭的组织，而是社会的组成部分，它的发展与社会各方面因素紧密联系。贯彻协调性原则：第一，幼儿园必须面向社会、开拓发展，搞好公共关系；第二，对内要处理

① 刘苏.现代幼儿园管理［M］.天津：天津社会科学院出版社，2003：47.

好各部门、各类人员及各项工作之间的关系，使教育管理有序开展；第三，要注重家长工作，密切关注家长与园所的联系和沟通，提供帮助和指导；第四，注重与社区的互动，充分开发和利用幼儿园周边环境中的有利条件，同时也要发挥幼儿园的优势，做好社会公众的科学育儿宣传，发挥文化辐射的作用，实现双向互动与促进。

综上所述，幼儿园管理的五项原则之间既紧密联系又相互制约，是不可分割的整体，共同作用于幼儿园的管理过程。管理者要在实践中加深对这五项原则的理解，并将这五项原则作为完整的体系，综合运用，以取得良好的工作效果。

三、幼儿园管理的主要方法与研究方法

（一）幼儿园管理的主要方法

幼儿园管理的主要方法是指顺利开展幼儿园管理活动，实现幼儿园管理目标所采取的各种手段、措施和途径。幼儿园管理方法受一定的管理思想和管理原则的指导，并与幼儿园各项管理工作的内容相适应。

爱因斯坦有一个关于成功的公式，即成功=艰苦劳动+正确方法+少说空话。在幼儿园管理中，管理者不仅要有做好工作的强烈愿望、脚踏实地的实干精神，还要研究管理工作的客观规律，运用科学的管理方法，才能达到预期的效果。实践证明：方法正确，管理工作事半功倍；反之，就会事倍功半，甚至适得其反。幼儿园管理者在各项工作和事务中要为成功找方法，而不是为失败找理由。

一般来说，幼儿园管理的方法主要有以下几种。

1. 行政方法

行政方法是指幼儿园管理者依靠行政组织机构的权威，利用行政组织所赋予的权力，运用行政手段，通过发布行政指令的方式管理幼儿园的方法。

按照行政方法，幼儿园中的各级各类组织及其人员的职责和权力范围是有严格规定的，各级组织之间的关系是明确的。行政方法的核心是各级组织及其管理者一定要有职、有责、有权、有能力。如果职责与权力脱节，职务与能力脱节，就会影响行政方法的有效性。行政方法意味着上级对下级有指挥和控制的权力，下级对上级有服从的责任和义务。运用行政方法的只能是行政组织或行政负责人。

行政方法具有权威性、强制性、单向性和无偿性的特点。

行政方法是管理中不可缺少的方法，是促进幼儿园统一行动、保证各项工作正常运转、提高管理效率的有效方法。但行政方法不等于强迫命令、独断专行，它必须建立在符合教育和管理规律的基础上，必须从幼儿园的实际出发，符合师生的意志。

幼儿园管理者要正确认识行政方法的有效性和局限性，正确认识和对待权威的作用，慎重从事，不可滥用行政权力。在行使行政权力的同时，幼儿园管理者应注意提高自身的素质和水平，不断增强自身的人格影响力。只有权力影响力和人格影响力相得益彰，才能促进幼儿园的可持续发展。

2. 经济方法

经济方法是指幼儿园管理者运用各种经济手段，如工资、津贴、奖金、罚款等调动教职工的积极性，对幼儿园进行管理的方法。

追求经济利益是人们工作的动力之一。经济方法的实质在于贯彻物质利益原则，即运用经济手段不断调整各方面的物质利益关系，把个人利益与集体利益结合起来，多劳多得、少劳少得、不劳不得，打破“大锅饭”，不搞“一刀切”，破除“干好干坏一个样”“干多干少一个样”的现象，从而提高教职工的积极性和责任感。

经济方法具有利益性、有偿性、平等性和间接性的特点。

在幼儿园管理中运用经济方法要充分考虑到它的局限性。金钱对调动教职工积极性的作用是有限的，因为人们除了物质需要外，还有精神需要。幼儿园管理者在使用经济方法时，应注意奖罚分明、人人平等、管理方法多样、防止以罚代管，同时还要引导教职工追求更高层次的需要，培养教职工的奉献意识和责任感，创造条件帮助他们实现自我价值，避免金钱至上的错误倾向。

3. 思想教育方法

思想教育方法是指幼儿园管理者从心理、意识层面启发和引导教职工树立正确的人生观和价值观，培养他们良好的职业道德和高尚的情操，从而保证幼儿园各项工作任务顺利完成的方法。

幼儿园管理的核心是对人的管理。在同样的条件下，人的思想状况不同，工作成绩是不一样的。思想教育方法的实质是通过多方面地对组织成员施加影响，不断提高其政治思想、文化知识、专业水平等各方面的素质，调动他们的积极性，进而提高他们的工作质量和工作效率。人具有主观能动性和创造性，当人的积极性被充分发挥出来后，人们会创造性地完善各种组织活动所需要的条件，优质高效地实现组织目标。因此，思想教育方法是一种具有治本意义的管理方法。

教育方法具有启发性、长期性和复杂性的特点。

幼儿园管理者在运用思想教育方法时应注意：一要看到人思想的多样性和差异性，做到“一把钥匙开一把锁”，讲究灵活性和艺术性；二要循循善诱，具有启发性和实效性，避免强迫命令、形式主义说教和简单粗暴；三要注意潜移默化和持之以恒，想取得成效是需要一定时间的，对于管理中的紧急状况和突发事件，思想教育方法通常会显得力量不足。

4. 法律方法

法律方法是指幼儿园管理者通过国家制定的各种教育法律、法规、条例和教育方针政策，以及幼儿园根据上级指示精神制定的规章制度对幼儿园进行管理的方法。

国家的法规和幼儿园的规章制度对每个教职工都有约束力，大家都要遵守。《幼儿园工作规程》《幼儿园管理条例》《幼儿园教育指导纲要（试行）》等法规文件是幼儿园工作的基本指导文件。幼儿园管理工作必须贯彻执行这些法规文件，做到依法办园，依法治教。

法律方法具有强制性、规范性和稳定性的特点。

法律方法有多方面的管理作用：第一，有利于保证必要的管理秩序；第二，有利于将管理活动纳入制度化和规范化的轨道，使人们在组织活动中有章可循，实现管理各要素间关系的有效调节；第三，有利于实现管理系统的有效运转，既保证了管理的效率，又节约了管理的成本，减轻了管理者的负担。

同时，法律方法本身也存在局限性：第一，刚性过强，缺乏弹性和灵活性，容易导致管理系统呆板僵化，有时会不利于发挥组织的主动性和创造性；第二，法律规范的内容一般为原则性问题，较难涉及管理中更为细致的问题。因此，法律方法应该与其他的管理方法综合使用，才能收到更为理想的管理效果。

（二）幼儿园管理的研究方法

在新时代背景下，学前教育越来越受到国家和社会大众的关注，幼儿园管理质量的提升也越来越受到人们的重视。如何将科学的管理理论、先进的教育理念与幼儿园管理相融合，是当前幼儿园和幼教工作者不断探寻和研究的问题。

幼儿园管理的研究方法有很多，常用的方法有以下几种。

1．观察法

观察法是指幼儿园管理和研究人员通过感官或借助于一定的辅助仪器，在一定的时间内有目的、有计划地对处于自然状态下的客观事物进行感知、考察并收集资料的一种科学研究方法。

观察法的特点是在“自然发生”的条件下进行观察，对观察对象不加任何干预和控制，因此，收集到的信息较为真实、全面。例如，皮亚杰关于儿童认知发展的研究、苏霍姆林斯基关于儿童全面发展的研究、陈鹤琴关于儿童心理发展的研究，都是在细致观察的基础上进行的。

2．调查法

调查法是指以客观事实为对象，通过问卷、访谈、测试等形式，收集、分析有关现象和资料，了解真实情况的一种研究方法。这种方法可以对市场经济条件下，幼儿园管理实践中的一些热点、难点问题进行调查。如家长“择园”问题、幼儿园招生编班问题、教师的自主权利意识问题等。调查法具有样本大、误差小、定量性、间接性等特点。

调查的一般步骤是确定调查目标、制订调查计划、设计调查工具、实施调查、整理调查数据资料、撰写调查报告。调查问卷与访谈提纲设计的科学性、被调查者的合作态度与实事求是的精神等都直接影响调查研究结果的可靠性和有效性。

3．比较法

比较法是指根据一定的标准，对某一类教育管理现象，在不同情况下的不同表现进行比较的一种研究方法，主要比较对象的同类性和差异性。“有比较才有鉴别”，这种方法通过比较研究，从事物的相互联系和差异中观察事物、认识事物、探索事物发展的规律。比较法的目的在于学习他人的管理之长。

比较法的一般步骤是明确比较的主题、统一比较的标准、解释比较的内容、得出比较的结论。例如，通过比较，学习借鉴国内外不同地区、不同类型幼儿园的先进管理经验等。

4．案例法

案例法是指通过对一些真实的或模拟的、能够反映幼儿园管理活动中的矛盾和问题的案例进行分析，研究幼儿园管理的基本理论和实践问题的一种研究方法，是理论联系实际，培养管理人员创新精神的好方法。

案例法选择的案例反映个体或群体的思想和行为，应具有时代性、有效性、准确性和典型性。例如，美国哈佛大学管理学院的一些典型教学案例，因为极富生命力和学术价值，受到世人瞩目。近年来，我国的《早期教育》《学前教育研究》《教育导刊》等期刊上也有很多有价值的幼儿园管理案例。

5．经验总结法

经验总结法是指根据幼儿园管理实践提供的事实，分析概括幼儿园现象，揭示幼儿园管理规律，将感性认识上升到理性认识的一种有效方法，是简便的、具有普遍意义的研究方法。

经验总结法的一般步骤是确定研究课题和对象、检索和查阅相关资料、制订总结计划、收集具体事实、进行分析综合、总结研究成果。运用经验总结法要注意正确区分管理现象与本质，揭示管理经验中蕴含的客观规律；要全面系统地研究，不要以偏概全；要以实践成果为基础，坚持求实的科学态度；要将理论分析与量化数据相结合。

6. 历史研究法

历史研究法又称文献法，是指通过对文献进行查阅、鉴别、整理、分析，揭示事物属性的一种研究方法，是旨在研究已有成果，“站在巨人的肩膀上”以期获得新发现的研究方法，具有历史性、批判性、创新性等特点，但在运用时需注意文献的真实性和可靠性。

本章小结

1. 管理活动历史悠久，但管理学作为一门独立的学科，至今只有一百多年的历史。结合学者们的一些共识和对管理要素的理解，我们认为：管理是一定组织中的管理者，在特定的环境条件下，协调以人为中心的各种资源，通过计划、组织、领导和控制等职能，带领人们有效益地实现组织目标的过程。

2. 管理者应具备三种基本技能：技术技能、人际技能和概念技能。随着管理层次的上升，管理者应具备的各方面技能的要求也会改变。

3. 儒、道、法三大家的核心思想在很长一段历史时期内是我国的主导思想，至今对我国的管理思想还产生着深刻的影响。

4. 19世纪末，在西方工业大革命背景下，管理学诞生。管理学的形成与发展可以划分为三个阶段：古典管理学阶段、现代管理学阶段、当代管理学阶段。不同背景下的每个阶段都有其自身特点、代表性人物和理论学说。

5. 狭义的幼儿园管理是指幼儿园内部管理人员依据国家相关教育方针政策和保教工作规律，采用科学的工作方式和管理手段，充分发挥各项管理职能，组织协调幼儿园的人、财、物等各种管理要素，优质高效地实现幼儿园工作目标的管理活动。

6. 幼儿园管理的要素包括人、财、物、事、时间、空间、信息。

7. 幼儿园管理的基本原则包括方向性原则、整体性原则、民主性原则、有效性原则、协调性原则。幼儿园管理的主要方法包括行政方法、经济方法、思想教育方法、法律方法。幼儿园管理的研究方法包括观察法、调查法、比较法、案例法、经验总结法、历史研究法。

思考与练习

一、单项选择题

1.（　　）认为：管理就是确切地了解你要别人干些什么，然后设法使他们用最好的方法完成它。

A. 法约尔　　B. 韦伯　　C. 泰罗　　D. 德鲁克

2. 高层管理者应具备的基本技能中，哪个技能应更多一些？（　　）

A. 技术技能　　B. 人际技能　　C. 沟通技能　　D. 概念技能

3. 传统管理方式上，(　　)主张“以和为贵”，通过“礼”与“德”两种手段，实现人性化管理。

A. 儒家　　B. 道家　　C. 墨家　　D. 法家

二、多项选择题

1. 管理的职能包括(　　)。

A. 计划　　B. 组织　　C. 领导　　D. 控制

2. 法约尔一般管理理论的主要内容包括(　　)。

A. 区别经营和管理　　B. 明确管理的职能

C. 提出学习型组织　　D. 提出管理的十四项原则

三、课堂实践

“老师的早饭”在哪吃?

启明星幼儿园是一所位于市郊的幼儿园，园所里的老师们上班相对较远。一天早上，园长巡班走到中二班门口，正好遇到冬冬的爷爷送孩子，只听他说:“快进去吧，你看老师在吃早饭呢，你也要好好吃啊！”园长向班里看去，只见两个老师都坐在桌旁吃早餐，孩子们则自己动手进餐，吃完的孩子静静地待在桌旁。接着，园长巡视了全园，发现许多班都存在着类似的现象。

回到办公室，园长陷入了深深的思考……

结合案例，请你帮园长分析教师在教室吃早饭是正常现象吗？如果不合适，可以采取哪些管理办法来进行整改呢？在整改中应坚持管理的什么原则？

四、思考与应用

1. 利用当前的各种信息渠道，找出至少一名你认为成功的幼儿园园长(或管理者)，简要描述为什么她/他配得上成功幼儿园管理者的头衔。

2. 学习管理学，首先应学会管理自己。请你根据管理学的相关知识，结合自身实际，制订本学期每日学习计划表，并积极实践，学期末检验自己的收获。

参考答案　　真题解析

在大众创业、万众创新的时代，你是否想在时机合适时创办一所幼儿园？你知道开办幼儿园需要哪些基本条件和审批程序吗？是不是任何人或任何组织都可以开办幼儿园呢？不同类型的幼儿园，会形成不同的管理体制，你是不是也想了解一下呢？

第二章　幼儿园创设和管理体制

学习目标

1. 了解创设幼儿园的基本条件。
2. 了解举办幼儿园的审批手续及主体资格要求。
3. 理解幼儿园的管理体制，深刻理解园长负责制。

课程思政目标

1. 了解与遵守国家教育法律法规，自觉维护幼儿与自身的合法权益。
2. 践行社会主义核心价值观，强化依法办教意识，落实依法治教责任感。
3. 能够结合学前教育改革动态和发展情况，制订未来职业生涯发展规划。

思维导图

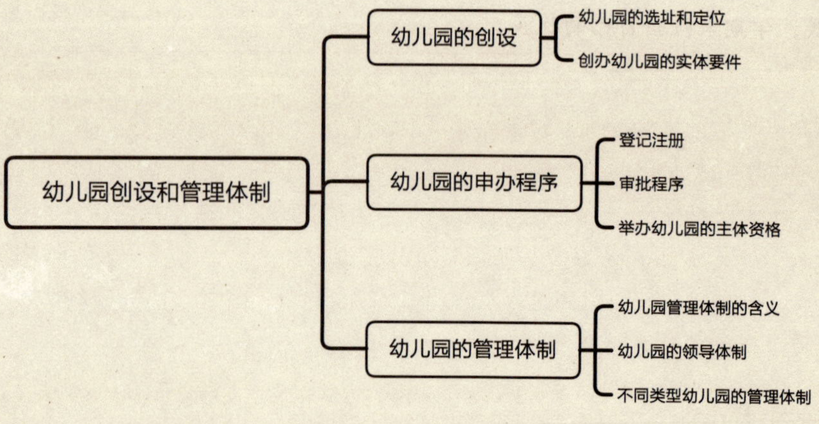

案例导入

我想办个幼儿园[①]（1）[②]

金女士在某县城开办了一个箱包厂，由于她头脑灵活，善于经营，前几年的生意十分红火。后来金女士因一时贪念，被有关部门查出偷税漏税行为且数额较大，最终被法院判处有期徒刑2年3个月，并处罚金数万元。金女士刑满释放后，箱包厂生意早已衰败停工，厂房闲置。一次偶然的机会，金女士又开始盘算起生意经。县城某幼儿园因为装修借用了她闲置的厂房做教室，金女士看到幼儿园教师每天就是带着孩子玩玩闹闹、写写画画，觉得开办幼儿园很简单，心想为什么不把自己的厂房改造一下开办个幼儿园呢？

思考：开办幼儿园真的像金女士想得那么简单吗？开办幼儿园需要哪些基本条件和审批程序呢？像金女士这样曾经有过违法犯罪行为的人，可以开办幼儿园吗？是不是任何人或任何组织都可以开办幼儿园呢？

第一节 幼儿园的创设

在教育事业快速发展的今天，学前教育的发展成为国家重视、社会关注、人民群众关心的热点，国家出台了一系列关于学前教育的重大举措和优惠政策，使学前教育实现了跨越式发展，为学前教育带来了巨大的发展机遇。国家全面放开“二孩”政策实施以来，学前教育产业规模的增长十分可观。社会力量和民间资本看到了学前教育的大好机遇，纷纷想举办幼儿园等学前教育机构来获得丰厚的回报。那么在我国创办幼儿园需要做哪些前期工作，准备哪些实体要件呢？

一、幼儿园的选址和定位[③]

（一）幼儿园的选址

幼儿园的开办运营包括园址的选择、园所经营和管理策略的制定、教职工的选聘等诸多方面内容，其中的首要工作就是选择适宜的园址。幼儿园的选址必须要考虑周边环境、居民居住情况、交通情况等多方面因素。大多数家长在孩子到达入园年龄前就会考察、联系多家幼儿园，然后从中选择合适的园所。幼儿园地址的便利性、安全性等是家长择园的重要条件。

幼儿园的选址工作，需要对幼儿园所在的城市及此城市的各个区域进行全面深入的了解，逐步缩小范围。选址前期调研应重点了解城市各行政区的商业、教育、行政等情况和城市发展规划中老城区、新城区、人口分布、中高档社区分布、同行业机构分布及其价位、规模等情况，为幼儿园创设的后续工作打下坚实的基础。

---

① 沈巧英.一位鞋厂老板办园梦的破裂［J］.早期教育（教师版），2007（4）：18.（有改编）
② 后续有本案例的续集（2）（3）。
③ 张莅颖，刘海燕，佟秀莲.幼儿园组织与管理［M］.北京：北京师范大学出版社，2018：34-36.

1．幼儿园的环境要求

（1）幼儿园的外部环境要求。

周边环境：《幼儿园管理条例》第七条明确规定，举办幼儿园必须将幼儿园设置在安全区域内。严禁在污染区和危险区内设置幼儿园。建园时要考虑周边绿化、空气、噪声、采光等因素。良好的环境有助于幼儿的身心发育。幼儿免疫力差，容易患呼吸道疾病，幼儿园要保持空气的流通和清新，附近不能存在有毒、有害物质。《托儿所、幼儿园建筑设计规范》（以下简称《规范》）指出，托儿所、幼儿园的园址应符合下列规定：①应建设在日照充足、交通方便、场地平整、干燥、排水通畅、环境优美、基础设施完善的地段；②不应置于易发生自然地质灾害的地段；③与易发生危险的建筑物、仓库、储罐、可燃物品和材料堆场等之间的距离应符合国家现行有关标准的规定；④不应与大型公共娱乐场所、商场、批发市场等人流密集的场所相毗邻；⑤应远离各种污染源，并应符合国家现行有关卫生、防护标准的要求；⑥园内不应有高压输电线、燃气、输油管道主干道等穿过。

周边楼盘：幼儿园选址的考察应关注周边楼盘的居住人口密度、入住率及居住群体的收入、年龄、消费水平、消费习惯、文化程度等因素。这些因素会影响幼儿园的生源数量和质量、园所的定位、收费的高低、服务时间及服务质量等。考察时一般采用随机抽样入户调查、公共场所随机问卷及个别访谈等形式。

周边设施：幼儿园附近如有其他的公共场所和功能场所，会吸引家长选择。如选择在商店、博物馆、儿童主题公园等公共场所集中的地方办园，会比较容易获得家长的青睐。例如，西安新建的一所幼儿园就在儿童博物馆的楼下，不仅可以与儿童博物馆共用资源，还方便家长带孩子就近参观。还有一所新开办的幼儿园选址在一所口碑很好的小学对面，在当前二孩家庭不断增多的情况下，这样选址方便家长接送。幼儿园选址应避免在楼龄很长且管理不善的地区，公共娱乐场所附近，以及其他不利于幼儿发展的地区。

周边交通：现代城镇中的大多数家庭都有私家车，便利的交通可以方便家长接送孩子。因此，在进行幼儿园选址时，周边的交通情况及停车问题也是应该全面考虑的。

（2）幼儿园的内部环境要求。

幼儿园建筑要符合国家颁布的《规范》。按照《规范》设计建设的幼儿园应能最大限度地保证幼儿的安全。第一，幼儿园内场地要平坦，不要将幼儿园建在低洼地段，建筑物宜采用集中式布局，区域划分清晰，使用便利，以南北朝向为宜；第二，幼儿园建筑的楼层以2~3层为宜，幼儿活动的场所要在三层以下；第三，幼儿园应有充分的绿化面积，理想标准是达到全园总面积的40%~50%，园区四周应种植高大的乔木和灌木，园内种植草坪和花；第四，园所环境创设要具有一定的教育性、审美性和趣味性；第五，幼儿园要有足够的户外活动场地，场地应为弹性地面，可设沙坑及各种游戏设备；第六，园所环境创设要兼顾经济效益，能够满足园所长久发展的需要。

2．幼儿园的建筑设计规范

幼儿园的建筑规划面积、建筑设计和功能要求，应按照国家和地方的相关规定执行。托儿所、幼儿园应为幼儿提供安全、健康、卫生的活动场所。《规范》中重点强调了以下几点：（1）托儿所、幼儿园中的幼儿生活用房应布置在当地最好朝向，冬至日底层满窗日照不应小于3小时。（2）托儿所、幼儿园场地内绿地率不应小于30%，宜设置集中绿化用地，绿地内不应种植有毒、带刺、有飞絮、病虫害多、有刺激性的植物。(3)托儿所、幼儿园中的幼儿生活用房不应设置在地下室或半地下室，且不应布置在四层及以上，托儿所部分应布置在一层。(4)幼儿使用的楼梯，当楼梯井净宽度大于0.11m时，必须采取防止幼儿攀爬的措施，楼梯栏杆应采取不易攀爬的构造。

公办幼儿园因为是政府投资，在建园时就明确了建筑的用途，并按照《规范》来设计，所以不会出现大的偏差。民办幼儿园的情况相对比较复杂。有的民办幼儿园是租用小区配套的幼儿园建筑，也有很多幼儿园在选址时并未选择按照《规范》设计的幼儿园建筑，这就需要办园者根据《规范》的规定对现有的建筑进行合理改造。

总之，幼儿园的建筑物要和室外游戏场地、绿化用地及杂物院等统一布置，做到功能区分合理，具有一定的艺术性，同时方便管理、朝向适宜、日照充足，符合幼儿的生理、心理特点，支持幼儿自主选择和主动学习，激发幼儿学习的兴趣与探究的愿望。

3. 幼儿园的建筑用地要求

根据国家规定，新建住宅区应规划建设与居住人口相适应的幼儿园，其用地面积及生均用地面积指标见表2-1。

表2-1 幼儿园用地面积及生均面积指标[①]

单位：平方米

项目	指标类型	规模			
		6个班	9个班	12个班	15个班
用地面积	基本指标	3 610	5 261	6 924	8 456
	规划指标	4 543	6 450	8 477	10 422
生均面积	基本指标	20.05	19.48	19.23	18.79
	规划指标	25.23	24.22	23.54	23.16

注：1. 建筑容积率(总建筑面积与建筑用地面积之比)按0.9计算。
2. 室外活动场地按照每生4平方米计算。
3. 绿化用地基本指标按照每生2平方米计算，规划指标按照每生4平方米计算。

(1)幼儿园规模与住宅区人数要求。住宅区人口达到5 000人，应配建一所规模为6~8个班的幼儿园；住宅区人口达到10 000人，应配建一所规模为12~15个班的幼儿园。

(2)幼儿园规模。根据相关规定，一所幼儿园以6~12个班为宜，不宜超过15个班。

(3)每班幼儿的人数。小班(3~4岁)25人，中班(4~5岁)30人，大班(5~6岁)35人。寄宿制幼儿园每班幼儿人数应酌减。

(二)幼儿园的定位

定位就是让品牌在顾客的心中占据最有利的位置，当顾客产生相关需求时，便会将该品牌作为首选。企业组织中的定位包括以下四个步骤：

第一步，分析整个外部环境，确定竞争对手是谁，竞争对手的价值是什么。

① 张莅颖，刘海燕，佟秀莲.幼儿园组织与管理[M].北京：北京师范大学出版社，2018：35.

第二步，避开竞争对手在顾客心中的强项，或是利用其强势中蕴含的弱点，确立品牌的优势位置——定位。

第三步，为这一定位寻找一个可靠的证明。

第四步，将这一定位整合进企业组织内部运营的方方面面，特别是传播上应有足够的资源，以将这一定位植入顾客的心中①。

在幼儿园的创设初期，即幼儿园的选址阶段，办园者就应该充分考虑幼儿园的定位问题。幼儿园的定位和所在地区的大环境有关，也和幼儿园的周边环境和居住人群、举办者的教育初衷等有关。综合各种条件，对幼儿园进行科学准确的定位，是保证幼儿园正常运营并尽快走上正轨的关键。

1．幼儿园的服务对象定位

幼儿园的服务对象定位可以从三个方面进行考察：第一，周边环境和楼盘情况；第二，本地区现有的幼儿园情况；第三，本地区居民的综合状况。

（1）周边环境和楼盘情况。这部分考察可以按照城乡及新旧居民区进行大致划分。在老居民区，一般都是相对老旧的建筑，楼层不高，单位面积居住的人数少于新建小区，且居住人口年龄普遍偏大，人口总数中适龄入园的儿童相对较少；城市新建小区基本都是高层建筑，居住人口多，居住人口年龄偏低，适龄儿童相对比较多；在农村地区，群众往往有“教幼儿文化课”的需求。办园者可根据幼儿园所在地的具体情况考虑园所的定位、园所的规模、初期聘任的工作人员数、启用的班级数等，避免不必要的浪费。

（2）本地区现有的幼儿园情况。由于幼儿年龄小，家长普遍会选择家庭住址周边的幼儿园，即幼儿园的服务半径是有限的。在新建幼儿园的服务半径内，应考虑有没有其他幼儿园或者有几所其他幼儿园以及这些幼儿园的整体状况，如园所特色、收费情况、保教质量等。

本地区现有的幼儿园情况侧面反映了本地区居民的普遍要求，办园者可以结合前期调查的结果，选择两种方案：一种是和大家趋同；另一种是标新立异。

（3）本地区居民的综合状况。了解本地区居民的受教育程度、工作单位、收入状况和年龄范围等，借此了解居民的教育观念。了解服务对象的状况，对幼儿园的定位非常重要，可以采用调查问卷、随机走访等方式开展调查。

综上所述，通过办园前的综合调查，掌握幼儿园服务对象的基本情况，为幼儿园的定位提供坚实的基础。

2．幼儿园的教育目标定位

幼儿园的教育目标，归根结底是为了满足家长在子女教育方面的需求。办园者在综合了解服务对象的基础上，可以分析他们的需求，确定幼儿园的教育目标定位。

当前家长一般有三种需求：一是希望孩子吃好喝好、健康快乐，对教育内容没有硬性要求；二是希望按照孩子的身心发展规律和学前教育的规范要求，以游戏为主，让孩子得到全面发展；三是希望幼儿园能够多教为宜，超前学习，以便孩子上小学后能取得好成绩，望子成龙、望女成凤。在学前教育越来越受重视的大环境下，家长可能同时拥有两种或三种需求。根据这样的需求，幼儿园应如何定位呢？

---

① 艾·里斯，杰克·特劳特.定位[M].邓德隆，火华强，译.北京：机械工业出版社，2010：10.

第一，确定科学先进的办园理念。办园理念是幼儿园办园思想的集中体现，对幼儿园的办学目标与发展方向起着引导与规范的作用。办园理念是一所幼儿园的“灵魂”。

在确定办园理念时，应明确我国幼儿园的任务是：“贯彻国家的教育方针，按照保育与教育相结合的原则，遵循幼儿身心发展特点和规律，实施德、智、体、美等方面全面发展的教育，促进幼儿身心和谐发展。”我们培养的儿童是社会主义事业接班人，是国家未来的栋梁。所以，创办幼儿园，无论是公办园还是民办园，都应依照国家教育方针，结合自己的办园实际，确定一个适应时代潮流和教育发展方向的先进理念作支撑。例如：南京鹤琴幼儿园倡导“以促进幼儿身心和谐全面发展为宗旨，以传承和发扬陈鹤琴先生的教育思想及当今学前教育的先进理念为导向，努力践行陈鹤琴先生的教育思想，全心全意地陪伴幼儿成长”；北京师范大学附属幼儿园倡导“蒙以养正，倡导开新”；西安雁塔一幼倡导“七彩童年，健康快乐”。

第二，确定幼儿园的办园特色。办园特色是指幼儿园利用自己的优势来实现全面发展的育人目标。打造办园特色不是为了特色而特色，而是通过办园特色提高整体办园质量，促进幼儿的全面发展。

每所幼儿园的地理位置不同、经费来源不同、幼儿家长的构成不同，所以拥有的资源不同，优势和劣势也不同。幼儿园在确定办园特色时，要结合办园理念，扬长避短，这样打造的办园特色才能持久、有深度、有效果。例如：幼儿园所处的地区有深厚的文化积淀，就可以选择以某种文化为办园特色；幼儿的家长多为艺术工作者，就可以选择以艺术为办园特色；幼儿园是部队附属的，就可以选择以学做军人为办园特色等。值得注意的是，这些特色都是为了促进幼儿全面发展，而不是对幼儿进行某一方面的技能训练。

3. 幼儿园的收费定位

幼儿园收费是办园者关心的问题之一，也是办园者必须解决的难题之一。2011 年我国出台了《幼儿园收费管理暂行办法》，对幼儿园收费行为进行了宏观规范，但没有统一收费标准。目前各省份大都陆续出台了本地公办幼儿园、普惠性民办园、非营利性民办园的收费标准，其他民办幼儿园可根据办园成本自行制定收费标准，同时取得物价局收费许可并报教育局备案。

拓展阅读

某市经济开发区幼儿园收费标准

按定价管理权限，结合我区实际，经研究，现将我区幼儿园保教费收费标准通知如下：

1. 差额财政拨款幼儿园保教费收费标准：省级示范幼儿园 680 元/（生·月），省级一类幼儿园 612 元/（生·月），省级二类幼儿园 550 元/（生·月）。

2. 普惠性民办幼儿园保教费最高收费标准：省级示范幼儿园 980 元/（生·月），省级一类幼儿园 880 元/（生·月），省级二类幼儿园 800 元/（生·月）。

3. 非营利性民办幼儿园保教费最高收费标准：省级示范幼儿园 1 280 元/（生·月），省级一类幼儿园 1 152 元/（生·月），省级二类幼儿园 1 036 元/（生·月）。

4. 无财政拨款公办幼儿园收费标准不得超过同类型普惠性民办幼儿园收费标准。

5. 营利性民办幼儿园实行市场调节价格。

某开发区经发科创局
某开发区财政金融局
某市教育局开发区分局
2019 年 9 月 10 日

公办幼儿园、受国家资助的普惠性民办幼儿园的管理者要严格执行收费标准并及时向上级报告幼儿园的收支状况，严格执行有关财务规定。其他非国家资助民办幼儿园的管理者，进行幼儿园收费定位时应综合考虑以下几点：

（1）周边民办幼儿园的收费标准及园舍设施、师资水平、保教情况等。家长在为孩子选择幼儿园的时候，通常会比较住所周边多所幼儿园的收费标准和设施、师资、保教等情况。参照周边民办幼儿园的收费标准来制定本园的收费标准，可以避免因收费过高而背离当地居民的总体收入水平。

（2）服务对象定位和课程定位。服务对象定位应考虑周边居民的实际收入水平、教育观、价值观、对子女的期望和对幼儿园教育的需求等。课程定位应考虑幼儿园开设的课程是加盟购买还是本园自己构建，成本如何摊派等。

（3）幼儿园的运营成本。包括幼儿园的房租、水电暖（有些地方有暖气费用）、人员用工成本、师资培训成本、办公经费和其他消耗物品的成本等。

民办幼儿园的成本核算都是在满员的前提下计算的，但幼儿园一般都需要 3~4 年才能实现满员，因此，幼儿园开办前几年可能会有亏损。

二、创办幼儿园的实体要件

根据我国相关法规、条例的规定，在我国创办幼儿园必须具备四个实体要件。

（一）必须有组织机构和章程

组织机构是指依法设立的机关、事业单位、企业、社团及其他依法成立的单位。组织机构的合理设置，能保证整个组织分工明确，职责清晰，保证每一个部门工作的正常运行，同时保证整个组织管理的畅通。幼儿园组织机构的具体内容将在第三章重点介绍。

章程与各类学校机构的性质、宗旨、地位、方向、管理、发展、正常运行及各种教育法律关系主体的权利和义务密切相关。只有通过章程明确规定学校的一切重大事项，才能保证各类学校机构的正常运行和健康发展。

幼儿园是我国基础教育体系的重要组织，必须有健全的组织机构和章程，使幼儿园的工作运行得到保障。幼儿园的组织机构一般包括园长室、保教室、办公室、财会室等。幼儿园章程是幼儿园自主管理的基本依据，应明确本园的名称、办园宗旨、保育保教的主要任务、机构内部管理体制、教职工民主参与管理与监督制度、财务管理制度、人事管理制度、举办者的权利与职责及章程修改程序等

扫一扫 看一看

重大、基本的问题①。

（二）必须有合格的教师、保育人员、医务人员和其他工作人员

发展学前教育的关键在于幼儿教师，幼儿教师是保教质量的核心保障。幼儿园的师资队伍包括幼儿教师、保育人员、医务人员和其他人员，每一位教师的素质关系着整个幼教队伍的整体素质，幼教队伍的整体素质决定了幼儿园的教育水平。每一位幼教工作者都应该认识到自身的言行举止潜移默化地影响着幼儿，甚至对幼儿的一生都有深远影响。

为严把教师关，国家不断完善教师资格证制度，加强考核监督，重视幼儿园教师职前、职后培训与终身发展。

《幼儿园管理条例》明确规定，举办幼儿园应当具有符合下列条件的保育人员、幼儿教师、医务人员和其他工作人员：（1）幼儿园园长、教师应当具有幼儿师范学校（包括职业学校幼儿教育专业）毕业程度，或者经教育行政部门考核合格；（2）医师应当具有医学院校毕业程度，医生和护士应当具有中等卫生学校毕业程度，或者取得卫生行政部门的资格认可；（3）保健员应当具有高中毕业程度，并受过幼儿保健培训；（4）保育员应当具有初中毕业程度，并受过幼儿保育职业培训。慢性传染病、精神病患者，不得在幼儿园工作。

2013 年，教育部印发《幼儿园教职工配备标准（暂行）》，不同服务类型的幼儿园各年龄班和混龄班班级规模、专任教师和保育员的配备标准见表 2-2。幼儿园其他人员，如卫生保健、炊事、财会、安保等岗位的人员，根据国家和地方的相关规定配备，积极实行一岗多责制，提高用人效益。

表 2-2　幼儿园班级规模及专任教师和保育员配备标准

年龄班	班级规模/人	全日制		半日制	
		专任教师/人	保育员/人	专任教师/人	保育员/人
小班（3~4 岁）	20~25	2	1	2	有条件的应配备 1 名保育员
中班（4~5 岁）	25~30	2	1	2	
大班（5~6 岁）	30~35	2	1	2	
混龄班	< 30	2	1	2~3	

（三）必须有符合规定的教学场所及设施、设备等

幼儿园是促进幼儿身心发展的重要场所，对于 3~6 岁的幼儿来说具有特殊的意义。幼儿园必须具备基本的物质条件、完善的软件条件和硬件条件才能保证幼儿的健康成长，保证幼儿园各项工作的顺利进行。其中物质条件主要包括园舍建设、基本环境、安置环境及设施等。

《中华人民共和国教育法》（以下简称《教育法》）明确规定，申请设立学校及其他教育机构，根据其性质、层次和规模的不同要求，必须具备相应的园舍、场地、教学仪器设备等。同时，《幼儿园管理条例》《幼儿园工作规程》《中华人民共和国民办教育促进法》（以下简称《民办

① 林雪卿. 幼儿教育法规［M］. 北京：科学出版社，2010：27.

教育促进法》）等法律法规都对举办幼儿园必须具有与保育、教育要求相适应的园舍和设施等做了相应规定，具体内容在“幼儿园总务管理”章节介绍。

（四）必须有必备的办园资金和稳定的经费来源

必备的办园资金和稳定的经费来源是幼儿园维持正常教育教学活动的基本保障，也是举办幼儿园应有的物质基础。《幼儿园工作规程》指出：“幼儿园的经费由举办者依法筹措，保障有必备的办园资金和稳定的经费来源。”《幼儿园管理条例》第十条明确规定：“举办幼儿园的单位或个人必须具有进行保育、教育及维修或扩建、改建幼儿园的园舍与设施的经费来源。”我国公办幼儿园的经费主要来源于国家、政府或单位拨款，家长交纳的保教费和伙食费，社会捐助及幼儿园的自创收入等。民办幼儿园和企事业单位幼儿园的经费则主要来源于举办者投入、家长交纳的保教费和伙食费、社会捐助及幼儿园的自创收入等[①]。举办幼儿园的单位或个人必须确保有一定的经费用于幼儿园的保育和教育，幼儿园园舍和设施的维修和扩建、改建以及幼儿园设施的改进和添加等。特别要指出，通过贷款、借款筹集资金开办幼儿园，然后以幼儿园向学生收取的学费来偿还贷款、借款的做法是不符合教育法规定的。

以上四大实体要件是法律规定的创办幼儿园的基础条件，不满足条件则无法在相关行政部门办理审核、注册，也无法取得办园许可证。

第二节　幼儿园的申办程序

在我国，各级政府、企事业单位、社会力量和个人出资举办幼儿园，想要取得合法的地位，不仅要符合前述四大实体要件，还必须符合唯一的程序要件——经过教育主管部门的“登记注册”。怎样注册登记和审批？是不是任何社会力量和民间资本都可以举办幼儿园呢？这些疑问在本节中都能得到明确的答案。

案例分析

我想办个幼儿园（2）

章首案例中提到了金女士准备把自己闲置的厂房改造为幼儿园，她通过前期的了解和调研，知道了开办幼儿园的四大实体要件，于是便按照建园标准和软硬件规范条件着手准备起来，还从当地小有名气的幼儿园挖来了保教主任，准备让其当园长。园长从专业角度给了金女士很多建议，尤其提醒金女士办园必须办理教育主管部门的相关手续，否则属于非法办园。金女士一听“非法”，很是郁闷，明明是按照相关政策规定办园，怎么自己又“非法”了？

请分析：案例中的“非法”问题出在哪儿？怎么做才能解决问题？

① 杨莉君，李洋，张晓辉，等. 学前教育政策法规［M］. 长沙：湖南大学出版社，2015：34.

一、登记注册

（一）登记注册制度

《幼儿园管理条例》规定："国家实行幼儿园登记注册制度，未经登记注册，任何单位和个人不得举办幼儿园。"

在教育法中，通常认为登记注册制度是指主管部门对申请者提交的申请设立教育机构的报告进行审核，如未发现违背法律法规规定的情形，只要拟办的教育机构符合设置标准，都必须予以登记注册，使其取得合法地位；对不符合设置标准的，予以拒绝，并通知申请者。注册的实质是确认申请者所办教育机构的法律地位或事实①。政府和教育主管部门对各级各类幼儿园的举办有严格的审批程序，符合办园条件和要求的幼儿园才能登记注册，否则不能登记注册。

（二）登记注册程序

《幼儿园管理条例》规定："城市幼儿园的举办、停办，由所在区、不设区的市的人民政府教育行政部门登记注册。农村幼儿园的举办、停办，由所在乡、镇人民政府登记注册，并报县人民政府教育行政部门备案。"目前只有《民办教育促进法》规定了社会力量举办民办幼儿园的登记注册程序。依照《民办教育促进法》，民办幼儿园的设立程序分为两大环节：申请筹设和申请正式设立。

1. 举办者向审批机关提交材料，申请筹设

申请筹设民办幼儿园，举办者应当向审批机关提交下列材料：

（1）申办报告，内容主要包括：举办者、培养目标、办学规模、办学层次、办学形式、办学条件、内部管理体制、经费筹措与管理使用等。

（2）举办者的姓名、住址或名称、地址。

（3）资产来源、资金数额及有效证明文件，并载明产权。

（4）属捐赠性质的校产须提交捐赠协议，载明捐赠人的姓名，所捐资产的数额、用途和管理方法及相关有效证明文件。

审批机关应当自受理筹设民办幼儿园的申请之日起30日内以书面形式做出是否同意的决定。同意筹设的，发给筹设批准书；不同意筹设的，应当说明理由。筹设期不得超过三年。超过三年的，举办者应当重新申报。

2. 办学条件成熟，申请正式设立

申请正式设立民办幼儿园，举办者应当向审批机关提交下列材料：

（1）筹设批准书。

（2）筹设情况报告。

（3）幼儿园章程，首届幼儿园理事会、董事会或其他决策机构组成人员名单。

（4）幼儿园资产的有效证明文件。

（5）园长、教师、财会人员的资格证明文件。

---

① 张乐天，梁红丽. 学前教育政策与法规[M]. 北京：中央广播电视大学出版社，2011：75.

申请正式设立民办幼儿园，审批机关应当自受理之日起3个月内以书面形式做出是否批准的决定，并送达申请人。审批机关对批准正式设立的民办幼儿园发给办学许可证。审批机关对不批准正式设立的，应当说明理由。

二、审批程序

申请正式开办幼儿园，如上文所述，举办者提出申请，向有关部门递交相应的文件和证明，教育行政机关进行审核并在3个月内答复。申请举办幼儿园的单位和个人，应遵循如下申请审批程序。

扫一扫 看一看

（一）提交申办材料

在城市举办幼儿园，申请人应向幼儿园所在区（不设区的市）的人民政府教育行政部门提交幼儿园园舍和设施符合国家卫生标准和安全标准的证明材料，幼儿园园长、教师、医师、保健员、保育员等人员符合国家标准的材料。农村幼儿园的举办，申请人应向幼儿园所在乡、镇人民政府提交上述材料。对应教育行政部门应当及时审查提交的申报材料，符合要求的应给予筹设许可。举办者在获得筹设批准书之日起3年内完成筹设的，可以提出正式设立申请。

（二）审核

申请正式设立实施学前教育民办幼儿园的，审批机关受理申请后，应当组织专家委员会评议，由专家委员会提出咨询意见。审核合格的，将审核结果以书面形式通知申请人。审核不合格的，申请人可在筹建期间进行第二次办学登记申请。

第二次办学登记申请经审核仍不合格的，取消原筹建资格，3年内不得再次申请。

（三）通报审核结果

对批准正式设立的民办幼儿园，审批机关应当颁发办学许可证，并将批准正式设立的民办幼儿园及其章程向社会公告。农村乡、镇人民政府还应将登记注册的幼儿园报本县人民政府教育行政部门备案。

（四）开办幼儿园

办学机构取得办学许可证后，要到民政部门办理民办非企业单位登记，并到物价部门申领收费许可证，方可以招生办学。招生广告、简章须经审批部门审核方可做招生宣传[①]。

三、举办幼儿园的主体资格

举办幼儿园的主体资格是指组织和公民可以举办幼儿园的能力限定。《教育法》规定：“国家鼓励企业事业组织、社会团体、其他社会组织及公民个人依法举办学校及其他教育机构。”《民办教育促进法》第十条规定：“举办民办学校的社会组织，应当具有法人资格。举办民办学校的个人，应当具有政治权利和完全民事行为能力。”上述规定在法律上明确了各级政府、企事业单位、社会团体和个人都可以成为举办幼儿园的主体，确立了我国多渠道办学方式和不同

① 张莅颖，刘海燕，佟秀莲.幼儿园组织与管理[M].北京：北京师范大学出版社，2018：43.

主体共同参与促进我国幼儿教育事业发展的合法权利，同时也规定了这些办学主体必须符合法律法规所规定的条件。

案例分析

我想办个幼儿园（3）

金女士通过园长了解到幼儿园要取得合法的地位，不仅实体要件要符合规范要求，还必须要经过教育主管部门的“登记注册”。金女士了解后对园长说：“想办个幼儿园真是不容易，不过有你这个行家的帮助，准备审批登记注册材料应该问题不大，咱们尽快动手准备起来吧。”园长说：“是啊，办幼儿园难，而且还不是谁都能办的，有过犯罪记录的人想办还没资格呢。”园长这句无心的话，一下子戳痛了金女士的内心，她心想：“我之前因为一时糊涂，偷税漏税，有过犯罪记录，是不是没有资格办幼儿园？那可怎么办？”她立刻去找专业法律人员进行咨询。

请分析：你觉得金女士的身份可以举办幼儿园吗？能或不能的原因是什么？

根据我国相关法律规定，下列组织和个人不得举办幼儿园。

（一）没有法人资格的社会组织

法人成立必须同时具备四个条件，缺一不可：依法成立；有必要的财产和经费；有自己的名称、组织机构和场所；能够独立承担民事责任。幼儿园是实施保育、教育活动的社会组织，只有取得了法人地位，才具有法人相应的民事权利能力和民事行为能力，才能行使权利和承担义务，否则不能举办幼儿园。

（二）限制民事行为能力或无民事行为能力者

民事行为能力简称“行为能力”，是指能够以自己的行为依法行使权利和承担义务，从而使法律关系发生、变更或消灭的资格。自然人的行为能力分三种：完全民事行为能力、限制民事行为能力、无民事行为能力。法人的行为能力由法人的机关或代表行使。限制民事行为能力者和无民事行为能力者主要包括未成年人、精神病人和间歇性精神病人等自己不能独立行使民事权利、承担民事义务的人，二者都不能举办幼儿园。

（三）被剥夺政治权利者

《中华人民共和国刑法》规定，被剥夺政治权利的公民不能担任国家机关职务，不能担任企事业单位和人民团体的领导职务。剥夺政治权利是指剥夺犯罪分子参与国家管理和政治活动的权利，包括言论、出版、集会、结社、游行等。举办幼儿园就是“结社”的一种具体行为。不过需要注意的是，剥夺政治权利的期限届满，公民可以恢复行使自身的各项政治权利时，即可举办幼儿园。

第三节 幼儿园的管理体制

拓展阅读

幼儿园的产生及不同分类

世界上第一个学前教育机构由空想社会主义者欧文开办。1816 年，他在苏格兰创办了一个实验自己社会改革理想的纺织厂，同时为工厂中 1~6 岁的孩子开办了“性格形成新学园”，新学园类似现代的托儿所、幼儿园和游戏场。但是创办儿童学校并定名为“幼儿园”的是德国教育家福禄培尔。1837 年，福禄培尔在德国勃兰根堡创办了一所游戏活动机构，当时并没有“幼儿园”这个名称。1840 年的某一天，福禄培尔在树林里散步时，忽然想到儿童多么像树林中茁壮成长的幼苗，需要园丁的培养和护理，而学前教育机构好比花园，于是他便给自己的机构起名为 kindergarten，意为孩子的乐园，即“幼儿园”。之后这个专有名词在德国传播开来，并逐步在世界各地被认可和使用。

我国学前教育机构是近代工业化的产物。1903 年，清政府颁布了《奏定蒙养院章程及家庭教育法章程》，明文规定“以蒙养院辅助家庭教育”，标志着中国官方开始创办幼稚园制度。我国最早的学前教育机构是武昌蒙养院。1912 年，民国时期南京临时政府教育部颁布《学校系统改革令》，将学前教育机构命名为“蒙养园”。1922 年 11 月，北洋政府教育部颁布《学校系统改革令》，又称“新学制”，确立了“幼稚园”制度①。1953 年，中国教育部委托北京师范大学编写《幼儿园教育工作指南》，从此我国绝大多数“幼稚园”都改名为“幼儿园”，并一直沿用至今。

根据办园主体划分，一般认为我国幼儿园分为四种：公办幼儿园、民办幼儿园、集体办幼儿园、其他部门办幼儿园。其中，最主要的是公办幼儿园和民办幼儿园。根据学前教育发展的现实需要，《国家中长期教育改革和发展规划纲要（2010—2020）》确立了“政府主导、社会参与、公办民办并举”的新办园体制，为这两种办园类型的持续建设与发展提供了政策依据。

一、幼儿园管理体制的含义

作为一种社会组织——幼儿园，依法设立只是办园路上的第一步，其良好有效的运转离不开科学有效的管理。科学健全的幼儿园管理体制，是对幼儿园管理具有决定性意义的结构体系，对办园方向和具体工作具有全局性的影响。

管理体制是指管理系统的结构和组成方式，即采用怎样的组织形式及如何将这些组织形式结合成为一个合理的有机系统，并以怎样的手段、方法来实现管理的任务和目的。幼儿园的管理体制是指不同办园主体结合自身特性，采用相应的组织形式并将这些组织形式结合成为一个合理的有机系统。

① 王瑜，贺燕丽，邵小佩.幼儿园组织与管理[M].北京：高等教育出版社，2015：55.

二、幼儿园的领导体制

幼儿园的领导体制是幼儿园管理体制的核心，是幼儿园管理的根本组织制度，是进行决策、指挥、监督等领导活动的具体制度或体系。它决定幼儿园的工作由谁决策、由谁指挥，规定幼儿园领导的产生、职责、权力、地位和作用等问题。

我国幼儿园的领导体制是园长负责制。《幼儿园管理条例》《幼儿园工作规程》明确规定："幼儿园实行园长负责制"。社会力量举办的幼儿园可以实行董事会领导下的园长负责制。园长负责制是幼儿园在上级主管部门的统一领导下，以园长全面负责为核心，与党支部保证监督、教职工民主管理有机结合，为实现幼儿园工作目标，充分发挥领导"三位一体"职能的幼儿园领导体制。幼儿园园长负责制是我国幼儿园的基本领导体制，具体可以从以下三个方面理解园长负责制的领导关系和结构方式。

（一）确立园长的中心地位

实行园长负责制的目的是增强幼儿园的办园自主权，使幼儿园成为独立的办园实体。园长是一园之长，作为幼儿园的法人代表，对外代表幼儿园，对内统一指挥和领导幼儿园工作，承担着幼儿园管理的全部责任。园长要遵循有关法规，服从上级教育行政部门和直接隶属行政部门的领导，接受幼儿园党组织和教代会的监督，充分调动全园教职工的积极性，努力办好幼儿园①。园长负责制明确了园长对幼儿园工作有最高行政权，在幼儿园组织机构中处于中心地位，园长有指挥决策权、人事管理权、财务管理权。

（二）幼儿园党组织发挥监督保障作用

幼儿园的党组织应发挥监督保障作用。《幼儿园工作规程》规定："幼儿园应当加强党组织建设，充分发挥党组织政治核心作用、战斗堡垒作用。幼儿园应当为工会、共青团等其他组织开展工作创造有利条件，充分发挥其在幼儿园工作中的作用。"幼儿园党的基层组织即党支部的领导作用是政治领导、思想领导和组织领导三者的有机结合，主要体现在三个方面：

（1）发挥监督保证作用。在办园方向上，在幼儿园发展规划及干部与教职工任免等重大问题上参与决策；负责监督园长与行政部门贯彻执行党的路线、方针、政策的情况。

（2）协助行政工作。支持园长与行政部门行使职权和履行职责，协助行政领导听取各方面意见，与园长一起共同保证幼儿园各项任务的完成。

（3）做好思想政治工作。教育激励群众，调动群众的积极性。要加强党的思想建设与组织建设，充分发挥党组织的先锋模范作用，带领职工完成幼儿园任务。组织和领导教代会、工会、共青团等群众组织的工作，发挥其在组织、团结、教育群众中的纽带和助手作用②。

（三）幼儿园教职工民主管理制度

园长负责制是一种民主集中制的管理制度。《幼儿园工作规程》规定："幼儿园应当建立教职工大会制度或教职工代表大会制度，依法加强民主管理和监督。"幼儿园通过建立教代会和园务委员会等制度，形成了相应的民主管理和监督机制。教代会和园务委员会是广大教职工对幼儿园工作进行民主管理和民主监督的组织形式。

---

① 张晓焱.幼儿园管理[M].北京：航空工业出版社，2014：71.

② 王瑜，贺燕丽，邵小佩.幼儿园组织与管理[M].北京：高等教育出版社，2015：65.

教代会的主要职责是维护教职工民主管理的权益，可建立定期会议制度。教代会的职责、工作内容具体包括：

(1)听取园长的工作报告，审议办园方针、发展规划、教育改革方案、管理制度及经费使用等有关幼儿园建设和改革的重大问题，提出意见和建议。

(2)团结教育广大教职工，支持园长正确行使职权。

(3)关心教职工生活，决定有关教职工生活福利的重要事项。

(4)监督评议园长和其他幼儿园管理人员的工作和业绩。

随着幼儿园体制改革的深入，教职工代表大会应有权依照教育行政部门所规定的园长任职条件，推举或建议深受广大教职工拥戴的幼儿园园长人选。

园务委员会是园长决策的咨询审议机构。《幼儿园工作规程》指出："幼儿园应当建立园务委员会。园务委员会由园长、副园长、党组织负责人和保教、卫生保健、财会等方面工作人员的代表及幼儿家长代表组成。园长任园务委员会主任。"园长定期召开园务会议，遇重大问题可临时召集，对规章制度的建立、修改、废除，全园工作计划，工作总结，人员奖惩，财务预算和决算方案，以及其他涉及全园工作的重要问题进行审议，从而提高决策的科学性。园务委员会要建立定期或不定期召开会议的工作制度，由园长主持园务工作，不设园务委员会的幼儿园，遇到上述重大事项时由园长召集全体教职工商议。

幼儿园实行园长负责制，园长的办园自主权得以扩大，因此对园长的选任也提出了更高的要求。根据《幼儿园工作规程》和《幼儿园管理条例》，以及国家教育委员会 1996 年颁布的《全国幼儿园园长任职资格、职责和岗位要求(试行)》和 2015 年教育部印发的《幼儿园园长专业标准》等法规和文件要求，通过一定的程序把好园长的选拔任用关，确保园长具有全面、高水平的专业素质。

三、不同类型幼儿园的管理体制

由于幼儿园举办主体、投资方式和发展历史的不同，我国形成了不同性质和类型的幼儿园，一般包括公办幼儿园、民办幼儿园、转制幼儿园、连锁幼儿园、集团化幼儿园等。各类幼儿园也形成了不同的管理体制。

(一)公办幼儿园及其管理特点

公办幼儿园是服务于社会公众的公益性组织，是国家机构利用国家财政性教育经费开办的对儿童实施保育和教育的公办机构。其资产属于国有资产，建设经费、办公经费等均为财政性拨付。

公办幼儿园可细分为教办园、集体园、部门园三类。

教办园是指由教育部门开办的幼儿园，其一切资产归属教育部门，园长由教育局任命，各类经费由教育局拨付。

集体园是指由乡镇、街道、村、社区开办的幼儿园，其一切资产归集体所有，各类经费由主办单位拨付。

部门园是指由政府某个机关部门、国有企业或部队院校等开办的幼儿园，其一切资产归主办单位所有，人、财、物归主办单位管理。

公办幼儿园实行园长负责制。园长是幼儿园的法定代表人，全面负责幼儿园的行政工作，其主要职责有：贯彻执行国家有关法律、法规、政策和上级主管部门的规定；领导教育、卫生保健、安全保卫工作；组织制订并实施幼儿园的发展规划；负责建立并执行各种规章制度；负责聘任、调配工作人员；指导、检查和评估教师及其他工作人员的工作，并给予奖惩；组织管理园舍、设备和经费；组织和指导家长工作；等等。

幼儿园在园长领导下成立园务委员会，下设年级组、教研组、后勤组等职能部门，分别承担相应的管理职能。各机构组成幼儿园管理网络，各司其职、分工合作，确保政令畅通，圆满完成各项任务。

（二）民办幼儿园及其管理特点

民办幼儿园是指除国家机构以外的组织机构或个人利用非国家财政经费开办的幼儿园。民办幼儿园可分为独资幼儿园和合资幼儿园，也可分为投资者和管理者合一的幼儿园，以及投资者和管理者分离的幼儿园。

民办幼儿园的机构设置相对公办幼儿园具有一定自由度，但也必须符合国家的相关规定。幼儿园的机构设置，首先要依据国家和相关管理部门的规定，其次必须依据幼儿园自身的实际情况，如幼儿园的规模、类型、组织机构等。不同类型及规模的幼儿园机构设置是不同的。民办幼儿园实行园长负责制，各项工作紧紧围绕幼儿园的教学和保育工作展开。

现代民办幼儿园基本都是自主经营、自负盈亏，与企业有一定相似性。很多民办幼儿园在人事制度和劳动分配制度上实行企业化管理。民办幼儿园在经费自筹和与公立幼儿园竞争的强大压力下，为寻求发展，纷纷引进企业管理的先进理念，如PDCA过程管理、目标管理、6S管理等，建立高效的管理团队，真正实行科学管理，确保园所可持续发展。需要注意的是，很多民办幼儿园坚持“以市场为导向”的经营理念，过度迎合市场和家长的需求，忽视教育规律，从而使幼儿园“小学化”，这不利于民办幼儿园的良性可持续发展。

（三）转制幼儿园及其管理特点

在计划经济体制背景下，幼儿园基本上由教育部门、集体和国有企事业单位创办。这种由国家包办的办园体制使幼儿园办学整齐划一，缺乏特色。随着国家行政机关和国有企事业单位的改革，1995 年我国开始将国有企业开办的托儿所移交给社会，由此启动了幼儿园的转制改革。公办幼儿园的转制本质上是政府责任向市场的转移，即通过引入多个投资与办学主体，将原本完全由政府承担的投入和办学职责部分地转移给市场，通过一定程度上的自负盈亏来激活幼儿园的办学活力。这一改革对幼儿园的产权进行了分解与重组，形成了国家、开办者共同享有产权的架构。

1. 差额拨款制公办园

差额拨款制转制园的公办园属性没有发生根本改变，在改革后依旧从属于教育部门、集体或国有企事业单位，其场地设施、基本运营经费和教师基本工资等仍由所属机关提供，教师的福利及学校发展基金则需要通过办学活动自行筹措。差额拨款制公办园的办学在一定程度上实现了自负盈亏，教职工的紧迫感较强。这种体制有助于激发教职工的动力，提高幼儿园的办学效益，同时可以减轻国家的经济负担，因此在实践中得到了广泛应用。

2. 委托代理制公办园

委托代理制转制园的公办园属性也没有发生根本改变，在改革后依旧从属于教育部门、集体或国有企事业单位，其场地设施及办学经费仍由所属机关提供，但其办学活动“承包”给了个人或组织。幼儿园所属部门与承包者对办园的收益分配进行约定，在年度结算时，办学收益中需把用作幼儿园运营或发展经费的部分返还给幼儿园，利润结余部分归承包者所有。委托代理制在确保了转制园公办属性的前提下，打破了原有体制中“铁饭碗”的局面，使办学者有权获得幼儿园收入的盈余部分，激发了其办学积极性。同时，委托代理制公办园赋予了办学者较强的办学自主权，这也有助于优化资源配置，提升幼儿园办学特色。

3. 国有民办幼儿园

国有民办转制园属于按民办园机制运营的混合制幼儿园，其典型模式是转制后的街道幼儿园及新建小区的配套幼儿园。这类幼儿园由教育部门、集体或国有企事业单位提供场地和校舍，但幼儿园的运营完全独立，一般注册为独立的民办园。国有民办幼儿园的优势有：一方面，按民办园的办园机制运作，通过自负盈亏来激发办学活力；另一方面，与纯粹的民办园相比，国有民办幼儿园享用国家提供的场地和设施，办学成本较低，办学活力较强。

4. 股份制幼儿园

股份制幼儿园指公办园经过转制成为股份制民办园，这类幼儿园是完全的民办园。在这类幼儿园的转制过程中，首先解除了幼儿园职工的国家编制，同时将幼儿园的资产转化为职工的股份作为补偿，使职工成为幼儿园的股东。股份制幼儿园的优势在于幼儿园职工在失去国家编制的同时成为幼儿园的股东，这种补偿方式为员工日后的生活提供了保障，保证了国有企事业单位改革的顺利推行。

（四）连锁幼儿园及其管理特点

连锁经营最初是运用于传统零售业、餐饮行业等商业领域的一种经营方式，随着我国市场经济体制的不断完善，连锁经营的范围发生了多元的变化，并延伸至教育行业。教育连锁，即在同一个教育品牌领导下，由若干学校或教育分支机构加盟，构成相对统一的联合体，在不同的地点和区域内提供同一品牌的教育教学服务。目前我国主要有三种教育连锁模式：正规连锁、特许经营、自愿加盟。

连锁幼儿园大体分为总园与分园两个层次（有的还设立地区总部）。从职能分工上看，总部的职能是规划设计，分园的职能是组织实施。总部的使命除了确定发展目标、选择实施路径和统一品牌经营外，还有一个重要职责，即研究管理技巧以指导各分园的管理和业务工作。连锁总园对分园的管理控制主要表现在经营管理模式的贯彻和对信息流的把握两个方面。总园要制定具体制度，确保统一规范能在所有分园充分实施。分园的运营要在总园严格的监控下进行。总园要加强调度中心的建设和监理，积极采用销售时点管理系统、条形码管理系统、库存自动化管理系统、自动记账系统等，有条件的幼儿园还应建立自己的网络信息系统，使总园在必要时能够实现对所有分园的即时动态管理，从而实现规范统一和规模效益。

扫一扫 看一看

（五）集团化幼儿园及其管理特点

集团化幼儿园属于新型的学前教育组织机构，要弄清楚何为集团化幼儿园，还需追溯其上位概念——教育集团。在我国，教育集团是在社会转型与社会主义市场经济体制建立及健全时期形成与发展起来的。相比于传统的教育教学机构，教育集团是一种新生事物。综合目前业界观点，本书中的集团化幼儿园是指由三个或三个以上的幼儿园经营实体，以产权关系或契约关系为联结纽带所组成的学前教育机构联合体。该联合体中的各组织机构，均在整体规划下按统一管理及协同运作来实施教育活动[①]。

集团化幼儿园的总园长在行政、人事、财务、后勤、业务、考核上统一管理，保证各分园园长全身心地做好本园的工作。集团幼儿园中各分园园长比非集团幼儿园的园长多一项职责，即执行总园长的决策并与其他分园进行协调沟通。集团幼儿园的组织机构建设遵循了组织设计原则，考虑到了幼儿园的内外环境、条件，有利于幼儿园管理职能的发挥，更有利于全园的高效运作。在实践中，有的集团化幼儿园开始向其他教育学段拓展业务，如开办了小学、中学，也有的开办了幼儿师范学校，还有的发展成了上市公司。

拓展阅读

普惠性幼儿园

普惠性幼儿园是一个新生概念，是指以政府指导价收取保育费和住宿费的幼儿园，包括教育部门办园、其他部门举办的公办性质幼儿园、普惠性民办幼儿园三类。

普惠性幼儿园是公益的、有质量的幼儿园，其收费将不高于同类公办幼儿园的收费标准。普惠性幼儿园具有以下特征：一是达到市教委规定的办园基本标准；二是面向社会大众招生；三是收费实行政府定价或接受政府指导价。普惠性幼儿园实行园长负责制，教职工聘任制。

根据2020年全国教育事业统计主要结果，2020年，全国共有幼儿园29.17万所，在园幼儿4 818.26万人。其中，普惠性幼儿园在园幼儿4 082.83万人，普惠性幼儿园覆盖率达到84.74%。幼儿园共有专任教师291.34万人，学前教育毛入学率达到85.2%。

想一想：普惠性幼儿园可以申请认定和申请退出吗？

本章小结

1. 幼儿园创办运营初期，幼儿园的选址和定位是首要工作。幼儿园的选址要充分考虑幼儿园的外部、内部环境要求，幼儿园建筑用地要求。幼儿园的定位和所在地区的大环境有关，也和幼儿园周边的环境和居住人群、举办者的教育初衷等有关。

2. 在我国创办幼儿园必须具备四个实体要件，即必须有组织机构和章程，必须有合格的教师、保育人员、医务人员和其他工作人员，必须有符合规定的教学场所及设施、设备，必须有必备的办园资金和稳定的经费来源。不满足以上条件则无法在相关行政部门办理审核、注册，也无法取得办园许可证。

3.《幼儿园管理条例》规定："国家实行幼儿园登记注册制度，未经登记注册，任何单位和个人不得举办幼儿园。"

4. 创办幼儿园的主体必须符合法律法规的法定条件和法定程序。相关法律明确了不得

① 张莅颖，刘海燕，佟秀莲.幼儿园组织与管理[M].北京：北京师范大学出版社，2018：27.

举办幼儿园的组织和个人。

5. 幼儿园的管理体制是指不同办园主体结合自身特性，采用相应组织形式并将这些组织形式结合成为一个合理的有机系统。

6. 幼儿园的领导体制是幼儿园管理体制的核心，我国幼儿园领导体制是园长负责制。

7. 不同性质和类型的幼儿园其管理体制不同。

思考与练习

一、单项选择题

1. 幼儿园的创办运营取决于园所的经营策略和管理、教职工的教育服务水平、园所位置等诸多方面，其中创办的首要工作是（　　）。

A. 办园理念　　B. 办园经费　　C. 幼儿园选址　　D. 教职工配备

2. 根据相关规定，幼儿园每班幼儿人数为（　　）。

A. 小班（3~4 岁）20 人；中班（4~5 岁）30 人；大班（5~6 岁）35 人

B. 小班（3~4 岁）25 人；中班（4~5 岁）35 人；大班（5~6 岁）40 人

C. 小班（3~4 岁）25 人；中班（4~5 岁）30 人；大班（5~6 岁）35 人

D. 小班（3~4 岁）15 人；中班（4~5 岁）25 人；大班（5~6 岁）35 人

3. 我国幼儿园领导体制是（　　）。

A. 党组织领导制　　B. 园长负责制　　C. 民主管理制　　D. 园务委员会制

二、多项选择题

1. 根据我国法律的相关规定，在我国创办幼儿园须具备的四个实体要件是（　　）。

A. 必须有组织机构和章程

B. 必须有合格的教师、保育人员、医务人员和其他工作人员

C. 必须有符合规定的教学场所及设施、设备等

D. 必须有必备的办园资金和稳定的经费来源

2. 随着国家行政机关和国有企事业单位的改革，我国转制幼儿园包括（　　）。

A. 差额拨款制幼儿园　　B. 委托代理制幼儿园

C. 连锁幼儿园　　D. 国有民办幼儿园

三、课堂实践

发挥农村优势，办低碳学前教育①

农村学前教育如何更好地发展，一直是我们关注的话题。近年来，国家加大农村学前教育的投入力度，农村幼儿园有了较大的改善，但相对于城市地区，还存在很多短板。我们认为可以因地制宜，充分发挥农村教育的优势，办环保低碳学前教育。农村中的泥巴、昆虫、石头及美丽的自然风光，都是其独有的教育资源，应积极利用各种资源开展具有农村特点的学前教育，不要让其成为城市教育的翻版。

教育家陶行知先生说："大自然、大社会就是活教材。"我们要充分发挥农村自然资源

① 张燕，邢利娅. 幼儿园管理案例及评析[M]. 北京：北京师范大学出版社，2002：49-51.

的教育价值，带领幼儿走入自然，开阔幼儿的视野，解放幼儿的时间、空间，寻求大自然的奥秘。因此，我们充分抓住农村的自然优势，组织孩子去野外，让孩子们尽情地投入大自然的怀抱，尽情享受温暖的阳光。幼儿园充分利用周围得天独厚的乡土资源优势，组织幼儿参观实践、交流表达、动手尝试，让每一个孩子用心灵与大自然对话。春暖花开时，我们带孩子观察动植物的生长变化；秋收时节，广阔田野就在眼前，孩子们一起捡落叶、拾稻穗、剥豆荚。我们还开展丰盛的野餐活动，体验生活的乐趣。幼儿园附近有各种各样的农作物，我们带孩子去田野看农民播种、施肥、治虫、收割、耕田、除草，并让幼儿参与劳动，体会劳动的辛劳及收获的快乐，真正让大自然、大社会成为活教材。

（1）请简述目前农村学前教育的短板有哪些。

（2）结合案例，请提出幼儿园开发自然资源促进农村学前教育的设想。

（3）请思考，你的设想适合农村学前教育的开展吗？

四、思考与应用

1. 你熟悉或了解农村幼儿园的现状吗？能简述一下你所了解的情况吗？你是否考虑过毕业后投身县城或农村学前教育事业呢？

2. 学习了本章的幼儿园创办与管理体制，假设让你辅助十年后的自己创办一所幼儿园，你会如何为幼儿园选址、定位和办理一系列手续呢？

参考答案　真题解析

你了解组织机构和规章制度的真正价值吗？科学、合理的组织机构是实现幼儿园优质、高效管理的前提。“没有规矩，不成方圆”，制度能塑造人，好的制度能让坏人做好事，坏的制度能让好人做坏事。这绝非空洞的说教，而是在工作生活中切实地影响着我们。

第三章 幼儿园的组织机构与规章制度

学习目标

1. 了解幼儿园组织机构的含义、层次。
2. 了解不同类型幼儿园的组织机构设置。
3. 理解幼儿园规章制度的价值、制定和执行。
4. 能结合所学绘制不同类型的幼儿园组织机构图。
5. 能运用所学初步制定幼儿园的各项规章制度。

课程思政目标

1. 理解幼儿园组织机构的重要作用，提升对幼儿园组织机构的认同感，维护组织机构的团结统一。
2. 理解幼儿园规章制度的价值，自觉遵守幼儿园的各项规章制度和幼儿教师职业道德规范。
3. 强化组织观念、纪律意识，发扬团队精神，具有形成教师专业共同体的意识。

思维导图

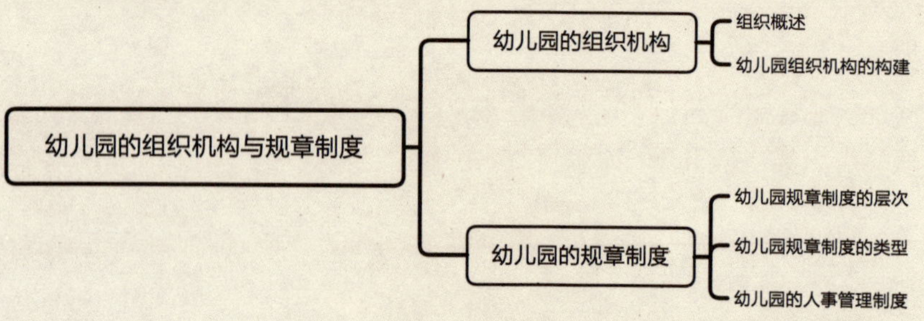

案例导入

双赢战略：经理人报告①

韬睿咨询公司是一家总部设在美国，拥有超过130年顾问经验的管理咨询公司。韬睿咨询公司曾对16个国家大中型企业的86 000名员工进行调查。研究者采用以下9项指标来衡量员工是否专注于自己的工作（反观组织是否对员工充分赋能）。被调查对象需要真实回答自己对下列表述的赞同程度。

1. 我很少关注我所工作的组织的未来发展。
2. 我会自豪地告诉别人我的工作单位。
3. 我的工作让我体会到个人成就感。
4. 我会把我的单位作为一个很好的工作选择推荐给我的朋友。
5. 我的单位能激发我努力工作的热情。
6. 我能理解我所在的部门对组织成功的贡献。
7. 我能理解我在单位里的工作与组织的整体使命、目标发展方向相关。
8. 我愿意超出组织对我的预期，加倍努力，协助组织获得成功。
9. 我个人备受激励，会尽力协助组织获得成功。

对调查结果统计分析后，研究人员总结："不论处于组织中的任何层级，大部分人对自己的工作都不太专注。"研究结果表明，全球有14%的员工对自己的工作"高度专注"，24%的员工对自己的工作"毫不专注"，其余的人对自己的工作"基本专注"。

换言之，全球接近85%的人在工作中没有尽他们所能，人们每天上班，但许多人只是在梦游，这是令人震惊的人力资源浪费。

思考：你每天的学习或工作状态是"高度关注""基本专注""毫不专注"中的哪一种呢？你是否想优化改造自己？如果你是管理者，你会如何通过改造组织系统来激励员工每天发挥才干呢？

事物的结构通常决定事物的性质和功能，幼儿园的组织机构同样决定着幼儿园的性质和功能，是幼儿园管理体制中的重要内容。此外，"没有规矩，不成方圆"，幼儿园的组织管理同样需要一系列规章制度。幼儿园的组织机构和规章制度是幼儿园管理体制的重要内容。

第一节　幼儿园的组织机构

组织机构是实现管理目标和管理职能最重要的手段和工具。幼儿园作为一种教育组织，建立科学、合理的组织机构是实现幼儿园高效、优质管理的前提。

① 加里·哈默，比尔·布林.管理大未来[M].陈劲，译.北京：中信出版社，2008：50.（有改动）

一、组织概述

在第一章中我们对组织做了初步的介绍，这里我们再稍作回顾，帮助大家更好地理解组织的含义，进而更好地理解组织的管理幅度和结构形式。

（一）组织的含义

组织可以从动态和静态两个角度来分析。动态性的组织是管理的一项职能，指为更好地实现共同目标进行的明确分工、设置岗位、确立合作关系、建立协作系统等活动的集合，如组织晚会、组织人员开展工作等。

静态性的组织有广义和狭义之分。广义的组织是指由诸多要素按照一定方式相互联系起来的系统；狭义的组织是指人们为实现一定的目标，相互协作结合而成的集体或团体，如党团组织、工会组织、企业、军事组织等。我们应明确幼儿园也是一种社会组织。它们之所以被称为组织，是因为具有以下三个共同特征：

（1）每个组织都有明确的目的，这个目的一般用组织目标来表示。

（2）每个组织都由两个或两个以上的人组成。

（3）每个组织都有一种系统性的结构，用以规范和限制成员的行为。

（二）组织的管理幅度

长期以来，管理学家一直在研究组织中合理的管辖范围问题，即一个人最多能管几个人？组织的层级究竟多一些好还是少一些好？垂直式的组织结构好还是扁平式的组织结构好？

正如管理学家孔茨所言：“我们之所以要进行组织工作，理由是为了使人们能有效地进行合作，而与此同时，我们却发现由于管理幅度的限制从而形成了组织机构中的等级层次。换句话说，由于一个主管人员所能管理的下属人数有限（尽管这个限度因情况不同而异），因而出现了组织层次。”①

组织的管理幅度又称管理宽度、管理跨度，是指在一个组织结构中，一名领导者直接领导的下属人员的数目。有学者提出“管理半径 7 人定律”，即一个管理者的直接汇报者以不超过 7 个人为宜②。但随着现代组织机构、管理方式、沟通渠道的多元化以及工作内容、工作能力、工作环境的差异化，管理幅度的大与小各有千秋。一般来说，管理幅度越大，人与人之间的关系就越复杂。因此，管理幅度是有限的，有效的管理幅度不存在普遍适用的固定的具体人数，它的大小取决于若干基本变量，也就是影响因素。组织机构设计者的任务就是找出影响管理幅度的因素，并根据其影响大小具体确定特定组织的管理幅度。

（三）组织的基本结构形式

组织的结构形式是为了实现组织目标。在组织理论的指导下，经过组织设计形成的组织内部的各个部门、各个层次之间存在着固定的排列方式。组织结构因内外部条件不同而有所不同，基本结构可分为五大形式。

---

① 哈罗德·孔茨，西里尔·奥唐奈，海因茨·韦里克．管理学[M].黄砥石，陶文达，译.傅介声，校.北京：中国社会科学出版社，1987：384.

② 张慧敏.幼儿园组织与管理[M].北京：人民邮电出版社，2014：41.

1. 直线制

直线制又称单线型组织结构，是最早和最简单的集权式组织结构形式，又称军队式结构，其领导关系按垂直系统建立，不设专门的职能机构，自上而下形同直线，如图 3-1 所示。

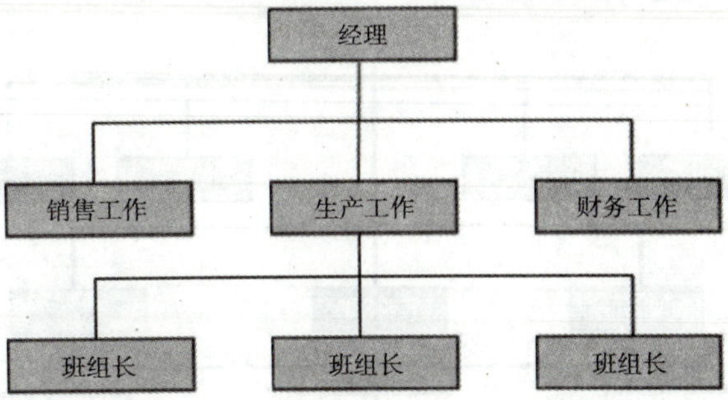

图 3-1 直线制组织结构示意图

2. 职能制

职能制也称多线型组织结构，是用按职能分工实行专业化的管理办法来代替直线型的全能管理者，各职能部门在分管业务范围内直接指挥下属，如图 3-2 所示。

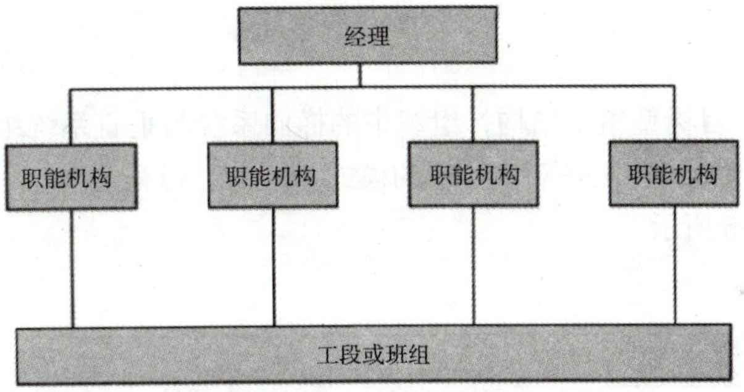

图 3-2 职能制组织结构示意图

3. 直线职能制

直线职能制也称直线-参谋型组织结构，是吸收了上述两种结构的优点，设置两套系统，一套是直线指挥系统，另一套是参谋系统，如图 3-3 所示。

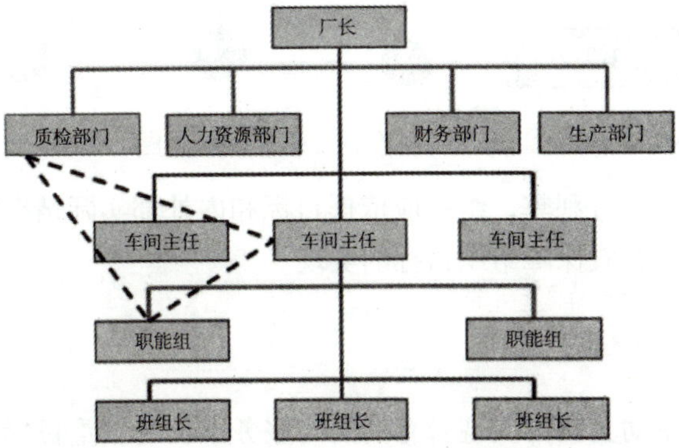

图 3-3 直线职能制组织结构示意图

4. 事业部制

事业部制也称分部制组织结构，是在高层管理者之下，按地区或特征设置若干分部，实行“集中政策、分散经营”的集中领导下的分权管理，如图 3-4 所示。

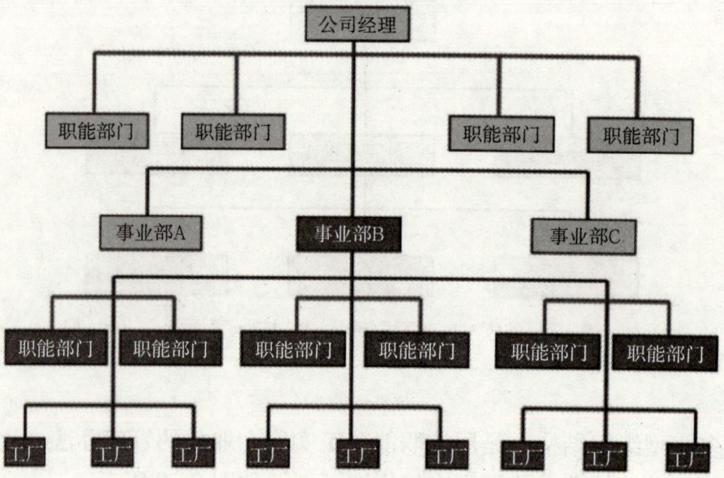

图 3-4　事业部制组织结构示意图

5. 矩阵制

矩阵制又称规划-目标型组织结构，组织中的横向系统与垂直系统组成了一个矩阵，因此称矩阵管理。矩阵管理中的员工是双线汇报的模式，即其上司有两个，一个是流程上司，一个是专业上司，如图 3-5 所示。

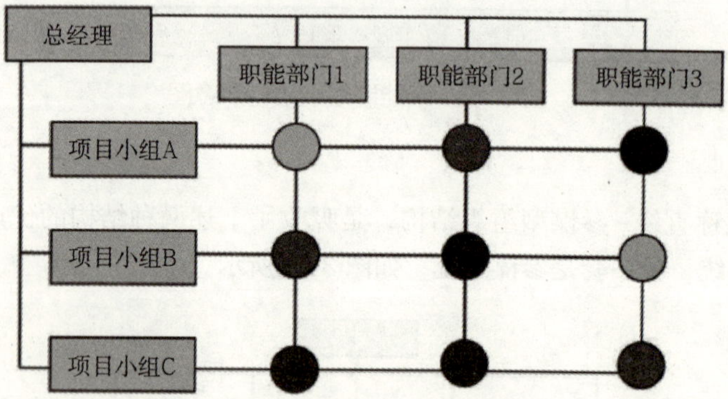

图 3-5　矩阵制组织结构示意图

上述五种组织形式，各有利弊，组织应依据目标和内外部实际情况灵活选择，必要时也可将几种形式有机结合，以有效保障组织目标的实现。

二、幼儿园组织机构的构建

幼儿园的组织机构是幼儿园为实现教育幼儿与服务家长的双重目标，依据学前教育及组织管理的规律和相关政策法规，对幼儿园的人力资源按照一定形式和结构加以合理整合，所构建的部门、岗位和人员的结构系统。它既指人们在幼儿园共同目标下结合起来的社会实体单位，又指为实现这一目标任务进行分工合作、实施管理职能的管理机制。幼儿园组织机构设置是幼儿园为有效实现幼儿园的目标任务，划分部门岗位、明确分工职责、确立不同岗位之间关系、构建幼儿园系统组织机构的过程。

（一）幼儿园组织机构设置的依据

幼儿园组织机构设置除了遵循一些基本原则和幼儿园实际情况以外，还必须遵守上级行政部门的有关规定。国家和地方出台的相关规定，提出了不同类型幼儿园组织机构设置的基本要求。例如，《幼儿园工作规程》《幼儿园管理条例》《幼儿园教职工配备标准（暂行）》等法规文件，对幼儿园的基本条件、审批程序、招生、编班、教职工配备等方面做了规定。幼儿园组织机构设置必须把握国家和地方教育及相关行政部门的文件内容和精神，做到依法办园。由机关、企事业单位、社会团体等主办的幼儿园进行机构设置，还需要遵守主办单位的有关规定。

（二）幼儿园一般组织机构系统

一般来说，幼儿园的组织机构包括以下几种。

（1）行政组织。幼儿园行政组织承担幼儿园的具体管理工作，园长是核心领导，负责主持全园的行政工作。

（2）业务组织。幼儿园业务组织是幼儿园保教工作开展的主体，承担着育人的各种具体工作，是幼儿园人员分配的主要部分，一般要设业务园长、教研组长等职位。

扫一扫 看一看

（3）党群组织。幼儿园的党群组织主要包括党组织、团组织、教职工大会、工会等，起着保证、配合、监督、制约幼儿园工作的作用，是幼儿园管理重要的组成部分。

（4）其他组织。根据幼儿园工作及幼儿园规模的大小还可设家长委员会、园务委员会、爱卫会、治安保卫小组等组织，这些组织能够配合幼儿园完成保教任务，也发挥着重要作用。

（三）不同类型幼儿园组织机构设置

根据国家和地方教育及相关行政部门的规定和文件内容，不同类型、不同规模的幼儿园在组织机构设置、职能部门划分及人员配备上有所不同，这里将小、中、大型幼儿园的组织机构设置情况进行举例说明。

1. 小型幼儿园组织机构

小型幼儿园指设置 3 个或 3 个以下班级的幼儿园，如图 3-6 所示。

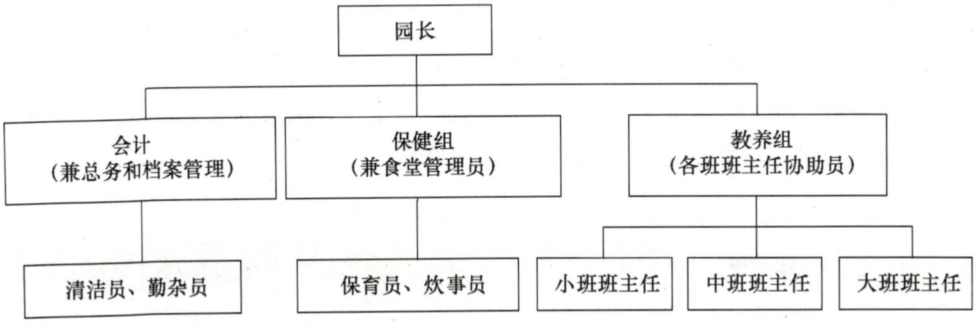

图 3-6 某小型私立幼儿园的组织机构示意图

2. 中型幼儿园组织机构

中型幼儿园指设置 3 个以上、10 个以下班级的幼儿园，如图 3–7 所示。

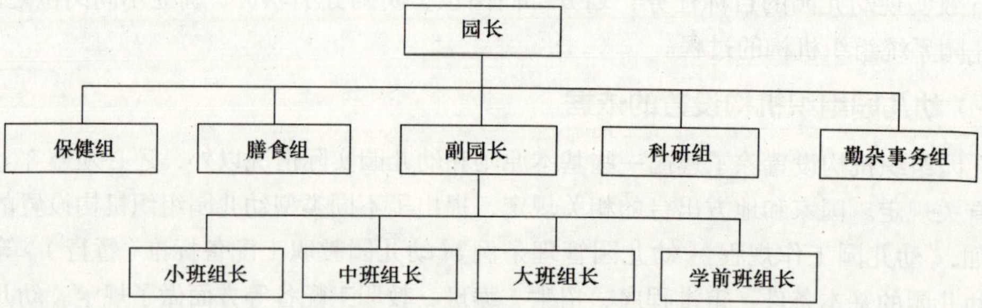

图 3–7　某中型实验幼儿园的组织机构示意图

3. 大型幼儿园组织机构

大型幼儿园指设置 10 个或 10 个以上班级的幼儿园，如图 3–8 所示。

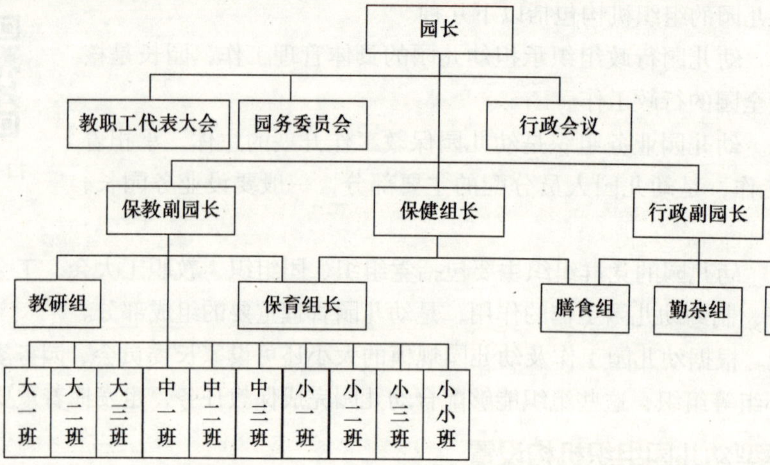

图 3–8　某大型示范幼儿园的组织机构示意图

幼儿园班级编制是指在相关教育政策指导下，结合幼儿园的实际情况来组织幼儿教育班集体活动。我国幼儿园普遍采取“年级制”编班方式，即按照幼儿年龄将幼儿编制在不同的班级，分为小班、中班、大班，有的幼儿园还设有托班和学前班，同年龄并列的两个以上教学班设年级组。《幼儿园工作规程》第十一条对幼儿园规模、班级规模及编班形式进行了详细规定（表 3–1）。幼儿园规模的控制有利于幼儿身心健康，有利于保教活动开展，有利于幼儿园管理。但在现实生活中，许多幼儿园的班级总数已经超过 15 个，给幼儿园管理带来了巨大压力。“大额班”现象在一些幼儿园也普遍存在，影响保教活动的正常开展。幼儿园关注经济效益的同时更要重视社会效益，幼儿园班级编制和规模控制都应自觉遵守国家的有关规定，以保证管理质量和教育质量，确保幼儿身心全面、和谐、健康发展。

表 3–1　幼儿园班级规模

年龄班	班级规模 / 人
小班（3~4 岁）	20~25

续表

年龄班	班级规模/人
中班（4~5岁）	25~30
大班（5~6岁）	30~35
混龄班	< 30

第二节 幼儿园的规章制度

制度是组织的基本活动准则，是一个组织正常运转的保证。俗话说“没有规矩，不成方圆”，幼儿园的组织管理同样需要一系列的规章制度。幼儿园规章制度的建立，有利于保证正常的保教工作秩序，有利于规范人们的行为，协调相互关系，提高管理成效。同时，规章制度具有行为指向作用，有利于增强责任意识，建设良好园风。

幼儿园规章制度是幼儿园的“法”，是为实现幼儿园目标，对各项工作和各类人员提出的系统化、条理化的要求，是必须遵守的行为准则和工作规程。

案例分析

制度的力量

18世纪末，英国将澳洲变为殖民地之后，因为那里地广人稀，尚未开发，英国政府就鼓励国民移民到澳洲，可是没有人愿意去。于是，英国政府想出一个办法，把罪犯送到澳洲去。这样，一方面解决了英国本土监狱人满为患的问题，另一方面也解决了澳洲的劳动力问题，一举两得。

英国政府雇佣私人船只运送犯人，按照装船的人数付费，多运多赚钱。但政府发现这样做，罪犯的死亡率非常高，最严重的一艘船上的罪犯死亡率竟达到了37%！政府官员绞尽脑汁想降低罪犯在运输过程中的死亡率，包括派官员上船监督、限制装船数量等，却没有什么改善。

请分析：英国政府的问题出在哪儿？你有什么办法降低运输罪犯的死亡率吗？

最后，英国政府终于找到了一个办法，非常简单，就是将付款方式改变了一下：由根据上船的人数付费，改为根据下船的人数付费。船东只有将罪犯活着送达澳洲，才能赚到运费。

新政策一出炉，效果立竿见影，罪犯的死亡率迅速降到了百分之一左右。后来，为了提高罪犯的生存率，船东还特意在船上配备了医生。可见，制度能塑造人，好的制度能让坏人做好事，坏的制度能让好人做坏事。

一、幼儿园规章制度的层次

幼儿园规章制度根据颁布的主体，可划分为两个层次。

（一）国家政府部门的政策法规

国家政府部门的政策法规是指由国家和各级政府教育行政部门等为了指导和规范幼儿园工作，统一制定的教育法规和有关规章制度，如《教育法》、《中华人民共和国教师法》（以下简称《教师法》）、《幼儿园管理条例》、《幼儿园工作规程》、《幼儿园教育指导纲要》、《3—6 岁儿童学习与发展指南》等，以及地方制定的幼教行政法规、有关的管理办法和规章制度等。

国家和各级政府的宏观政策法规是幼儿园管理的根本依据，对于建立幼儿园正常秩序具有指导作用。幼儿园领导者、管理者要了解并学习有关教育和幼儿教育的各项法规条例，理解其精神并掌握各项法规所规范的具体内容，同时还要注意向全园教职工宣传，自觉遵照执行，实现依法治教。

（二）幼儿园园内的规章制度

幼儿园园内的规章制度是由幼儿园依据国家法规和教育行政机关制定的法规，结合本园实际制定的规章制度，是幼儿园具体实施管理的工具，是保证幼儿园各项工作正常、稳定、有序，协调各类人员行为，提高组织活动效率的保证。建立健全的幼儿园内部规章制度，是办好幼儿园的基础性工作。

二、幼儿园规章制度的类型

幼儿园的规章制度主要划分为四类：全园性规章制度、部门性规章制度、各类人员岗位责任制度、幼儿园考核与奖惩制度。

扫一扫 看一看

（一）全园性规章制度

全园性规章制度是幼儿园各类人员都应该遵守的规章制度，具有指导、组织集体共同活动，统一各类人员行为，建立工作常规和行为规范的作用[①]。全园性规章制度主要包括教职工职业规范或工作守则、教职工考勤制度、教职工交换班制度、教职工值班制度、教职工学习制度，以及幼儿园的收托幼儿制度、幼儿接送制度、安全制度、家长联系制度等。同时，这些制度应使全园教职工周知并遵照执行。

（二）部门性规章制度

幼儿园部门性规章制度即规范某部门、适用于部门管辖领域的规章制度。它明确了各层次、各部门人员的工作任务和职责，具有加强科学管理的作用，见表 3-2。

表 3-2　幼儿园部门规章制度示例

部门性规章制度	主要内容
幼儿园行政管理会议制度	教职工代表大会制度、园务会议制度、年级组长会议制度、班主任会议制度、教研组长会议制度、家长会或家长委员会制度、卫生委员会制度、伙食委员会制度等
卫生保健部门规章制度	生活作息制度、健康检查制度、体格锻炼制度、营养膳食制度、疾病防备制度、消毒隔离制度、卫生保健登记制度等

① 张晓焱. 幼儿园管理［M］. 北京：航空工业出版社，2014：80.

续表

部门性规章制度	主要内容
保教部门规章制度	学籍管理制度、保教人员工作常规、备课听课制度、计划与记录制度、保教质量全面检查制度、教研活动制度等
总务部门规章制度	财务管理制度、伙食管理制度、采购验收制度、档案管理制度、安全保卫制度、庭院管理制度等

（三）岗位责任制度

岗位责任制度在幼儿园各项规章制度中处于核心地位。岗位责任制度是明确每个工作岗位的职责，规定每个岗位的工作任务、内容、质量与数量的制度。岗位责任制度通过明确的规定，使每个工作岗位的职责明晰化，并落实到具体负责人，起着明确职责，调整和处理各个岗位之间的职务、责任、权力关系的作用，使组织的各类人员能够在其位、行其事、尽其责。

拓展阅读

某幼儿园教师岗位职责

1. 落实《幼儿园工作规程》和《幼儿园管理条例》及全园工作计划，结合本班幼儿特点和个性差异，制订教育教学工作计划，合理安排幼儿生活并组织实施。

2. 积极参加政治、业务学习及保教科研活动，探索幼儿教育规律及教育方法，提高保教质量。

3. 指导并配合保育员做好本班的卫生保健工作，给幼儿创设良好的环境。

4. 按时完成保教计划，分析观察幼儿的身心发展规律并做好记录。

5. 定期或不定期向教研组长汇报工作，接受其检查和指导。

6. 保证幼儿的生命安全，杜绝任何危害幼儿生命安全的事故发生。

7. 与家长保持联系，通过各种方式与家长密切配合，共同完成保育和教养任务，使幼儿健康成长。

（四）考核与奖惩制度

幼儿园的考核与奖惩制度是对幼儿园各岗位工作人员履行岗位职责和完成工作任务的情况进行检查评定的制度。奖惩是在考核的基础上，对考核结果给予肯定或否定的评价，是责任者必须承担并履行职责后果的制度，也是对考核加以强化的管理措施。

将考核奖惩制度与岗位责任制度及其他规章制度有机结合，可以奖优罚劣、奖勤罚懒，可以起到鼓励先进、鞭策后进的作用，进而保证岗位责任制度和其他规章制度更好地贯彻执行。

三、幼儿园的人事管理制度

现代管理十分重视人在管理中的作用，因为各项工作都是由人来完成的，人是幼儿园管理的核心要素，因此，在此重点介绍幼儿园的人事管理制度。在幼儿园管理中，管理目标的实现有赖于全体员工的素质和努力程度，幼儿园管理的关键与核心是幼儿园教师队伍，所以幼儿园的人事管理不容忽视，它是幼儿园教育质量提升的有力保障。人事管理是有关人事方面的选拔、录用、培训、工资、福利、监督等一系列管理工作的总称。人事管理制度是幼儿园规章制度的重要内容，以下结合我国相关法规，对幼儿园人事管理制度进行介绍。

在计划经济时代，我国教师长期被作为干部（公务员）来对待，我国实行的人事管理制度是计划调配的任命制，也就是我们常说的"毕业后包分配"的人事管理制度。随着市场经济的建立、国家机关人事管理的改革及学前教育事业的迅速发展，目前我国幼儿园的人事任用体现为教师职务制度和教师聘任制度。

（一）教师职务制度

《教师法》规定："国家实行教师职务制度。"教师职务制度是我国教师人事任用的重要制度，教师职务是专业技术职务。教师职务制度指国家对教师岗位设置及各级岗位任职条件和取得该岗位职务的程序等做出的相关规定的总称。

我国的教师职务是根据学校教学、科研等实际工作需要设置的，有明确的职责、任职条件和任期，需要具备专业的业务知识和相应的学术水平才能担任的专业技术工作岗位。教师职务与工资待遇挂钩，并且要经过全面考核，才能确定其是否称职。根据教育部的有关规定，目前我国普通中小学和幼儿园设三级教师、二级教师、一级教师、高级教师，其中中学、小学三级教师和二级教师以及小学一级教师为初级职务，中学一级教师和小学高级教师为中级职务。

教师职务制度（任用制度）的实施，从法律上确定了教师的地位及其职业的不可替代性，促使各类学校和幼儿园教师队伍建设走上规范化、法制化的轨道，为幼儿园优秀教师脱颖而出创造条件，为幼儿园教师保持教育积极性和创造性提供动力，对幼儿园人事管理具有极大的推动作用。

（二）教师聘任制度

《教师法》规定："学校和其他教育机构应当逐步实行教师聘任制。教师的聘任应当遵循双方地位平等的原则，由学校和教师签订聘任合同，明确规定双方的权利、义务和责任。"《幼儿园管理条例》和《幼儿园工作规程》也明确规定幼儿园教师应实行聘任制。这是为适应社会主义市场经济发展和教育改革的需要进行的重大变革。教师聘任制是通过契约确定人员关系的一种任用方式，是幼儿园与教师在平等自愿的基础上，签订聘任合同，明确规定双方的权利、义务和责任的一种人事制度。

教师聘任形式依据聘任主体实施行为的不同分为招聘、续聘、解聘、辞聘四种，具体内容将在本书后面章节详述。

这里需要强调一下，幼儿园和教师双方必须意愿一致，才能形成聘任合同关系。聘任合同以教师和幼儿园在保育与教育过程中的权利和义务为基本内容，教师按合同履行义务，幼儿园按合同为教师提供保教、科研、进修等方面的条件，并支付工资。实行聘任制的幼儿园要对受聘教师的业务水平、工作态度和成绩等进行考核，将其作为提职、调薪、奖罚和能否续聘的依据。

本章小结

1. 组织机构是实现管理目标和管理职能最重要的手段和工具，幼儿园作为一种教育组织，建立科学、合理的组织机构是实现幼儿园高效、优质管理的前提。

2. 关于组织机构的管理幅度，有学者提出“管理半径7人定律”，即一个管理者的直接汇报者以不超过7个人为宜。

3. 组织结构因内外部条件不同而有所不同，基本结构可分为五大形式，即直线制、职能制、直线职能制、事业部制、矩阵制。

4. 不同类型、不同规模的幼儿园在组织机构设置、职能部门划分及人员配备上都有所不同，本章以小、中、大型幼儿园的组织机构为例进行介绍。

5. 幼儿园规章制度是幼儿园的“法”，根据制度和颁布的主体，可划分为国家政府部门的政策法规、幼儿园园内的规章制度两个层次。

6. 幼儿园的规章制度主要划分为四类：全园性规章制度、部门性规章制度、各类人员岗位责任制度及幼儿园考核与奖惩制度。

7. 人事管理制度是幼儿园规章制度的重要内容，本章重点介绍了幼儿园的教师职务制度和教师聘任制度。

思考与练习

一、单项选择题

1. 用按职能分工实行专业化的管理办法来代替直线型的全能管理者，各职能部门在分管业务范围内直接指挥下属，这种组织结构形式为（　　）。

A. 直线制　　B. 职能制　　C. 直线职能制　　D. 矩阵制

2. 为确保幼儿在园的人身安全和身体健康而制定的制度是（　　）。

A. 收托幼儿制度　　B. 安全制度

C. 幼儿接送制度　　D. 保教质量检查制度

3. 下列不属于卫生保健部门规章制度的是（　　）。

A. 生活作息制度　　B. 体格锻炼制度　　C. 伙食管理制度　　D. 消毒隔离制度

二、多项选择题

1. 幼儿园的组织机构系统包括（　　）。

A. 行政组织　　B. 业务组织　　C. 党群组织　　D. 其他组织

2. 幼儿园自行制定的规章制度包括（　　）。

A. 全园性规章制度　　B. 部门性规章制度　　C. 岗位责任制度　　D. 考核与奖惩制度

三、课堂实践

幼儿园侵犯教师休息休假权和参加培训权

李梅从幼师专业毕业后，应聘到某幼儿园工作。任职后发现，该幼儿园周六、周日都不休息，也没有暑假，寒假仅有一个星期。而且，一位教师带一个班，根本没有时间进行业务学习。李梅和同事们多次向学校反映，教师应该有一定的假期，同时希望能够有学习的机会，但幼儿园园长总是以工作忙等理由搪塞。无奈之下，李梅和同事们一起到当地教育行政部门反映情况，强烈要求幼儿园保障教师的基本福利待遇。

结合案例请分析，李梅她们的要求是否合理？有没有规章制度可以保护幼儿园教师在工作中的权利？

四、思考与应用

1．参照幼儿园相关编班规定，尝试为下面幼儿园设置组织机构。某幼儿园招收有3~4岁幼儿60人，4~5岁幼儿27人，5~7岁幼儿48人，如果你是园长，你准备设置几个班？如何设置呢？

2．制度能塑造人，好的制度能让坏人做好事，坏的制度能让好人做坏事。你能结合实际，列举一些与制度的力量相关的案例吗？

参考答案　　真题解析

现代管理十分重视管理过程的研究，面对多层次、繁杂的管理活动，需要探索出共同的管理环节，掌握管理过程的一般规律，从而实施有效的过程管理。你了解著名的“PDCA”管理过程和“目标管理”吗？它们对幼儿园管理过程有十分重要的借鉴意义。

第四章　幼儿园管理过程与目标管理

学习目标

1. 了解幼儿园管理过程理论。
2. 了解幼儿园的管理过程。
3. 掌握幼儿园目标管理。

课程思政目标

1. 坚决贯彻党和国家的教育方针政策。
2. 熟悉幼儿园管理的目标、任务、内容、要求和基本原则。
3. 了解幼儿园管理的程序，从而在实际工作中能够有效完成幼儿园的各项工作。

思维导图

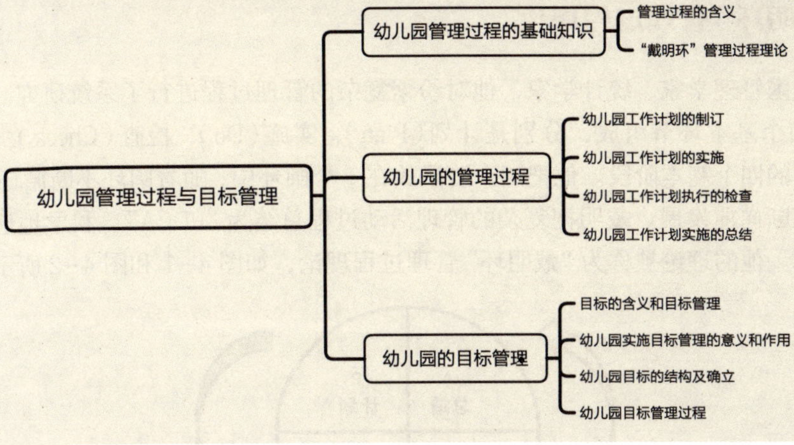

案例导入

焦虑的王园长

2021年是充满挑战的一年，对于刚上任的王园长更是焦虑的一年。面对幼儿园管理的复杂局面，她心里很焦虑，不知从何处下手，要干的工作可谓千头万绪，需要解决的问题堆积成山：幼儿园要总结“十三五”期间的工作，要制订“十四五”发展规划，要完成省、市两级的科研申报，要招聘保教人员，要落实家长会的议题，还有园所交流 、专家讲座等事宜……

思考：管理工作应发挥什么职能？王园长的这些工作分别处于管理过程的什么阶段？如何解决她在管理上的焦虑？

第一节　幼儿园管理过程的基础知识

在对组织机构进行管理时，需要将其看成一个整体过程进行研究，掌握管理过程的基本理论，有利于对幼儿园进行全面管理。现代管理科学更加重视对管理过程的研究。因为通过对管理过程的研究，可以从复杂的管理活动中探索出管理过程的一些共同的或基本的管理环节及其运行程序，从而了解和掌握管理过程的一般规律。

一、管理过程的含义

管理活动是人类社会的一种活动，自古有之。活动总是有始有终，因此必然会出现一定的步骤和环节，管理活动也不例外，管理的环节会随着时间的变化而变化，呈现出动态性和阶段性。

管理过程是指为了实现组织的预期目标，管理者引导组织成员按计划、有步骤地进行共同活动的步骤和程序。管理过程和管理职能联系密切，但是又有区别。

对于管理过程的理解，人们普遍接受的也最有代表性的是美国管理学家戴明提出的管理过程理论。

二、“戴明环”管理过程理论

戴明，美国管理学家、统计学家，他对纷繁复杂的管理过程进行了系统研究。他认为，一切活动都由四个基本环节组成，分别是计划（Plan）、实施（Do）、检查（Check）、总结（Act），由此构成管理的四个基本阶段。他把四个阶段放在一个圆环中，随着圆环不断循环，螺旋上升，管理活动也不断向前发展。戴明把复杂的管理活动过程总结为“PDCA”，科学地解释了管理过程的一般规律。他的理论被称为“戴明环”管理过程理论，如图 4－1 和图 4－2 所示。

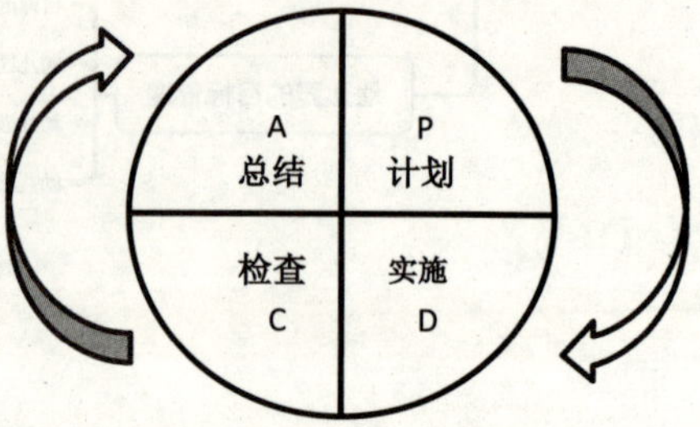

图 4－1　PDCA 循环模型

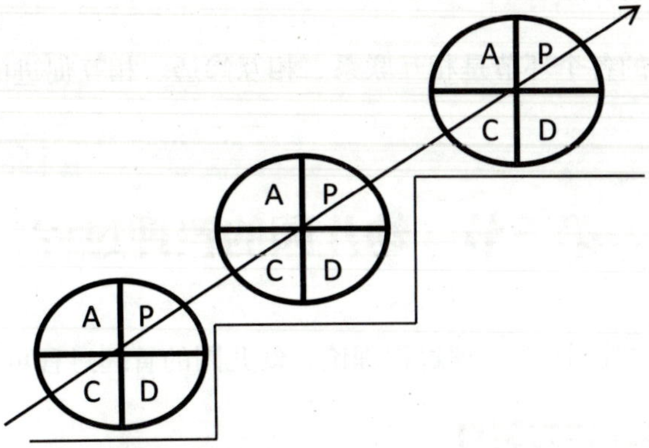

图 4-2 PDCA阶梯式上升过程

(一)“戴明环”管理过程理论的基本内容

1. 计划阶段

计划阶段是管理过程的第一个阶段，此环节的主要活动内容包括明确管理目标、制订活动方案、规定工作任务、设计工作方法和步骤等。计划也将贯穿于整个活动。

2. 实施阶段

实施阶段是管理过程的第二个阶段，也是管理过程的实质性阶段，此环节的任务是按照计划的内容去执行工作，把计划内容完成。这个阶段包括组织、指挥、协调、控制、激励等活动。

3. 检查阶段

检查阶段是管理过程的第三个阶段，此环节是将工作结果和计划进行比对，肯定成绩并找出问题和偏差。这一阶段是对执行工作的有效控制。

4. 总结阶段

总结阶段是管理过程的最后一个阶段，此环节是对照计划将所进行的工作进行总结，对成功经验加以肯定，纳入标准或规程，形成制度，失败教训也要归纳，避免重蹈覆辙。

戴明认为上述四个基本阶段构成了管理活动的一个完整周期，管理工作一个周期结束后进入下一个周期，循环反复周而复始，螺旋上升，不断发展，这就是“戴明环”理论。“戴明环”理论在管理实践活动中得到了广泛运用，其最大的贡献是为管理提供了科学的思路和工作流程。

(二)“戴明环”管理过程理论的特点

1. 整体性

管理过程的四个环节是一个整体，为目标而计划，为目标而实施，为目标而检查，为目标而总结。四个环节相互关联、相互制约、相互促进。计划是统帅，实施是计划落实的中心环节，检查是对计划的检验，总结是对前三个环节的总评价。

2. 递进性

管理活动总是按计划—实施—检查—总结的顺序循环，完成一个周期，然后开始下一个周期，周而复始，但又不是简单的重复，而是螺旋上升的，每循环一次，管理活动就提高一步。

3. 反馈性

幼儿园管理过程中的各个环节是相互联系、相互渗透、相互促进的。在管理工作中，各个环节都存在着反馈回路。

第二节　幼儿园的管理过程

根据前文所介绍的“戴明环”管理过程理论，幼儿园的管理过程可分为四个阶段。

一、幼儿园工作计划的制订

孔子曰“预则立，不预则废”，计划是所有管理活动的开始，是预先确定目标要求和策略步骤的活动。在幼儿园管理工作中，既要确认未来要解决的问题，也要分析当前的现有条件。计划就是要在现状与目标之间构建通道。

幼儿园工作计划的任务是制定未来发展目标，分析并充分利用现有条件和机会，使困难降到最低限度，最终顺利实现幼儿园管理目标。幼儿园工作计划主要包括以下六个方面的内容：

(1)做什么(what to do)——明确工作计划的任务和要求，明确每个阶段和步骤的中心任务、工作重点。

(2)为什么(why to do)——明确工作计划的目标和宗旨。管理人员对计划的目标和宗旨越清楚，就越有助于他们在计划中发挥主动性和创造性。

(3)何时做(when to do)——规定计划中各项工作的开始时间、进程安排，以便对工作进程进行有效控制。

(4)何地做(where to do)——规定计划中各项工作的实施地点，以便周密考虑计划实施的环境条件和制约因素。

(5)怎样做(how to do)——提出实现目标的途径、方法、措施，制定相应的政策、规章制度、标准，合理配置资源，各项工作协调配合，保证组织目标的实现。

(6)谁去做(who to do)——将计划中的各项工作落实到部门和具体的个人。一个完整的计划还应包括控制标准和考核指标的制定，也就是要告诉实施计划的部门或人员要做成什么样，达到什么标准才算是完成了计划。

案例分析

奥马尔是一个有作为的商人。他的头脑里充满了智慧，而且他稳健、博学，为人们所敬仰。

有一次，一个年轻人问他：“您是如何做到这一切的？刚开始您是否就已经制订了一生的计划了呢？”奥马尔微笑着说：“到了现在这个年纪，我才知道制订计划是没有用的。”

“当我 20 岁的时候我对自己说：‘我要用 20 岁以后的第一个 10 年学习知识；第二个 10 年去国外旅行；第三个 10 年，我要和一个美丽、漂亮的姑娘结婚并且生几个孩子。在最后的 10 年里，我将隐居在乡村地区，过着我的隐居生活，思考人生。’终于有一天，在前 10 年的第 7 个年头，我发现自己什么也没有学到，于是我推迟了旅行的安排。在以后的 4 年时间里，我学习了法律，并且成为这一领域举足轻重的人物，人们把我当作楷模，这个时候我想要出去旅行了，这是我一直以来的愿望。但是各种各样的事情让我无法抽身离开。我害怕人们在背后斥责我不负责任，后来我只好放弃旅行这个想法。等到我40岁的时候，我开始考虑自己的婚姻了。但总是找不到自己以前想象中美丽、漂亮的姑娘。直到62岁的时候，我还是单身，那时候我为自己这么大一把年纪还想结婚而感到羞愧。于是我又放弃了找到这样一个姑娘并且和她结婚的想法。后来我想到了最后一个愿望，那就是找一个僻静的地方隐居下来。但是我一直没有找到这样一个地方，如果因为疾病，我连这个愿望都完成不了。这就是我一生的计划，但是一个也没有实现。”“孩子，你现在还年轻，不要把时间放在制订漫长的计划上，只要你想到要做一件事就马上去做。世界上没有固定的事物，计划赶不上变化。放弃计划，立刻行动吧！”奥马尔最后说。

请分析：计划重要还是行动重要？计划和行动的关系是什么？

（一）制订幼儿园工作计划的依据

制订幼儿园工作计划主要依据以下三个方面。

（1）上级部门的指示，包括国家或地方的全局性或具有长期指导作用的相关方针政策，上级部门对某一时期工作的具体指示和要求。

（2）自身的实际情况，包括上一阶段的工作执行情况，以及幼儿园当前的人力、物力和财力的实际情况。

（3）幼教基本理论和发展动态。计划要符合常规和幼教改革动态，以免出现生源少、资金紧缺等问题。

（二）制订幼儿园工作计划的标准

幼儿园工作计划的可行性直接关系到幼儿园管理目标的实现，因此，制订一份工作计划十分重要。一般说来，幼儿园工作计划有以下几个标准。

（1）方向正确、切实可行。计划的工作目标和实施措施是明确而具体的，有切实可行的方法和步骤，能够付诸实施。

（2）全面完整、重点突出。计划工作内容要与前期工作紧密衔接，要兼顾保育和保教，又要突出本园特色或本阶段的重点工作内容。

（3）分工落实、保持弹性。计划要落实到各部门、各岗位，同时要多估计几种可能性，多准备几套应急方案。

（4）要求明确、便于检查。计划要有明确的规定，要定人、定质、定量、定时，以便检查和总结。

（三）制订幼儿园工作计划的步骤

1．调查分析、提出目标

调查分析幼儿园的现状和具备的条件，提出幼儿园管理需要解决的主要问题或要实现的目标，这些问题或目标既要立足本园实际，又要面向幼儿园的未来发展。

2．确立目标

确立目标是计划的重要环节，要注意确立的并不只是一个单一的总目标，而是要制订各部门、各项工作的目标体系。

3. 设计方案

幼儿园工作计划是靠全体教职工共同完成的，因此在制订时要集体讨论、集思广益，从多角度设计出多个可供选择的方案。

4. 可行性分析

各方案的可行性需要进一步分析，如执行方案所需的条件是否具备，各项资源是否充分利用，方案是否得到员工的支持和参与，各部门是否协调配合等。

5. 形成计划

选定最佳方案后，要将其进一步分解，逐级展开，形成各部门、各项工作的子计划，最后形成完备的计划方案，并向全园公布实行。计划制订程序如图 4-3 所示。

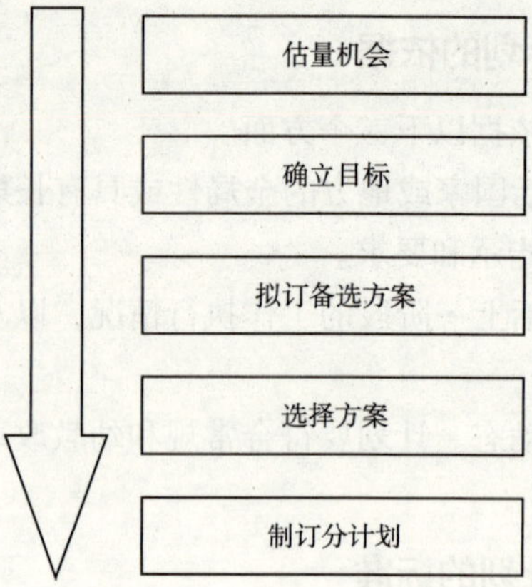

图 4-3 计划制订程序

（四）幼儿园计划的分类

管理学中对计划的分类是具有多样性的，我们根据不同的背景及不同的需要编制出不同的计划。表 4-1 列出了按不同标准分类的计划类型。

表 4-1 计划分类

分类标准	计划类型
时间长短	短期、中期、长期
职能部门	财务、人事
计划制订者的层次	战略、中层
计划内容的详尽程度	具体性、指导性
程序化程度	程序性、非程序性

幼儿园计划，按照不同的维度，可以进行不同的分类。

1. 按时间划分

按时间划分，幼儿园计划可以分为以下三种。

（1）长期计划。长期计划是对幼儿园工作的一种长远设想，制订的是长远目标，一般来说三年以上的就是长期计划，如“XXX幼儿园‘十四五’发展计划”。

（2）中期计划。中期计划一般是为实现长期计划和目标而实行的分阶段计划，是长期计划的具体体现，如学年计划。

（3）短期计划。短期计划是一种“运营”计划，是中期计划的具体化，也是幼儿园日常活动进行的依据和基础，如学期工作计划、月计划、周计划、日计划等。

以上三种计划密切联系，是长期计划逐步具体化的过程。长期计划是中期计划制订的依据，中期计划又是短期计划制订的依据。这三种计划体现了远期及近期计划相结合的特点，做到了互相补充，逐步落实。

2. 按范围划分

按范围划分，幼儿园计划可以分为以下三种：

（1）全园工作计划。也称为园务计划，一般由园长组织制订，在学期或学年开始前完成，内容包括卫生保健、教育教学、总务后勤、人员培训、家长工作、教改科研等，规定各项工作的基本要求和工作重点，对各部门工作、班级工作具有指导作用。

全园工作计划中的具体内容包括：①幼儿园基本情况分析；②本阶段工作总任务；③各方面工作的具体要求和措施；④工作日程安排或逐月重大工作项目安排。

（2）部门工作计划与班级计划。各部门及班级工作计划要以全园工作计划为依据，是全园工作计划的具体落实，它对部门工作和班级工作做出比较详细的安排。这类计划由部门负责人和班级负责人主持制订。

（3）个人工作计划。个人工作计划是幼儿园教职工根据幼儿园的整体计划、部门计划或班级计划，制订个人工作的具体安排。

3. 按工作性质划分

按工作性质划分，幼儿园计划可以分为以下两种：

（1）常规性工作计划。幼儿园有很多工作是常规性的。如卫生保健工作、教育教学工作、保教人员教育培训工作、总务工作、招生工作等，这些工作在每年、每学期的相应阶段，其工作内容和基本步骤基本相同或相似，通常可按照常规做好计划安排。

（2）临时性工作计划。幼儿园有些工作是临时性的，需要临时做计划或修改原来的计划。临时性工作计划是根据幼儿园工作进程中出现的特殊的、重要的问题所做的新安排，如上级发布的职称评定、房舍维修、传染病防控等工作。临时性工作计划可以单独拟订，也可在原有的常规性工作计划中进行补充。

扫一扫 看一看

案例分析

红太阳幼儿园2019—2020学年第二学期小班工作计划

一、指导思想和目标

以党的十九大思想为指导，根据《幼儿园教育指导纲要（试行）》及《幼儿园工作规程》

精神，结合本班幼儿实际情况，参照本年龄阶段幼儿身心发展的特点，确定本学期的目标是：积极引导，把握教育的时机，并组织生动、有趣的教学，为幼儿创设良好的学习氛围，进一步提高幼儿的综合素质和能力。

二、本学期主要工作任务及实施措施

（一）合理安排日常教育教学活动

具体措施：

（1）制订适合本班幼儿年龄特点及发展水平的教学计划和班务计划；

（2）创造和谐、宽松的教育环境，充分利用环境资源促进幼儿认知能力的发展；

（3）以幼儿感兴趣的游戏作为活动的基本形式，在游戏中训练小肌肉动作，同时帮助幼儿认识一些基本图形，并尝试图形的匹配；

（4）教师在活动实施前做好充分的教学准备，包括活动材料的准备、知识的准备等，幼儿的操作材料应根据其能力强弱准备。

（二）锻炼幼儿身体，促进其身心全面健康发展

具体措施：

（1）在一日活动中保证幼儿每天2小时的户外活动时间；

（2）开学两周内教会幼儿学做早操，能跟上音乐将动作连起来；

（3）让幼儿在走、跑、跳、平衡等方面有所发展和提高，期末检测幼儿身体动作发展情况。

（三）加强班级常规管理，形成良好常规

具体措施：

（1）在日常工作中逐步落实班务工作计划，帮助幼儿养成良好的行为习惯；

（2）运用标记、故事等形式让幼儿明确一日要求，养成良好的常规；

（3）积极配合幼儿园开展各项工作。

（四）做好家长工作，取得家长信任

具体措施：

（1）利用家长接送幼儿的机会与其沟通，了解幼儿在家情况；

（2）每周更换家长园地内容，内容的选择体现丰富性、实用性、教育性，根据家长园地的内容对幼儿的薄弱环节加以辅导；

（3）每月认真写好“家园联系卡”，从而使家长更好地了解幼儿在园情况。

（五）培养幼儿美工兴趣，发展班级特色

具体措施：

（1）利用班级环境创设美工氛围；

（2）每日开展手工训练，培养幼儿兴趣；

（3）区域活动投放充足的手工材料，以便幼儿在活动中自由选择；

（4）将幼儿的手工作品与主题活动相结合，布置于主题活动墙饰。

以上是我班新学期的班务计划，在工作实施过程中我们将根据实际情况适当调整与完善。我班每月工作要点安排如表4-2所示。

表 4-2 本学期小班班务每月工作要点

月份	工作要点
2月	①认真做好开学大扫除、家访 ②完成班内环境创设 ③常规训练
3月	①教幼儿早操 ②植树节爱绿、护绿活动
4月	①准备参加教师课堂教学大赛 ②亲子活动
5月	①家庭才艺大赛 ②对家长开放半日活动观摩 ③召开家长会 ④早操表演 ⑤举办第五届小蓓蕾艺术节活动
6月	①庆“六一”幼儿绘画展 ②幼儿口语测试及口语大赛 ③幼儿发展评估 ④收集资料、归放物品，做好学期结束前的各项考核、评价工作

二、幼儿园工作计划的实施

实施计划是管理过程的核心，是实现组织目标的关键。在此阶段，管理者要提高全体教职工的计划执行意识，将计划的内容转化为实际行动。实施阶段的内容是将幼儿园计划规定、确立的任务目标，执行成为管理工作成果。该阶段主要抓好以下工作。

(一)组织、协调及控制

1. 健全组织机构，发挥组织作用

任何一项计划，只有组织机构合理、工作规范有效，才能得以实现。组织就是为了实现幼儿园的既定计划而建立的组织机构和工作规范，它是联系幼儿园内部所有人员的职、权、责关系和保证其活动协调的纽带，是幼儿园管理者履行职责的保证。幼儿园管理者按照确定的职责分工安排工作进程，采取有效措施，使计划能够有序、分层、保质地落实到部门和个人。同时在计划执行中，要求全体员工按照工作规范约束自己的行为，以保证计划顺利付诸实施。

2. 合理分配各种资源

分配资源的原则是使资源与工作任务相匹配并得到有效利用，既不能资源不足，也不可无端浪费。幼儿园管理者应依据计划提出的目标，将人力、物力、财力等进行合理分配和妥善安排。在幼儿园的工作实践中，常常会出现资源匮乏与资源浪费现象，所以在进行资源分配时应仔细分析、有效落实，做到人尽其才、物尽其用。

3. 协调各种关系

在计划执行过程中，人与人之间、事与事之间、部门与部门之间，可能会出现冲突和矛盾，幼儿园管理者需要协调各方面的关系，使各方通力合作、相互配合、相互促进，以达到减少矛盾和内耗、提高效率的目的。

4. 控制计划执行的有效性

控制是指在幼儿园管理实践中，依据所制定的工作目标，对各个部门、各类人员的工作及其效果进行检查评定，判断其是否符合要求。

扫一扫 看一看

在幼儿园计划执行过程中，会有多种不确定因素对计划的实施产生影响，计划的执行可能会出现偏差。因此，管理工作中有必要进行控制，没有控制就没有质量。

控制活动包括以下三个环节。

（1）确定控制目标。一般来说，工作计划就是基本的控制标准，但为了实施更为有效的控制，应当对各项工作和活动设置更详尽、具体、可操作的控制标准。

（2）衡量执行效果。将工作效果与控制标准进行比较，判断其切合程度。

（3）采取纠偏措施。如果发现工作有偏差或不达标，就要进行工作分析和指导，采取有效措施进行纠正。

（二）指导、激励和教育

计划执行过程中，幼儿园管理者要通过观察、信息反馈等途径，随时掌握计划落实情况，对执行过程中有问题、有困难的部门和员工要给予有效的指导。管理者要注意深入实际了解情况，如掌握工作进度、物质准备与消耗、人员表现情况等，以便及时进行指导。

计划落实的质量取决于员工的工作积极性、主动性和创造性，幼儿园管理者还应该了解员工遇到的困难和问题，及时进行指导、帮助。另外，对执行计划效果较好的员工，要及时给予鼓励和表扬。

三、幼儿园工作计划执行的检查

检查是管理过程的中间环节，是计划执行阶段的必然发展，也是总结阶段的前提和依据。检查是为了推进工作计划的执行，掌握工作进展情况，及时发现问题、解决问题，总结和推广经验，促进各方面工作有效地进行。可见，检查是控制的一种有效形式，同时也是评价的基础。如果有计划而无检查，计划就会流于形式，工作就会放任自流，达不到预期的目的。对于管理者而言，检查具有检验决策、反馈信息、调整部署、指导工作的作用。检查可以督促员工的工作，增进其工作责任感，促进其努力实现计划目标。

（一）检查的方式

检查的方式是多种多样的。检查方式的选择一般取决于检查的目的和内容。

（1）按时间划分，可分为定期检查和经常性检查。定期检查一般指的是阶段性集中检查，如学期初、学期中、学期末的工作检查。经常性检查是指在计划实行阶段随时进行检查，具有即时、灵活的特点，可以随时发现问题。

（2）按检查内容划分，可分为全面检查和单项或专题检查。全面检查往往在一个大的工作阶段结束前后进行，如学期末的工作检查，这样的检查有利于全面掌握情况。单项检查专门针对计划执行阶段中某个方面的问题进行检查，可以深入地了解某些突出的重点问题。

（3）按检查主体划分，可分为领导检查、群众检查和自我检查。在现在的幼儿园管理中，后两种检查越来越受到重视。这两种检查与自上而下的管理相结合，可以起到自我控制和自我管理的作用。

（二）有效检查的基本要求

检查是管理的重要活动，但在检查中，处理不当容易激化管理者和被管理者的矛盾，进行有效检查应该注意以下几点基本要求。

1．检查应有明确目的

检查要根据计划的内容和实施环节进行，不能随意地安排，遇到什么检查什么。检查是一种管理手段，其目的是指导和促进工作，不能为了检查而检查，把检查当作目的，而应通过检查，发现问题、解决问题、总结经验，不断提高管理水平。

2．检查应获得可靠信息

检查过程中信息的可靠性直接影响检查结果对管理工作的指导性，一般来说，检查中获取的信息应及时、可靠、有效。

3．检查要注重结果和过程

在检查过程中如果只看结果而不深究结果产生的原因和过程，就可能被假象误导。同时注重结果和过程的检查才能调动每一名教职工的积极性，才有利于工作的有效完成。因此，检查既要注重工作结果，又要注重工作过程，应将二者结合起来进行考察分析。

4．检查时领导与群众结合

检查不只是管理者检查被管理者，上级检查下级。幼儿园管理者应使全体教职工意识到，检查是每一个人都需要做的工作，通过检查可以增进领导与员工的相互了解，从而提高双方的认识水平和工作能力。

四、幼儿园工作计划实施的总结

总结是管理活动的最后一个环节，是对工作的全面回顾，即对计划、执行和检查做出分析与评价，并对工作的过程及结果做出质和量的评价。通过总结得出经验教训，并使其成为下一周期计划制订的依据。总结起着承上启下、积累经验、增强员工自觉性、促进管理水平提高的作用。

（一）总结的类型

幼儿园的工作应适时进行周期性总结，以推动管理工作不断运转。总结有多种类型，如表4-3所示。

表 4-3 总结的类型

总结类型		举例
按内容分	全面工作总结	学期末的全园工作总结
	单项总结	某项工作验收后的工作总结
按部门分	全园总结	总务工作总结
	部门总结	保教工作总结、个人工作总结
按时间分	长期计划总结	“十三五”工作总结或年度、学期工作总结
	短期计划总结	月度工作总结

（二）有效总结的基本要求

在幼儿园管理过程中，很多管理者都能够认识到总结的重要性，但实际的总结往往在原有水平上重复进行，使整个管理过程不完整，难以取得进步。做好总结阶段的工作并使其真正有效，应注意以下几点基本要求。

1. 以计划为依据

幼儿园的总结工作应以目标、计划为依据，对照工作结果，判定工作成绩，总结经验和教训，对已经完成的工作和做出的成绩加以肯定，并以此鼓舞全体教职工的士气，同时把握现行工作与计划目标的差距，确定新的对策。

2. 以检查为基础

总结工作应以检查阶段所获得的信息与典型事例为基础，向全体教职工发布有关信息，由各部门组织教职工进行部门总结和个人总结。

3. 以研讨为特点

在幼儿园管理工作中，仅仅把总结看成简单地汲取经验教训是远远不够的，管理者还应从总结中发现可能存在的问题，并组织教职工共同分析研讨，研究解决问题的方法，从而有效地防范问题的发生。

4. 总结要注重探索规律

总结要通过对问题的分析和对成绩的评价，加强研究，寻找规律，从而更好地指导以后的实践工作。

第三节 幼儿园的目标管理

一、目标的含义和目标管理

目标是幼儿园管理中诸多要素的联结点和归结点，也是人们奋斗的目的。它既是活动的出发点，也是归宿。

目标管理是以目标为中心进行管理活动的一种现代管理方法，最早由美国管理学家彼得·德鲁克于1954年提出。目标管理是把组织的目的、任务转化为组织的总目标，使组织中各部门与个人的目标与组织目标融为一体，明确具体的目标体系。领导者或管理者始终以目标作为管理的出发点和归宿，强调目标指导行为和以成果作为管理活动的重点，强调目标实现的整体意识。

二、幼儿园实施目标管理的意义和作用

目标管理是一种激励方式，是一种根据工作目标来引导每个职工行动的管理方法，其目的是通过目标的激励，调动广大职工的积极性，从而保证实现总目标。目标管理运用于幼儿园管理的意义和作用主要表现在以下三个方面。

(一)有利于保证幼儿园教育目标的实现

目标管理是在管理活动中将组织的目的、任务转化为组织的总目标，并建立明确的目标体系：各部门和个人的目标都要与组织的目标融合。根据这一特点，在幼儿园实行目标管理必须将促进幼儿身心发展这一教育目标转化为组织的总目标，并分解为具体目标。

(二)有利于幼儿园明确职责，提高管理效能

目标管理通过层层分解，建立目标体系，可以使每个人明确任务，每个岗位职责明晰、方向明确。这样可以使员工进行自我管理，让管理者从繁忙的管理活动中脱离出来，把主要精力用于幼儿园未来发展的整体规划，提升幼儿园的管理效能。

(三)有利于充分调动教职工的积极性，发挥教职工的潜能

目标管理的核心是强调成果，重视成果评定，提倡自我管理、自我调节。以实现目标的成果评价个人贡献的大小，不直接干预工作过程。因此，实施目标管理可以给教职工充分的自主权和自由的发展空间，可以最大限度地调动教职工的工作积极性，发掘其自身潜力，改变了传统管理中“管理者决策，被管理者执行”的旧观念。

三、幼儿园目标的结构及确立

(一)幼儿园总体目标的结构

幼儿园工作包括两大部分，即教育工作和管理工作，它们有各自具体而直接的目标，即教育目标和管理目标。

幼儿园教育工作(包括保育工作)是指对幼儿进行德、智、体、美全面发展教育的一切保教活动，如游戏活动、教学活动、生活活动、节日娱乐活动、家长工作等。这是旨在实现幼儿园教育目标的工作。

幼儿园管理工作是组织育人活动的工作，即对园所人、财、物、事的组织、指导、协调、控制等，是围绕教育目标的实现而进行的一切管理活动，如安排班级人员、规定教师工作制度和要求、调整各部门的关系、园所建设、改善办园条件等。这些管理活动应达到的要求和标准，就是管理目标，它决定着把幼儿园办成什么样子。

教育目标是幼儿园的根本目标，是确立管理目标的依据，管理目标是实现教育目标的保障

和前提。

所以，整个幼儿园的工作目标即总体目标应该包括教育目标和管理目标。确立幼儿园的工作目标应有正确的办园指导思想并注意管理目标和教育目标的整合一致。

（二）幼儿园目标的确立

1. 教育目标

教育目标是幼儿园人才培养目标，是对教育对象的培养规格和质量要求的规定。幼儿园的教育目标是依据国家规定的幼儿园总目标，同时结合本园实际情况而制定的。在确定幼儿园教育目标时，应明确以下两点。

（1）国家的教育方针和国家规定的幼儿园总目标是确立本园教育目标的主要依据。《幼儿园工作规程》（以下简称《规程》）提出的教育总目标，是各个幼儿园制定本园教育目标的依据。《规程》规定的幼儿园保育和教育主要目标如下：促进幼儿身体正常发育和机能的协调发展，增强体质，促进心理健康，培养良好的生活习惯、卫生习惯和参加体育活动的兴趣；发展幼儿智力，培养正确运用感官和运用语言交往的基本能力，增进对环境的认识，培养有益的兴趣和求知欲望，培养初步的动手探究能力；萌发幼儿爱祖国、爱家乡、爱集体、爱劳动、爱科学的情感，培养诚实、自信、友爱、勇敢、勤学、好问、爱护公物、克服困难、讲礼貌、守纪律等良好的品德行为和习惯，以及活泼开朗的性格；培养幼儿初步感受美和表现美的情趣和能力。

在制定具体的幼儿园教育目标时，要遵循国家教育方针的精神和《规程》中所规定的对幼儿实施德、智、体、美全面发展教育的指导思想。目标的确立应体现“全面发展”并注重“面向全体幼儿”，使每个孩子都得到提高和发展。

（2）幼儿园教育目标的制定要从实际出发，具有可行性。由于各个幼儿园所处的社会环境及自然地理条件不同，工作人员和教师的素质水平不同，办园物质条件也各不相同，园所的生源条件也有差异，因此，幼儿园在制定本园教育目标时，应在坚持国家总的培养目标的前提下，针对本园实际，确定具体的育人目标。

2. 管理目标

管理目标是幼儿园管理工作应达到的标准，即为达到教育目标，应做哪些管理工作。管理目标决定着把幼儿园办成什么样子或幼儿园的规格，包括教职工队伍建设的要求和为组织育人活动而进行的各项工作的质量标准。管理目标要依据教育目标和本园实际情况加以确立。

四、幼儿园目标管理过程

幼儿园目标管理过程由三部分组成：构建目标体系、组织目标实施、评估目标达成。

（一）构建目标体系

实行幼儿园目标管理，首先要制定幼儿园教职工共同确认的、体现幼儿园发展方向的总体目标，包括教育目标和管理目标；其次是将目标逐层分解和逐级分配，使目标落实到组织中每一个成员的身上，形成较具体的、可操作和便于检验的部门目标和成员个体目标。

目标的分解有三个维度：一是从时间上把总目标分解为各年度目标；二是从组织结构上把总目标分解为各部门目标，再把各部门目标分解为个人目标；三是从工作内容上把总目标分解为各项具体工作的目标。

（二）组织目标实施

幼儿园管理者要科学地实施目标，主要应做好以下三个方面的工作。

1. 建立完善岗位责任制

根据目标体系分配相应的权力和责任，要求个人对照目标实现“自我控制”，促使个人完成个人目标。每个人完成了个人目标也就完成了部门目标，进而完成了总体目标。

2. 加强指导和帮助

任务目标的实施不是一帆风顺的，总会碰到这样或那样的问题，需要管理者的帮助。管理者一方面要经常给每个教职工以鼓励，另一方面要给教职工当好参谋和顾问。

3. 运用科学程序及一整套的控制办法促进目标的实现

所谓科学程序就是要依据目标的重要程度和优先次序，将其按时间序列进行编排，使各部门及教职工按时间序列要求，逐步实现目标。例如财物管理，首先是修缮，然后是美化；首先是采购，然后是分配。再如青年教师的培养，首先是学习、观摩，然后是加强指导、帮助，最后是创新、发展。

所谓控制就是要根据目标提出控制线。控制线是在目标管理中按所要掌握的质量常规而规定的界线。如在教育工作中，要求教师每周组织孩子户外观察不少于 2 次，这个次数就是一个控制线。

（三）评估目标达成

在目标实施的过程中或实施后，要把目标执行的结果，对照标准进行检查、验收，确定目标的完成程度，即评估目标达成情况。

在实施过程中，部门或成员个人要对目标的实施情况进行检查或自我检查，肯定取得的成绩，找出存在的问题并及时调整计划，采取新的有效措施，保证目标的按期实现。目标实施后的评价也称目标实施终结检查，可采用评定总结的形式。

进行目标达成评估的主要程序和内容有：自我评估，即把自己的工作成绩与预定目标做对照，检查自己的工作实绩、努力程度、收获和教训；民主评价，即相互评价，包括教师、其他职工之间的相互评价和家长参与的协商评估。园长和教职工共同讨论、共同评估，在评估中既要以目标达成程度为中心，又要考虑困难程度和努力程度，把三者结合起来，要善于分析目标达成或没达成的原因。首先，成员个人自我评定目标完成的实际情况，进行自我总结，找出取得的成绩和存在的问题；其次，部门成立考评小组，本着实事求是、大公无私的精神，对各种目标逐一进行考核评定；最后，将考评结果作为制定下一个目标的依据，并对在目标实施过程中取得成绩的人员给予表彰。从目标体系的制定，到实施，再到检查，形成了一个目标管理的循环周期，每一个循环周期的目标体系都是在前一个循环周期管理实践的基础上建立起来的，而且相对前一周期的目标管理有更新的内容，如此循环往复，推动幼儿园教育工作不断前进。

（四）幼儿园目标管理过程

幼儿园各项管理工作基本上按照“计划—执行—检查—总结”这样的步骤进行，这与管理的一般过程是一致的。我们可以概括为“一个中心、三个阶段、四个环节、九项工作”，它们是不可分割的有机整体，其要素相互影响、相互依存（如图 4-4 所示）。

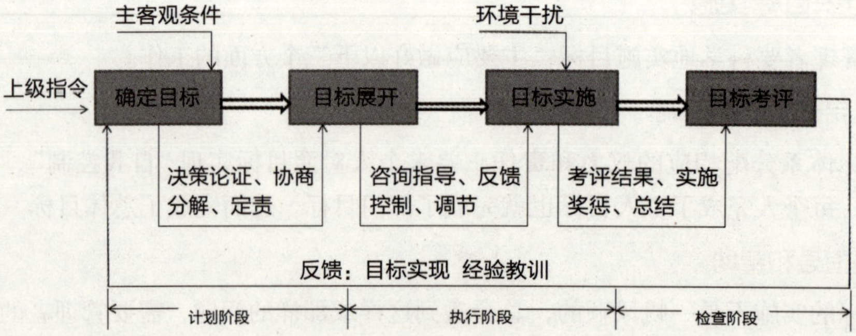

图 4-4 目标管理过程

本章小结

1. “戴明环”管理过程理论的特点是整体性、递进性、反馈性。

2. 根据“戴明环”管理过程理论，幼儿园管理活动可分为计划、实施、检查、总结。

3. 幼儿园目标管理的运用有利于保证幼儿园教育目标的实现；有利于幼儿园明确职责，提高管理效能；有利于充分调动教职工的积极性，发挥教职工的潜能。

4. 幼儿园目标管理过程可以概括为“一个中心、三个阶段、四个环节、九项工作”。

思考与练习

一、单项选择题

1. 管理活动过程的四个阶段不是简单的重复，而是（　　）循环上升的，每一个管理周期的完成都是一次管理水平的提高。

A. 直线　　B. 曲线　　C. 螺旋　　D. 曲折

2. 目标管理是以目标为中心进行管理活动的一种（　　）管理方法。

A. 古代　　B. 近代　　C. 当代　　D. 现代

3. 幼儿园管理过程中（　　）阶段的具体管理活动可以概括为组织、指导、协调、教育和激励等。

A. 计划　　B. 执行　　C. 检查　　D. 总结

二、多项选择题

1. 制订幼儿园工作计划的依据是（　　）。

A. 上级部门的指示　　B. 自身的实际情况

C. 幼教基本理论和发展动态　　D. 领导的要求

2. 有效总结的基本要求是（　　）。

A. 以计划为依据　　B. 以检查为基础

C. 以研讨为特点　　D. 注重探索规律

三、课堂实践

常规工作检查前后

【细节描述】

一个新的学期即将开始。在新学期第一次全园大会上，周园长向全体教职工宣布了新学期的各项工作重点，特别向各班的保教人员强调，幼儿入园后一个月左右，园领导将对各班幼儿的常规习惯养成情况开展一次全面大检查，并将该常规工作检查的结果作为期末评选先进和发放奖金的依据。周园长向保教人员反复强调了此次常规工作检查的重要意义，它既是对幼儿园《常规工作检查制度》的贯彻与落实，又可以从中看出各班保教人员的工作态度和带班水平。因此，幼儿园决定以此次检查来督促各班保教人员真正重视幼儿常规习惯的养成。

周园长的宣传和动员确实达到了预期的效果。为了迎接一个月后的常规工作检查，全园各班的保教人员都行动起来了。教师们只要一有空闲时间，就带领幼儿练习一日生活中各个环节的常规内容。为了让幼儿能熟练掌握“鞠躬问好”“双手端水杯”“轻收小椅子”“按步骤洗手”等常规内容，有的老师会腾出大段时间，让幼儿专门练习这些常规要求。以“轻收小椅子”这个常规要求为例，有的老师会先让幼儿搬着小椅子到桌边坐下，接着再让幼儿搬着小椅子回到自己原来的位置上坐好。然后，再让幼儿搬着小椅子到桌边，接着再让幼儿把小椅子搬回去……如此反复，直到老师认为幼儿已经熟练掌握了“轻收小椅子”这个常规要求为止。随着一个月的检查评比期限日益临近，有些班级的保教人员干脆进行“全天候”强化训练，不论是幼儿一日生活中的集体教育活动时间，还是游戏活动和户外活动时间，全部都被老师们用来进行常规习惯养成强化训练。幼儿们的常规习惯养成还真有了很大进步。

一个月后的一天，周园长果然带着副园长和保教主任等人来到各班检查，所有班级幼儿表现都很好，领导很满意，教师和保育员都如释重负，一个月的紧张训练生活总算结束了。

此次常规工作检查以后，周园长和其他领导再也没有提出过常规工作检查的要求，老师们也不再向幼儿强调“双手端水杯”“轻收小椅子”等常规要求了。各个班级又逐渐恢复了以往的样子……

结合案例，分析一下周园长的管理出现了什么问题。

四、思考与应用

假设你是一名刚上任的幼儿园园长，试拟订下一年度该幼儿园的主要管理工作计划书。

参考答案　真题解析

中篇

幼儿园
常规工作管理

在幼儿园保教工作中，不少教师、保育员认为，教师只需做好教育工作，保育员只需做好保育工作，“各负其责”即可。然而，《幼儿园管理条例》《幼儿园工作规程》《幼儿园教育指导纲要（试行）》等国家法规文件都强调“保教结合”。如何在保教管理工作中处理好这样的矛盾？又如何有效地贯彻“保教结合”的基本原则呢？

第五章　幼儿园保教工作管理

学习目标

1. 深刻理解保教工作是幼儿园的中心工作，保教结合是幼儿园工作的基本特点。

2. 了解保教管理的组织机构、保教管理的过程、保教工作常规管理。理解幼儿园课程管理的内涵及意义、幼儿园课程方案、园本课程管理。明确幼儿园教研、科研管理工作的意义和任务。

3. 能将保教结合原则落实到幼儿园管理中，能对幼儿园课程方案和园本课程进行管理。

课程思政目标

1. 学习职业规范的意识，实施保教行为的基本规范，是引领幼儿园教师专业发展的基本准则，是幼儿园教师培养、准入、培训、考核等工作的重要依据。

2. 提升思辨和学习能力，重视实践与理论相结合，把学前教育理论与保教实践相结合，突出保教实践能力；遵循幼儿成长规律，提升保教工作专业化水平。

思维导图

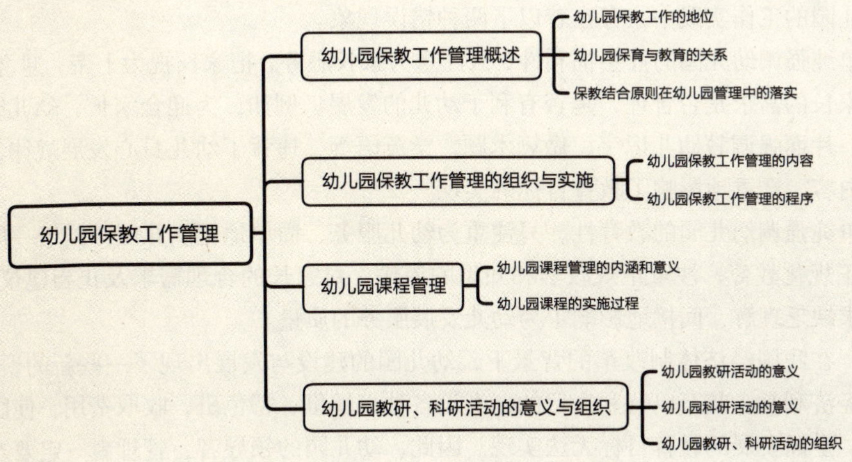

案例导入

童言无忌

某中班孩子回家后开心地对妈妈说："老师说明天要带肥料到幼儿园，我是值日生，要带好多好多！"妈妈一听急了，现在天这么晚了，到哪儿去买呀？孩子委屈地看着妈妈说："我是值日生，要为班级做好事，我们家不是有好多肥料吗？妈妈为什么不愿意给呢？"妈妈只好给老师打电话说明情况，当老师将实情告诉妈妈时，妈妈哈哈大笑！原来班级要求带的是废旧材料！

思考：从以上情景中我们看到，中班幼儿不但开始能够接受任务，而且对自己新担任的职务产生了最初的责任感。一个人的幼儿期是其终生发展最关键的时期，好的行为习惯将决定他终生的行为。如何更好地引导这个阶段的幼儿呢？

第一节　幼儿园保教工作管理概述

一、幼儿园保教工作的地位

《幼儿园工作规程》对幼儿园的性质、任务做了明确的规定："幼儿园是对3周岁以上学龄前幼儿实施保育和教育的机构。幼儿园教育是基础教育的重要组成部分，是学校教育制度的基础阶段。""幼儿园的任务是：贯彻国家的教育方针，按照保育与教育相结合的原则，遵循幼儿身心发展特点和规律，实施德、智、体、美等方面全面发展的教育，促进幼儿身心和谐发展。幼儿园同时面向幼儿家长提供科学育儿指导。"由此可见，幼儿园担负着为幼儿发展服务和为家长服务的双重任务，幼儿园正是通过保教工作来促进幼儿的发展，实现为家长服务的目的，优质的保教工作是完成双重任务的根本，是幼儿园的核心工作。

从幼儿园的性质、任务还可以看出，幼儿园教育不同于其他阶段的教育，具有教育性、社会福利性、公益性的特点。这充分说明幼儿园在完成双重任务的过程中不能顾此失彼。但是，在我国幼儿园的工作实践中，存在着以下两种错误现象。

一是单纯强调幼儿园的社会福利性，只注重为家长服务，把家长视为上帝，迎合家长需求，而不分析家长的需求是否合理，是否有利于幼儿的发展。例如，为迎合家长，幼儿园教育倾向于小学化，片面强调教幼儿识字、做算术题、学英语等，违背了幼儿身心发展规律，盲目地加深了教育内容，严重地影响了教育目标的实现。

二是单纯强调幼儿园的教育性，只注重为幼儿服务，简单地把幼儿园等同于一般的教育机构，强调正规化教育，注重正规教学和知识的灌输。对家长的合理需求及正当建议不予采纳，对特殊要求缺乏理解，间接地影响了为幼儿发展服务的质量。

目前，在我国经济体制改革的背景下，幼儿园的建设与发展出现了一些新的误区。例如，单纯注重经济利益，甚至以营利为目的，开设各种兴趣班、特色班，收取费用，使国家规定的面向全体、全面发展的教育目标无法实现。因此，幼儿园的领导者、管理者一定要对幼儿园的性质与任务进行深入理解，端正办园指导思想，把握好幼儿园双重任务的本质。

二、幼儿园保育与教育的关系

保教结合对幼儿园的教育工作起到保障和促进作用。在实践环节上，要做到保中有教、教中有保，二者并举、有机结合，渗透于幼儿一日活动和全部教育过程中，从而构成幼儿园工作的整体。

（一）幼儿的身心发展是一个整体

幼儿教育是以3—6岁的幼儿作为教育的对象，其中心任务是促进幼儿素质的全面提高。幼儿的发展不是某一方面素质的提高，而是德、智、体、美等方面和谐发展，这就决定了幼儿教育是协调多种教育资源、发挥多方面教育影响的系统工程。同时，幼儿的生活具有促进幼儿多方面发展的价值，生活本身就是一个整体，幼儿在生活中学习，在生活中成长，在生活中发展，这同样要求整体地看待幼儿的发展。把幼儿的发展视为一个整体，是符合幼儿身心发展特点和成长规律的。

（二）保教内容相互包含，保中有教，教中有保

保教结合是幼儿园教育的基本原则，它决定了幼儿园保育工作中包含着教育性因素。在物资匮乏的年代，幼儿园保育工作往往侧重于保护幼儿机体健康和身体发育，缺乏教育性，保育的对象即幼儿处于被动接受的地位。在人们的观念和日常生活发生质变的今天，保育被赋予了积极的含义，如强调保护和增进幼儿的健康，注重激发幼儿的积极性，培养幼儿的活动兴趣，增强幼儿生活能力和自我保护、安全意识，等等。保中有教，可以较好地适应幼儿在生活中学习的特点，使教育更接近幼儿实际，更贴合其生活经验，因而更富有成效。

另外，幼儿园教育中有着保育的内容，特别是将教育因素渗透到健康领域，对幼儿心理健康具有重要意义。《幼儿园工作规程》着重指出：“幼儿园教职工应当尊重、爱护幼儿，严禁虐待、歧视、体罚和变相体罚、侮辱幼儿人格等损害幼儿身心健康的行为。”教师通过创设宽松的教育氛围，在教师与幼儿之间形成良好的人际心理环境，这是深层次的保育，也是对教中有保所作的新诠释。

三、保教结合原则在幼儿园管理中的落实

幼儿园的保教工作是幼儿园的中心工作。园领导应处理好中心和全局的关系，把主要时间和精力投入管好保教工作、提高保教工作质量和效率上，幼儿园其他方面的工作都应围绕保证保教工作的顺利进行而开展，为保教工作创造良好条件，保证保教目标的最终实现。

（一）树立保教结合的管理思想

教育思想的管理是教育管理工作的关键。园领导要想做好保教管理工作，必须树立保教结合的学前教育思想和保教结合的幼儿园管理思想，把保教结合原则贯穿于幼儿园整个管理过程中，落实好保教结合原则。不但要重视教育工作计划的制订，同时也要重视保育工作计划的制订，将保教结合原则纳入全园工作计划中，有目的、有计划地对幼儿进行保育和教育。组织全

体保教人员学习《幼儿园工作规程》《幼儿园教育指导纲要（试行）》《3—6岁儿童学习与发展指南》《幼儿园教师专业标准（试行）》等文件，强化保教人员的保教结合意识，把保教结合贯穿于幼儿园一日生活的各项活动之中。如教师在指导幼儿绘画、书写或阅读活动的时候，不仅要关注幼儿作品的完成情况、阅读能力的培养，也要注意幼儿正确的姿势、良好习惯的培养，关注幼儿脊椎发育、视力保护等一系列身体发育的问题。

（二）在幼儿一日生活中落实保教结合

扫一扫 看一看

在幼儿园一日生活中，每个环节都渗透着保育与教育，它们相互联系、相互渗透。《幼儿园教师专业标准（试行）》要求幼儿园教师要“注重保教结合”，不仅要将“一日生活的组织与保育”作为重要的专业领域要求，而且要能合理安排和组织一日生活的各个环节，科学照料幼儿的日常生活，指导和配合保育员做好班级常规卫生保健工作，将教育灵活地渗透到一日生活中。保教人员之间要密切配合，充分利用一日生活中的各种教育契机，从生活活动、学习活动、户外活动及游戏活动等具体活动入手，做到既有分工，又有合作，对幼儿进行随机教育，将保教结合原则落到实处。

（三）通过评价导向作用，确保保教结合的落实

幼儿园的评价机制对幼儿园整体工作起导向作用。因此，对幼儿园各方面的工作评价都要重视，特别是对保教工作的评价更应该坚持保教结合的原则。评价教师和保育员工作都要包括保育工作和教育工作两个方面，只是保育和教育两个方面的工作在两者本职工作的评价体系中要分清主次，所占比例要有所区别。要使每一位保教人员都能得到科学、合理、公平、公正的评价，从而激发保育员和教师的工作积极性，最终达到促进幼儿身心全面和谐发展的目标，使幼儿园的评价机制成为幼儿园发展的重要推动力量。

第二节　幼儿园保教工作管理的组织与实施

一、幼儿园保教工作管理的内容

实施保教常规工作管理，是通过园长或业务园长（园长助理）—保教主任—教研组（年级组）—班级来运转的。贯穿其中的是管理者的主导作用和被管理者的主体地位，两者相互作用，双向共振，形成合力。

（一）保教常规工作管理制度的作用

保教工作计划具有指导保教工作的作用。制订保教工作计划的重点依据是对国家和地方各级教育行政部门制定的教育方针、政策和法规进行贯彻落实，以此为依据把保教任务和要求落实到幼儿园日常保教工作之中。

1．制订全园的保教工作规划

由园长或业务园长（园长助理）承担保教高层的管理，针对幼儿园保教工作的长远发展和近期发展，组织制订切实可行的保教工作目标、计划，建立有效的保教组织机构和规章制度。幼儿园保教工作的管理包括合理调配班级保教人员，制订保教工作流程及要求，组织各种保教

工作检查、总结等。

2．制订学期或学年的保教工作计划

由保教主任承担保教中层的管理，依据保教长远规划制订学期或学年保教计划。幼儿园学期保教工作计划主要包括对上学期保教工作现状的分析和本学期保教工作的目标、重点任务、所采取的具体措施和方法、逐月工作安排等内容。

保教工作现状的分析主要包括上学期幼儿发展的情况，教师发展的情况，保教工作完成的情况，家园共育、社区教育、教科研的情况等。在分析的基础上，制定出比较明确的近期目标，提出实现目标的具体措施。目标要具有可操作性，要与全园各项工作目标一致。可以列出逐月工作安排，这样就条理清楚，不易遗漏某项工作内容。还可以对保教工作任务进行分解，划分到部门或具体负责人，在时间上做出较为详细的安排，使多个方面的保教工作任务变得更加切实可行，多形式多途径地达到全面提高保教工作质量的目的。保教中层直接领导和管理各班级的保教管理工作，起着承上启下的作用，主要负责保教计划的落实及反馈基层保教人员的工作信息等。

3．制订班级保教工作计划

保教管理的基层组织机构是班级，一般由三名保教人员组成，协调班级保教管理工作。设班长一名，负责组织班级保教管理工作，实现班级保教目标，完成保教任务。由于班级承担着幼儿园保教工作全面实施的任务，决定着幼儿园保教工作的质量，因此班级保教工作计划需针对幼儿情况、家长情况、本班教师情况做详尽的分析，从有利于幼儿发展的角度出发，制订可操作的、有利于发挥教师自身优势的班级保教工作计划。

（二）保教常规工作管理制度的建立

各类保教计划、任务的完成需要相应的保教常规工作管理制度来保障。完善的制度可以保证幼儿园保教工作的正常进行，形成良好的工作程序。

1．建立保教工作制度是行为和活动的准则

建立制度可以明确各级保教管理层的任务和职责，加强科学管理，如保教计划制度、教研活动制度、备课制度、保教人员工作程序要求、常规工作检查制度、保教人员考核制度、保教人员岗位责任制等。必须广泛宣传，让大家自觉遵守，并逐步内化成自觉行为。

2．建立班级一日保教工作程序要求

遵照幼儿园的性质、任务，根据幼儿身心特点及发展的需要，幼儿园必须建立科学的作息制度，将幼儿在园一日的各项活动做详细的安排，提出保教人员一日工作程序化的工作要求和操作标准，以增强保教人员对幼儿全面负责的意识，加深其对保教结合原则的理解。保教人员的工作程序，就是将保教人员岗位责任制与幼儿园生活制度及生活常规结合起来，对保教人员在一日生活各个环节应做的工作进行具体分析，使岗位责任制规定的具体工作内容和要求落实到人，落实到时间与地点，并规定出完成程度与工作质量。

二、幼儿园保教工作管理的程序

（一）保教工作计划的制订

扫一扫 看一看

计划是一切工作的开始，“凡事预则立，不预则废”，幼儿园保教工作也是如此。

1. 制订保教工作计划的要求

（1）一日活动科学化。幼儿的发展是在幼儿园生活的每一天中进行的，因而幼儿园一日活动安排得是否科学，将直接影响到幼儿的身心发展。幼儿园的保教工作计划要科学体现一日活动安排，如努力做到动静交替、室内外交替、集体活动和个别活动交替等，让幼儿在愉快、轻松的活动中得到健康的发展。

（2）保教活动内容丰富、形式多样。制订幼儿园保教工作计划时，要考虑设计内容丰富、形式多样的保教活动以促进幼儿的发展。特别要注意，游戏是幼儿的基本活动，在保教活动中要占有一定的比例。

（3）创设有利于幼儿发展的环境。《幼儿园教育指导纲要（试行）》（以下简称《纲要》）指出：“幼儿园应为幼儿提供健康、丰富的生活和活动环境。”幼儿园要创设一个丰富多样的、多功能多层次的、具有选择自由度的环境，让每个幼儿都有机会接触符合自身特点的环境，用自身特有的方式同化和吸纳外界环境中的积极成分，促进自身个性化的发展。教师则要在此过程中了解幼儿，敏锐地观察幼儿之间的差异，进行有针对性的引导。幼儿园的环境要满足幼儿运动、与同伴交往、探索环境和表现表达的需要，这就要求我们关注幼儿成长环境的生态平衡，以幼儿发展的需要来平衡各种环境因素。这里所说的环境，有三个层面上的内涵。第一是指富有特色的、具有深刻底蕴的园所整体环境，包括园所的布局、绿化、美化及各种合适的户外设施等；第二是指具有年龄特色的班级环境，包括有利于幼儿发展的平面布局和空间布局等；第三是指园所和班级的活动区域，包括角色游戏区等。《纲要》指出：“保证幼儿每天有适当的自主选择和自由活动时间。”这意味着班级或园所要为幼儿提供环境选择的可能性，包括时间上的可选择性和空间上的可选择性。除了幼儿园内部环境创设之外，现在幼儿教育界还越来越强调利用园外的家庭、社区、自然的大环境来拓展幼儿学习的空间。

2. 保教工作计划的类型

（1）全园的保教工作计划。幼儿园应针对幼儿园保教工作的长远发展和近期工作，制订切实可行的工作计划。在计划中，要对保教工作的各个方面提出具体的要求，同时对每个部门所承担的保教工作任务提出要求或目标。长远计划一般为3~5年，是对幼儿园保教工作的前景进行描述，其中包括工作目标、工作内容、工作措施等，同时还对长远规划的完成从时间上进行大致的分段。

全园的近期工作计划一般为一个学年，具体对幼儿园在一个学年内所要完成的工作进行阐述。其中包括上一学年的工作状况分析，本学年的工作任务安排，工作中的重点、难点说明等。在近期工作计划中，还应该对各部门在幼儿园保教工作中所承担的任务进行分解，并且在时间上做出较为详细的安排。

（2）班级的保教工作计划。班级承担着幼儿园保教工作全面实施的任务，班级又是幼儿生活、学习、游戏的具体场所。班级保教工作质量将直接影响到全园工作的水平，所以提高班级工作的针对性和计划性是非常有必要的。班级计划应对班级保教工作进行全面安排，既要承担幼儿园总目标分解下来的各项任务，又要对本班教师集体情况、幼儿情况、家长情况等进行详尽的分析，从有利于幼儿发展的角度出发，从有利于每位工作人员发挥自身的优势出发，制订出可操作的、细致的工作计划。班级保教工作计划包括学期工作计划、逐月工作计划和周工作计划。

（二）保教工作计划的执行

1. 执行步骤

（1）传达布置，即把保教工作计划传达到每一位教师，使他们明确保教工作的目标、重点、步骤安排等。

（2）落实责任，即把保教工作的要求、职责、任务等分解落实到每一个人头上，各司其职，各负其责，从而保证计划得到落实执行。

（3）加强协调。为保证保教计划的实施，保教人员间要加强配合。

2. 需注意的事项

（1）保教工作的执行要以计划为依据，因为计划是经过反复考虑制订出来的，是行为的指南。

（2）对不合理的计划要随时进行调整。

（3）班级保教工作包括许多方面，如保育、一日生活管理、教育教学安排、游戏活动等，教师应统筹做好各项工作。

（4）随时掌握和分析情况。教师要注意班级发生的各种情况，及时分析、及时解决。

（三）保教工作的检查

检查要实事求是，不可弄虚作假，可以采取领导检查与引导保教人员自查相结合的方式进行。

1. 检查落实情况

对照保教工作计划逐条检查，查看计划与落实情况有没有差距，并分析造成这种差距的原因是什么。幼儿园领导者、管理者要深入班级检查、督促、指导，帮助教师在保教实践中端正教育观念，改进教育方法。

2. 分析计划的可行性

计划开始执行后，教师对计划制订得合理与否，有了进一步的判断，包括班级的环境是否符合要求，活动设计的程序、安排是否合理，活动的时间安排是否符合幼儿身心发展规律等。

（四）保教工作的总结

保教人员每学期应对自己的工作做较全面的总结。在各个阶段，也可以做一些小结。教师通过总结可以吸取经验教训，探索保教规律。一般来说，在总结中要注意以下几点。

扫一扫 看一看　扫一扫 看一看

1．实事求是

保教工作总结要肯定成绩，发现存在的问题，弄清哪些是本质的、必然的、经常出现的现象，哪些是非本质的、偶然的、暂时的现象，并作出恰当的分析。

2．分清主次

在进行班级保教工作总结时，要在分析的基础上进行归纳、概括，找出规律，切忌罗列、报流水账。

3．积累经验

保教工作总结是对前面工作的分析和结论，教师应不断地积累经验，为今后的工作奠定基础，同时也为开展科研活动积累素材。

第三节　幼儿园课程管理

教育部 2001 年颁发的《基础教育课程改革纲要（试行）》明确规定："为保障和促进课程对不同地区、学校、学生的适应性，实行国家、地方和学校三级课程管理。"这就为包括幼儿园在内的各级各类基础教育机构提供了课程创新的空间。课程管理是学前教育管理的重要内容。提升课程管理的水平和质量，是幼儿园管理的重要任务之一。

一、幼儿园课程管理的内涵和意义

（一）幼儿园课程管理的内涵

1．课程管理的内涵

课程管理（Curriculum Management），从字面上理解，即"对课程的管理"。关于课程管理的内涵，我国《教育大辞典》中对其做出了如下界定："课程管理是对课程编订、实施、评价的组织、领导、监督和检查。"我国有学者认为，课程管理如同教育管理，有宏观与微观之分，即我们可以将课程管理分为课程行政管理和学校课程管理。前者是国家对课程的行政管理，包括立法、课程政策的制定、课程标准的颁布、教科书的审定、学校课程实施和评价的监督。后者包括学校课程日常管理和学校课程领导，是学校对如下项目进行管理：课程目标的校本化确认，国家课程、地方课程的校本化选择和组织，课程实施和课程评价。显然，这里对课程管理的主体进行了较为明确的区分。

2．幼儿园课程管理的内涵

幼儿园课程管理是指在一定的法规和政策背景下，各级政府或学前教育机构对幼儿园课程的建设和实践过程进行的规范、引导和帮助，其根本目的是提升课程的成效，更好地促进幼儿的发展，同时促进教育者自身的发展。从管理主体的角度出发，可以将幼儿园课程管理分为两个层面：学前教育行政的课程管理和学前教育机构的课程管理。前者指的是政府课程管理，其主要课程管理职责在于对课程的宏观调控，即课程立法、课程政策的制定、课程标准的颁布、教科书的审定、学校课程实施和评价的监督等。后者主要指的是幼儿园课程管理，课程管理的主体是园长、各级管理者和幼儿园教师，他们承担着创造性地实施国家和地方课程与开发园本课程等课程管理职责。

（二）幼儿园课程管理的意义

幼儿园课程从计划到实施，从课程的决策、编制到教师与幼儿的体验，经历了几个层次的转换。课程管理的价值与意义集中体现在理想的课程向实践的课程的转化上。课程管理在课程价值达成过程中起着承上启下的关键作用。幼儿园课程管理的意义具体表现在以下几个方面。

（1）幼儿园课程管理是确保幼儿园课程目标得以实现的重要途径。

（2）幼儿园课程管理是课程实施成败的关键。

（3）加强幼儿园课程管理可以提升教师的专业化水平。

二、幼儿园课程的实施过程

（一）确定教育目标

课堂教学目标是教学模式的灵魂，是教学的出发点和预期的结果。课程目标是实施目标管理的基础，需要将幼儿园教育目标层层分解为幼儿园年度教育目标、不同年龄班及领域发展目标等。随着教育改革的深入，在教学目标的设置方面，幼儿园也由过去的单一目标向多重目标迈进。但由于课程的开发者和实施者在教学目标上抱有不同的理念，对教学模式建构的视角、方法和评价也迥然不同。

（二）制订教育计划

根据幼儿园现有条件和资源，面向未来的发展，需要制订规划性方案。方案制订过程中需听取各方意见并形成最佳方案，将总计划分解为不同层次的教育计划体系，最终落实到具体可行的学前教育计划、月计划和周计划中。对于教育工作中的重点问题和特殊问题还可以设置专题性教育计划。

（三）执行教育计划

将计划付诸实践是教育工作的实质环节。管理者要处理好各职能部门之间的关系，合理调配资源，与教师平等对话，尊重教师的自主性；要深入教育实践，针对实际问题及时进行研讨；执行计划时要注意严肃性与灵活性相结合，提高执行的效率。

（四）检查

管理者需对月计划、周计划、教案、教学活动、一日教育活动、教研笔记、听评课记录、教学反思等进行检查（教育质量监控），督促工作的执行，提高效率和质量。

（五）总结评价

教育活动的课程评价不同于单科课程评价，其对幼儿能力的影响更多元、更长远，单一的评价机制不能有效地反映活动成效。主题活动的设计与实施是集体工作的结果，因此活动评价也需全员参与，并将定性评价与定量评价相结合、过程性评价与结果性评价相结合，通过多重评价形式进行综合诊断、反思与调节。评价的内容有两个方面：

（1）幼儿的发展状况评量。评价者由教师、家长、幼儿、管理者共同组成，评价方式灵活多样，既有过程性评价，包括教师的教育笔记、区域活动观察记录与行为观察个案分析、家园共建的幼儿成长档案、家园联系记录本等，又有阶段性结果评价，包括期末综合测查、幼儿身心发展报告等。

（2）教师的专业水平评量。由家长、教师、管理者共同参与评价，评价形式既包括定性评价，如教师的教学反思、管理者的日常教学检查记录等，又包括定量评价，如教师教学常规量化考核、常规的教学观摩评价（如环境创设评价、早操评比评价、家长问卷评价）等。

课程评价的目的不是为孩子定性，而是分析课程经验与幼儿之间相互作用的情况，以便进行下一步的课程设计。

拓展阅读

2018年《中共中央 国务院关于学前教育深化改革规范发展的若干意见》（节选）

八　提高幼儿园保教质量

（二十六）全面改善办园条件。幼儿园园舍条件、玩教具和幼儿图书配备应达到规定要求。国家制定幼儿园玩教具和图书配备指南，广泛征集遴选符合幼儿身心特点的优质游戏活动资源和体现中国优秀传统文化、现代生活特色的绘本。各地要加强对玩教具和图书配备的指导，支持引导幼儿园充分利用当地自然和文化资源，合理布局空间、设施，为幼儿提供有利于激发学习探索、安全、丰富、适宜的游戏材料和玩教具，防止盲目攀比、不切实际。

（二十七）注重保教结合。幼儿园要遵循幼儿身心发展规律，树立科学保教理念，建立良好师幼关系。合理安排幼儿一日生活，为幼儿提供均衡的营养，保证充足的睡眠和适宜的锻炼，传授基本的文明礼仪，培育幼儿良好的卫生、生活、行为习惯和自我保护能力。坚持以游戏为基本活动，珍视幼儿游戏活动的独特价值，保护幼儿的好奇心和学习兴趣，尊重个体差异，鼓励支持幼儿通过亲近自然、直接感知、实际操作、亲身体验等方式学习探索，促进幼儿快乐健康成长。开展幼儿园“小学化”专项治理行动，坚决克服和纠正“小学化”倾向，小学起始年级必须按国家课程标准坚持零起点教学。

（二十八）完善学前教育教研体系。健全各级学前教育教研机构，充实教研队伍，落实教研指导责任区制度，加强园本教研、区域教研，及时解决幼儿园教师在教育实践过程中的困惑和问题。充分发挥城镇优质幼儿园和农村乡镇中心园的辐射带动作用，加强对薄弱园的专业引领和实践指导。

（二十九）健全质量评估监测体系。国家制定幼儿园保教质量评估指南，各省（自治区、直辖市）完善幼儿园质量评估标准，健全分级分类评估体系，建立一支立足实践、熟悉业务的专业化质量评估队伍，将各类幼儿园全部纳入质量评估范畴，定期向社会公布评估结果。加强幼儿园保育教育资源监管，在幼儿园推行使用的课程教学类资源须经省级学前教育专家指导委员会审核。

（摘自中华人民共和国中央人民政府网站）

第四节 幼儿园教研、科研活动的意义与组织

一、幼儿园教研活动的意义

（一）教研活动有助于提高教育质量

教研活动针对性强，主要解决教育实践中存在的问题和难题。通过研究可以改进工作效果，促进教育与教学活动质量的提高。如某教师发现本班幼儿交往能力较差，很多幼儿都不知道如何与其他小朋友相处。针对这一情况，教师做了深入调查，找出了原因，并提出了解决措施，为幼儿提供更多的交往机会，教给他们交往技能，经过一段时间，幼儿的交往能力有了明显的提高。教师将保教实践与研究结合起来，既解决了现实存在的问题，又推动了教育质量的提高。

（二）教研活动有利于促进教师业务水平的提高

教师的业务水平直接影响着幼儿的教育质量。教研活动是提高教师业务水平的重要途径。教研活动大体可分为五个阶段：发现问题、提出解决方案、方案实施、得出结论、将结论运用到实践活动中。发现问题需要教师平时注意观察，了解各方面的情况，这是业务水平提高的前提，因为没有观察就没有了解，没有了解就谈不上提高，发现问题是解决问题的前提。结合实践中存在的问题，提出解决方案，这是理论在教育实践中的综合运用，是教师理论联系实践的过程。通过分析研究，提出解决措施，教师在这个过程中加深了对理论的理解，提高了运用理论的能力。方案在实施中还会遇到各种问题，需要灵活处理和解决，这既积累了教师的工作经验，也提高了他们的业务能力。教研活动注入教育教学工作之中，增强了目的性、指向性，教师的理论水平也得到了提高。研究促进思考，在思考中教师自身的教育观念与态度都会发生变化，他们会用更加正确的眼光看待幼儿教育和幼儿，用更加科学的方法从事教育和教学活动。幼儿园教师身在基层，研究的问题具有很强的现实意义。他们的参与壮大了研究队伍，使实践与研究更具有广泛性和群众性，有利于改变理论脱离实践的状况，也有利于增强他们的研究意识和研究能力，提高幼儿园的层次，极大地提高了教师的业务能力和理论水平。

（三）教研活动可以激发教师的敬业精神

兴趣是最好的老师。研究工作虽然很苦，但也很有趣。教研总是围绕一定的问题展开，问题常常会引起人们的关注，激发人们的兴趣，人们会不断地寻求解决问题的办法。当问题解决后，会给人们带来极大的乐趣，这种乐趣会变成新的动力，促使人们进一步去研究。另外，由于教研活动的目的性很强，为了实现目标，教师会更加积极地投入教研工作中，甚至会达到忘我的境界。

二、幼儿园科研活动的意义

（一）幼儿园开展科研活动是社会发展的需要

随着全球经济一体化、文化多元化及信息化时代的到来，在当今社会教育形势迅猛发展的

情况下，在身心教育、素质教育等理念的指引下，如何进行幼儿教育的改革、实现幼儿教育的最优化、满足社会和人民群众日益增长的对幼儿教育的需求，是当今幼儿园教育面临的严峻挑战。幼儿园必须把握《幼儿园教育指导纲要（试行）》的颁布为幼教改革开创的良好机会和氛围，转变教育观念，以科研为武器，紧随时代浪潮，遵循理论—实践—理论的研究过程，不断探索教育教学规律，适应社会发展的需求。

（二）幼儿园开展科研活动是幼儿园整体发展水平提高的需要

开展科研活动可以促进幼儿园在对自身教育教学经验的提炼、整理过程中，不断总结经验教训，攻克难关，促进教育教学改革，形成自己的办园特色，为幼儿园的全面发展提供一流的环境；开展科研活动有利于培养幼儿教师集体良好的团队协作精神，形成教育的合力；开展科研活动可以提高幼儿教师的综合素质，培养研究型和创新型的教师。总之，幼儿园要积极开展科研活动，促进幼儿园整体发展水平的提高，实现科研兴园。

（三）幼儿园开展科研活动是教师专业化成长的必由之路

幼儿园开展科研活动的过程，就是教师不断学习、不断研究、不断提高自身素质和教育教学水平的过程。在科研过程中，教师为了选择科研课题或解决科研难题，要不断学习有关教育理论、心理学理论、教育实践专著、科研理论及统计学知识等，促使自身知识结构不断优化。教师在教育教学过程中会遇到各种各样的问题，通过发现新的教育规律和解决问题的科学方法，可以提高自身的教育教学水平。因此，幼儿园开展科研活动是教师专业化成长的必由之路。

三、幼儿园教研、科研活动的组织

（一）建立完善的教科研管理体制

幼儿园要成立专门的教科研领导小组，主要由园长、保教主任、教研组长及骨干教师组成。教科研领导小组应制定相应的责任制度，各成员有明确的分工，对教科研工作进行规范管理。园长对教科研工作高度负责，从部署任务到课题申报、研究都要亲自参加；教研主任是园长的得力助手，直接领导开展教科研工作，领导教研组长，具体负责课题的规划与组织实施；教研组长则要组织并负责领导教研组教师或课题组成员制订课题计划和执行课题计划。幼儿园要认真制定教科研制度，并严格执行。教科研制度应该包括教科研人员的职责，课题选择的原则、要求，课题准备、实施、总结的各阶段要求，课题成果奖励等。

（二）强化教科研课题研究基础知识的学习

加强教职工对教科研课题知识的学习和对他们的培训，使教职工明确教科研的一般步骤和基本方法，这是做好教科研工作管理的重要前提。通过对教育理论的学习、分析、对比研究、评价等，从中发现问题，抓住新课题研究的契机。要学习和掌握教科研中收集与分析资料的基本方法，并能根据教科研课题的特点和现有的各种条件制订适宜的教科研目标和详尽的、切实可行的教科研计划并付诸实施，形成报告、论文等教科研成果。

拓展阅读

2016年版《幼儿园工作规程》中保教具体目标

第五条 幼儿园保育和教育的主要目标是：

（一）促进幼儿身体正常发育和机能的协调发展，增强体质，促进心理健康，培养良好的生活习惯、卫生习惯和参加体育活动的兴趣。

（二）发展幼儿智力，培养正确运用感官和运用语言交往的基本能力，增进对环境的认识，培养有益的兴趣和求知欲望，培养初步的动手探究能力。

（三）萌发幼儿爱祖国、爱家乡、爱集体、爱劳动、爱科学的情感，培养诚实、自信、友爱、勇敢、勤学、好问、爱护公物、克服困难、讲礼貌、守纪律等良好的品德行为和习惯，以及活泼开朗的性格。

（四）培养幼儿初步感受美和表现美的情趣和能力。

本章小结

1. 幼儿园保教工作是落实幼儿园任务的重要载体，它始终遵循保教相结合的原则，这既反映了幼儿身心发展的规律，又反映了幼儿园工作管理的特点和规律。

2. 依据幼儿发展的要求，结合各年龄班级保教工作的特点分析，制订科学、合理、程序化的保教常规，促使保教人员规范实施，既便于保教工作的整体管理，又有利于保教工作质量的提高。

3. 针对保教工作中的实际问题大力开展教科研活动，可促进幼儿的发展及教师的专业发展。

4. 在保教管理工作中还需注重幼儿园课程的管理，以此为载体，全面促进幼儿身心和谐发展。

思考与练习

一、单项选择题

1.（ ）是幼儿园双重任务的核心。

A. 教育工作 B. 育人工作 C. 保教工作 D. 立德树人

2.（ ）是将计划付诸实践，是教育工作的实质环节。

A. 制订计划 B. 执行计划 C. 模拟计划 D. 实施计划

3. 班级计划不包括（ ）。

A. 学期计划 B. 月计划 C. 周计划 D. 时间计划

二、多项选择题

1. 幼儿园课程实施过程包括（ ）。

A. 确定教育目标 B. 制订教育计划 C. 检查教育质量监控 D. 总结评价

2. 在科研过程中，教师要不断学习（ ）等，促使自身知识结构不断优化。

A. 教育理论　　B. 心理学理论

C. 教育实践专著　　D. 科研理论及统计学知识

三、课堂实践

春季开学初，幼儿园中班的李老师发现，春节过后每个孩子手中都有1~2件新颖的玩具。她认为这是培养幼儿集体意识、分享意识的好机会，于是鼓励每个孩子带家中最好的玩具来与大家分享，并准备第三天开一个玩具展览会。可是，第二天全班36位小朋友只有3位带来了自己的玩具，老师问孩子们为什么不将自己的玩具带来与大家分享，有的孩子说："妈妈不让带来，怕玩具被别的小朋友搞坏了。"有的孩子说："奶奶说了，你拿去，奶奶以后就不再给你买玩具了！"

(1)请结合案例，运用幼儿园与家庭相互配合的有关教育理论，具体谈谈家园合作对幼儿发展的重要意义。

(2)请结合案例分析，为了加强家园联系，幼儿园教师应对家长提出哪些合理的教育建议。

四、思考与应用

1. 请你编制一份幼儿园周活动计划和一份幼儿园一日活动计划。

2. 如果你是负责保教工作的业务园长，请试着开发一个园本课程方案。

参考答案　真题解析

幼儿园的班级是实施保教工作的基本单位，也是幼儿最基本的生活场所。开展深入细致的班级保教工作，进一步做好幼小衔接工作，对幼儿园的办园质量和幼儿发展水平的提高至关重要。你知道如何结合各年龄班幼儿特点开展班级管理吗？

第六章　幼儿园班级管理

学习目标

1. 了解相关的班级理论，知道班级的产生过程。
2. 熟记班级的定义，了解班级的形态。
3. 掌握幼儿园班级的概念及特点，知道幼儿园班级的实际形态。
4. 熟悉幼儿园班级的功能，并能够与实际相结合。

课程思政目标

1. 理解幼儿园班级管理功能，热爱学前教育事业，具有职业理想和敬业精神。
2. 培养职业认同感，遵循幼儿身心发展特点和保教活动规律，提供适合的教育，保障幼儿快乐健康成长。
3. 掌握幼儿园班级的实际形态，重视丰富幼儿多方面的直接经验，将探索、交往等实践活动作为幼儿最重要的学习方式。

思维导图

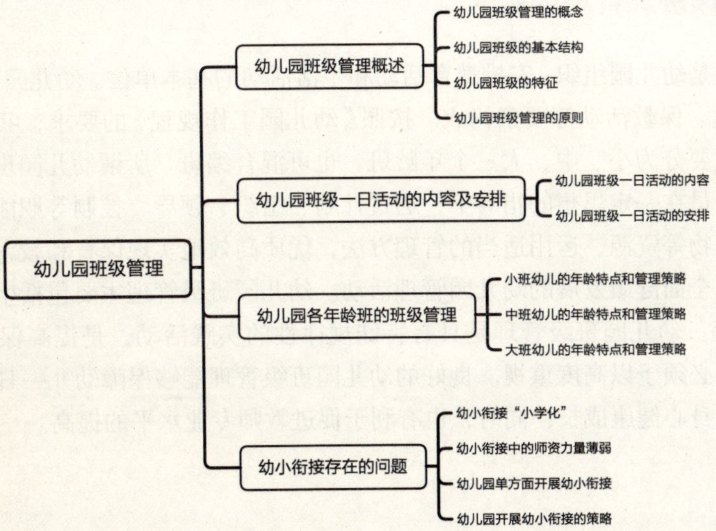

案例导入

唐老师是一名工作多年的幼儿园教师，在工作中也曾担任多年的班主任，所以对于幼儿园班主任工作具有很丰富的经验。她在自己的工作体会中曾写道："在一段时期的班级管理工作中，我总结出了八个字，那就是'真诚、严格、热爱、周到'。在工作中能做到这八个字，班级的管理工作就游刃有余了。班内教师之间的配合是否和谐直接关系到班级管理的好坏。教师之间相互信任、相互帮助、相互补位是和谐相处的关键。要做到以诚相待，也就是相处要'真诚'。有人说，夫妻之间有一个磨合期，而班内教师之间同样也需要一个磨合期。教师刚配班时，有些不适应也是正常的，如果教师都能以诚相待，工作中经常换位思考，相互理解、体谅，那么磨合期就会很快过去，教师之间就会很快适应，就能营造一个宽松、愉悦的工作环境。如果班主任能够坦诚地对待教师，那么配班教师就会自愿地服从班主任的领导，班级就有凝聚力、向心力，班级管理工作就会顺畅多了。班主任应组织配班教师共同学习园内的各项规章制度，并要求每个人严格遵守。教育活动开展前要备好课，做到教具充足，让幼儿能真正在快乐中学、在玩中学。户外活动时，教师要精心设计每一个游戏，让每个幼儿都参与进来，运动起来。此外，全体教师还应共同讨论，制订出班级常规，大家共同遵守。在班级常规中，要把职责、任务等分解落实到每一个人，大家各司其职、各负其责，'麻雀虽小，五脏俱全'，班级的管理工作也是如此。这就要求班主任要有一颗敏锐而细致的心，洞察一切小事，处理好方方面面的关系，集教师、家长的一切智慧和力量，切实为教师、幼儿和家长营造一个宽松、和谐、安全、卫生、舒适的精神环境和物质环境，为幼儿园建设一个真正文明的宣传窗口。"

思考：唐老师通过自己多年的实践工作经验，总结出了幼儿园班主任及班级管理工作的八字箴言，你在未来的工作中，会像唐老师一样进行班级管理吗？

第一节　幼儿园班级管理概述

一、幼儿园班级管理的概念

幼儿园班级是幼儿园组织、安排教育活动和生活活动的基本单位。幼儿园班级由保教人员、幼儿、班级环境、保教活动等要素构成。按照《幼儿园工作规程》的要求，我国幼儿园可按年龄分别编班，主要分为小、中、大三个年龄班，也可混合编班。所谓幼儿园班级管理，是指幼儿园班级保教人员在一定思想的指导下，通过计划、组织、领导、控制等职能活动，充分利用相关的人、财、物等资源，运用适当的管理方法，优质高效地实现保育和教育目标及班级发展目标，促进幼儿全面健康发展的幼儿园管理活动。幼儿园班级管理主要包括生活管理、教育管理及其他管理等。幼儿园班级管理是具有特殊规律性的实践活动，是提高保教质量的基本保证，幼儿园教师必须予以高度重视。良好的幼儿园班级管理能够保障幼儿一日生活活动的顺利开展，促进幼儿身心健康成长，同时，也有利于促进教师专业水平的提高。

二、幼儿园班级的基本结构

幼儿园班级作为一个集体组织，一定的物质设施和人员构成是其形成的前提条件。同时，班级不等同于教室，它不是一个简单的静态物，组建幼儿园班级旨在实施一系列的教育活动，班级也正是通过有目的、有计划、有组织地开展多种形式的教育活动来发挥其生活功能、教育功能和社会功能。由此可见，幼儿园班级的基本要素包括人员结构、物质设施、组织结构三个方面。

（一）人员结构

1．保教人员

教师和保育员是幼儿园班级管理的主要承担者，担负着对幼儿进行保育和教育的双重任务。因此，作为班级工作的承担者，保教人员的数量和质量直接影响着幼儿园保教目标的实现。目前，幼儿园大多采取“两教一保制”，两者密切配合以完成幼儿园班级的保教任务。就其具体职责而言，教师和保育员存在一定的差别，下面将分开论述。

（1）教师。幼儿园教师是履行幼儿园教育工作职责的专业人员。学前教育的发展需要一支师德高尚、业务精良的幼儿园教师队伍。学前教育质量提升的关键与核心便是教师队伍质量的提升。幼儿园教师的质量决定着学前教育的质量，高素质、专业化的幼儿园教师队伍是高质量学前教育和幼儿健康发展的重要保障。《幼儿园工作规程》中已对幼儿教师的职责做了明确规定：①观察了解幼儿，依据国家有关规定，结合本班幼儿的发展水平和兴趣需要，制订和执行教育工作计划，合理安排幼儿一日生活；②创设良好的教育环境，合理组织教育内容，提供丰富的玩具和游戏材料，开展适宜的教育活动；③严格执行幼儿园安全、卫生保健制度，指导并配合保育员管理本班幼儿生活，做好卫生保健工作；④与家长保持经常联系，了解幼儿家庭的教育环境，商讨符合幼儿特点的教育措施，相互配合共同完成教育任务；⑤参加业务学习和保育教育研究活动；⑥定期总结评估保教工作实效，接受园长的指导和检查。此外，2012年，教育部正式公布的《幼儿园教师专业标准（试行）》进一步明确了幼儿园教师专业素质的基本要求，该标准是幼儿园教师开展保教活动的基本规范，也是幼儿园教师培养、准入、培训、考核等工作的重要依据。贯穿该标准的基本理念是：幼儿为本、师德为先、能力为重和终身学习。

（2）保育员。当前，人们对保育员职责的定位一直停留在打扫卫生、负责幼儿安全、管理幼儿衣物和照看本班设备上，保育员似乎只负责“保”，至于“育”则是教师的事，“保教合一”的工作理念很难在幼儿园实践中得到落实。《幼儿园工作规程》对保育员的具体职责做了如下规定：①负责本班房舍、设备、环境的清洁卫生和消毒工作；②在教师指导下，科学照料和管理幼儿生活，并配合本班教师组织教育活动；③在卫生保健人员和本班教师指导下，严格执行幼儿园安全、卫生保健制度；④妥善保管幼儿衣物和本班的设备、用具。尤为值得强调的是第二条“在教师指导下，科学照料和管理幼儿生活，并配合本班教师组织教育活动”，这一方面是国家对保育员专业性的认可，另一方面也暗含着保育员作为教育者的角色要求。其实，在保育员的工作中，蕴含着丰富的教育元素，包括生活常识教育、健康教育、卫生习惯和行为的宣传教育、仪表礼仪教育、安全教育、性教育等。保育员在对幼儿进行生活管理和指导的过程中，应该注意发掘并有效组织日常生活中的教育因素，把握教育契机，培养幼儿良好的生活习惯和独立自主能力。

（二）物质设施

1．班级物品的管理

幼儿园班级管理要素包括人、财、物、时间、空间等。“物”泛指班上的所有物品。班级物品摆放得当，能给幼儿一个整齐有序的环境，有利于幼儿的生活和活动，有利于幼儿的成长，同时也方便教师的使用。

班级物品包括：幼儿生活物品（小床、被褥、茶杯、毛巾等），幼儿学习物品（玩具、学具、课桌椅、游戏材料等），教师教学物品（教具、钢琴、电视机等）。

班级物品保管与使用要注意以下几个方面。

（1）建一个班级物品清单，作为交接、检查的依据。清单可以包括以下几项内容：幼儿生活用品，幼儿学习用品，教师教学用品，物品名称、数量、型号（大号、中号、小号），责任人，备注。备注可以在使用过程中填写。

（2）班级物品摆放的位置和高度要恰到好处。需要幼儿自己取放的玩具、游戏材料和其他学习用品要与幼儿的身高相匹配，并且放置在幼儿视线之内的安全地方。每一项物品要分类摆放，最好有专门的收纳箱和明显的形象标记，以便于幼儿自己参与物品的整理，有利于培养幼儿的良好习惯。物品摆放的位置受到空间限制和教师审美观的影响，但总体原则是不能影响幼儿的活动，最大限度地把空间留给孩子。同时也要注意与其他班级相协调，不能因为个人的好恶影响整体的效果。

（3）班级物品应有专人保管。班级是一个整体，班级的三位教师应共同参与班级物品的管理。保育员担负的卫生及幼儿生活照料的工作较多，故幼儿生活用品和洗洁用品可归其管理。主班老师相应地可管理教师教学用品和幼儿学习用品。按照民主的原则进行分工，尊重个人意愿，在实际工作中，按照谁使用、谁保管、谁负责的原则，三个人一起管好班级这个家，做到管理有序、物尽其用。

2．班级空间的管理

幼儿班级活动的空间主要包括户外活动场地、活动室、寝室、走廊等。如何合理地搭配使用，使之产生最大的效益，就需要班级三位教师精心设计。在设计中应考虑以下几点。

（1）户外活动场地最好紧靠班级，这样活动时教师能室内外兼顾。户外活动场地最好夏天有阴凉，冬天有阳光，活动的设施要可以灵活搬动。

（2）寝室除每天供幼儿睡觉外，还可以考虑在幼儿游戏时间、自选区角活动时间作为幼儿的活动空间。有的班级在寝室中专辟一块空间供幼儿阅读，有的设置几组娃娃家，有的设置建筑角，都能够起到很好的效果。

（3）过道和走廊也是可供利用的宝贵空间。如走廊宽的班级可以在走廊一边开设建筑区、表演区、科学发现区、手工区等活动区；也可以设置娃娃家、照相馆、小银行等角色游戏区。走廊较窄的幼儿园则可以沿墙打制一排小矮柜，柜子里分格放置幼儿的衣服、鞋帽。柜子另外一面可以让小朋友靠着看书、自由交谈等。柜子紧贴的墙面，可以作为幼儿作品的展览区、家园联系本展示区等。

（4）活动室的充分利用。活动室是幼儿教育的主要场所，活动室的一景一物对幼儿起着潜移默化的作用，包括墙饰、走道、活动区角等，教师要精心设计、合理布置。

3. 班级的设施管理

《幼儿园工作规程》指出："幼儿园应配备适合幼儿特点的桌椅、玩具架、盥洗卫生用具，以及必要的玩教具、图书和乐器等。" 寄宿制幼儿园应配备单人床。幼儿园的玩教具应符合安全、卫生要求。幼儿园应当因地制宜，就地取材，自制玩教具。具体地说，班级玩教具、图书、桌椅等必要设施配备的要求如下。

（1）玩具。各班要配备一定数量、不同种类的玩具，包括拼插建造玩具、角色游戏玩具、发展艺术技能的玩具等。幼儿玩具不必追求技术上的高精尖，而应考虑其使用价值，如经久耐用、一物多用的玩具和游戏材料，积木、套叠、镶嵌、拼插等玩具，沙、泥土及因地制宜的自制玩具等。同时，一些成品、半成品材料也是必不可少的。班级教师需细心管理玩具，注意安全。

（2）图书。各班要配备一定数量的图书，陈列的书籍人均至少1~2本。图书的内容、装帧要适合幼儿年龄特征，图文并茂，富有教育意义。教师应教会幼儿图书阅读规则。活动室陈列的图书要定期更换。无论是玩具还是图书都应尽可能摆放在幼儿的视线以内，便于幼儿随时取拿、自由取放。

（3）家具。各班应有足够数量的桌椅、午休用具（折叠床或垫子等，寄宿制幼儿园应配备小床）等。各类家具包括玩具架和毛巾架等都应方便幼儿使用，各班有流动水盥洗，做到一人一巾一杯。自然角、活动角的设置更是不可或缺。

（三）组织结构

组织是指按照一定的目的和系统，有秩序地组合起来的团体。幼儿园班级是一个正规化组织，它的目的是对幼儿施加系统的影响，这些系统的影响主要通过教育活动来实现。幼儿园的教育活动是有目的、有计划地引导幼儿主动活动的，多种形式的教育过程。组织教育活动以班集体、固定小组、临时小组、个别活动和自由活动为基本形式。

1. 班集体

班集体是幼儿园班级最基本的组织形式。开展班集体活动是我国幼儿园教育的主要方式之一。对于某些内容的教育，班集体可以较集中有效地达成教育目标，降低教师的劳动强度。但要高效实现教育目标，需要教师精心设计教育方案，周密选用教学方法。教师应加强对幼儿的班集体意识的引导，并充分利用班集体的组织力量、竞争力量，对幼儿进行教育和引导，使班集体在管理工作中发挥更大的作用。

2. 小组

小组是班级的基层组织形式，可分为固定小组和临时小组两种。固定小组是幼儿尤其是中、小班幼儿主要的生活、学习和游戏单位，是幼儿最为贴近的集体，幼儿的许多交往、合作行为都是在固定小组中发生的。固定小组中5~6位幼儿往往同坐一桌，遵守一定的规则。临时小组是根据一定的需要临时组织起来的小组。根据活动的目的、内容及其他情况的不同，它又可分为指定小组和自选小组。指定小组是教师根据幼儿的特点、能力等因素指定若干幼儿组成的小组；自选小组是由幼儿自愿组成的小组，这类小组的成员常有变动，活动的目的、内容也常有变化，但对幼儿尤其是中、大班幼儿的学习和游戏具有重要意义。无论是固定小组还是临时小组，幼儿可以有较多的互动机会，更易于合作及对活动目的达成共识。因此，教师应加强对幼儿小组活动的引导和管理。

3. 个体

班级是由保教人员和幼儿个体组成的。个体对小组、班集体都具有重要的影响。个体的生活背景及个体业已形成的特征会在一定程度上影响其在集体中的行为及与其他人的交往。班级管理是一种对班级集体的管理，同时也是对班级中的个体的管理。因此，在幼儿园班级管理中，一方面要发挥幼儿的自主性、独立性，充分给予个体活动的自由；另一方面又要求个体努力适应集体的活动和生活，适应规则，努力成为集体的一员。

三、幼儿园班级的特征

幼儿园的工作性质和幼儿身心发展规律决定了幼儿园班级担负着保育和教育双重任务，同时促使幼儿园班级逐渐形成一些独有的特征。

（一）渐进性

与中小学班级不同，幼儿园班级集体并不是瞬间形成的，是幼儿在一日活动中逐步形成并稳定的。幼儿园班级是由不同的人员结构、组织结构及目标任务构成的集合体，各要素在集合体中处于磨合和形成的状态，并且随着幼儿年龄的增长趋向成熟。从幼儿的角度来看，小班幼儿第一次离开家庭进入幼儿园，来到一个陌生的环境，会受到幼儿园常规的约束，需要参与集体教育活动，逐渐与教师和同伴建立社会性联系，逐步适应班级集体生活。幼儿的年龄特点和认知特点决定了这是一个渐进的过程，需要幼儿不断接触、接纳和融合。

（二）互动性

幼儿园的社会性决定了班级的初级社会群体的属性，班级是一个由不同人员构成的群体。幼儿园班级的保教活动过程不仅仅是教师与幼儿之间的互动过程，更是一个复杂的多因素互相作用的过程。幼儿在这一过程中通过与教师、其他幼儿、幼儿园环境以及自身原有的知识经验等各方面互动不断社会化，实现经验的重组和提升。在一定程度上，幼儿园班级活动中互动的质量影响着幼儿班级活动的质量，对幼儿身心健康发展有着重要作用。

（三）规范性

幼儿园班级规范是幼儿掌握社会规范、初步社会化的内容和手段，同时也是促进幼儿园班级良性健康运行的重要保证。与其他教育阶段班级的规范性不同，幼儿园班级的规范性体现在自律性和协调性上，着重强调幼儿的社会化发展，回归到幼儿的教育本体，反映出幼儿园班级的规范并不是指单纯的强制性要求。自律性班级规范体现在幼儿的一日生活中，如对幼儿的盥洗、收拾图书等环节的规范是对幼儿自理能力的培养，入园和离园时的问好和道别是培养幼儿对他人的良好态度及自身的人格品质。协调性班级规范是指对幼儿与幼儿、幼儿与教师、幼儿与集体等之间关系的协调，如爱护幼儿园班级设施、文明礼貌等，培养幼儿对他人、对集体的良好态度和行为，从而建设健康的幼儿园班级环境。

（四）权威性

权威性指的是具有使人信服的力量和威望的人与事。由于幼儿年龄较小且缺乏生活经验，在幼儿园里，幼儿心中的权威就是班级里的教师，甚至出现教师的权威性比父母更高的情况，如幼儿在家发现父母的某种做法与教师的不同，会说：“爸爸（妈妈）你做错了，老师是这么教的。”教师的权威性不仅表现在对班级的教育和管理上，也在一定程度上表现在对班级家长工作的管理上，通过职业的专业素质对家长产生相同的效果。

四、幼儿园班级管理的原则

幼儿园班级是幼儿一日生活的主要场所，各项活动都涉及幼儿园的班级管理，因而班级管理对幼儿身心健康发展具有重要影响。幼儿园班级管理原则是对班级进行管理必须遵循的普遍性行为准则，对班级全面管理具有重要的指导意义。根据《幼儿园教育指导纲要（试行）》的精神要求，结合幼儿园班级管理实践证明，主体性原则、整体性原则、参与性原则、高效性原则是幼儿园班级管理中应遵循的基本原则。

（一）主体性原则

主体性原则是指幼儿园教师作为班级管理的主体，在管理过程中具有自主性、主动性和创造性，同时需要尊重和充分发挥幼儿在游戏与学习生活中的主体性。基于这一基本原则，有效发挥教师的主体性是幼儿园班级管理的需要，是教师自身发展的深层次需要，也是幼儿园管理者提高管理水平的需要。教师要充分考虑幼儿身心发展特点，尊重个体差异，实现“促进每一个幼儿在原有水平上得到充分的发展”，保证幼儿在游戏和学习活动中的主体性。要贯彻这一基本原则，教师在幼儿园班级管理中需要注意以下三个方面。

1. 明确班级管理的职责，更新管理理念

幼儿园工作复杂而具体的工作性质要求教师要明确班级管理的职责，把班级管理工作视作教师工作的重要内容，以幼儿身心发展规律为依据，以幼儿教育的原则与观念为指导，实现班级中人、事、物的互动，创造性地采用新的班级管理理念和方法，更新班级管理理念，进而实现有质量的高效幼儿园班级管理。此外，幼儿是幼儿教育的主体，需要让幼儿参与班级管理，在实践中不断培养幼儿参与班级管理的能力，从而培养幼儿的责任意识，创新班级管理工作。

2. 把握班级管理的工作内容，提高管理能力

幼儿园班级是一个小型社会，包含着教育教学等方方面面的内容，因而一日生活中班级管理的重要性不言而喻。幼儿园的一日生活包括专门的教育教学活动、游戏活动及生活常规活动等。认真做好班级管理工作，建立井然有序、安全的班级工作环境是教师班级管理工作能力的体现。教师需要了解并掌握幼儿园班级管理工作的各方面内容，培养幼儿良好的生活习惯、学习习惯和行为习惯。同时，同一班级教师间应密切配合，在班级常规管理过程中，自主地达到教育管理目标一致、教育管理要求一致，相互配合，在实践中提高自身的班级管理能力。

3. 充分尊重和发挥幼儿游戏与学习生活的主体性

教师与幼儿是教育过程中两个最主要的要素，在幼儿园班级管理中，教师需要尊重幼儿，与幼儿建立良好和谐的人际关系，在管理班级的同时让幼儿学会自主管理。在班级管理过程中，教师应成为幼儿的支持者，要以关怀、接纳、尊重的心态与幼儿交往，耐心倾听和理解幼儿的想法，支持和鼓励他们去大胆创造，让幼儿在不断实践中获得新体验，享受活动的乐趣，在兼顾教师管理工作主体性的基础上逐渐培养和发挥幼儿的主体性。

（二）整体性原则

整体性原则是指班级管理是面向全体幼儿及班级内所有管理要素的管理，其保证了班级全体幼儿的共同进步而不是部分幼儿的超常发展，也保证了班级各种管理要素都得到充分的利用。贯彻整体性原则应注意以下两个方面。

1. 班级管理不仅是对班集体的管理，也是对每个幼儿个体的管理

班级保教人员应树立综合整体的教育观念，把全班幼儿作为一个系统和整体来对待。整体性原则要求在班级保教组织管理工作过程中，教师应面向班级整体水平，在提出班级基本要求的同时又关注个别幼儿的特别需求，以有效的方式加以引导，处理好一般与个别、统一与多样的关系，保证全班每个幼儿都能在原有基础上得到尽可能充分的发展。

2. 班级管理不只是人的管理，还涉及物、时间、空间等要素的管理

幼儿园班级管理是学前教育机构管理的核心工作，是指教师及相关教育工作者遵循国家的学前教育政策法规，按照幼儿身心发展规律和保教工作的工作规律，采用科学的工作方式和管理手段，将人、财、物、时间、空间、信息等各要素合理组织起来，为实现学前教育目标而进行的保教组织管理活动。幼儿园班级管理不仅是对幼儿一日生活活动进行管理，还包括对班级环境、活动材料、活动时间的分配和协调，以及对教育信息和教育资源的整合。通过对班级各要素的整合管理，达到幼儿教育的目标。

（三）参与性原则

参与性原则是指幼儿园教师以多种方式参与幼儿的各项活动，以平等、合作的态度对待幼儿，同时引导幼儿家长参与班级管理工作，理解和支持班级的各项管理工作，共同致力于促进幼儿的健康发展。贯彻参与性原则应注意以下两个方面。

1. 建立有效和谐的师幼互动，从深度上落实参与性原则

幼儿园班级中的师幼互动是指贯穿在幼儿园班级一日生活的各项活动之中，发生在班级生活的所有场景中的教师与幼儿之间的有效互动。在此过程中，教师要克服以教师为中心的教育行为，时刻关注幼儿的需要，理解幼儿行为的意义，与幼儿建立积极有效的互动，而不再是单向管理行为。教师应该在观察和理解幼儿的基础上，有针对性地促进幼儿在原有基础上得到进一步健康发展，从深度上把握幼儿园班级管理的参与性原则，建立和谐的师幼互动。

2. 建立经常性的家园双向沟通关系，从广度上落实参与性原则

幼儿园班级管理工作的有序开展离不开家长的支持和配合，要落实班级管理中的参与性原则，还需要把班级管理者的广度扩大，引导家长参与，进一步有效提升幼儿园班级管理质量，更好地促进幼儿的健康成长。参与性原则要求教师在班级管理过程中，与幼儿家长建立经常性的家园双向沟通关系，家园双方时时互通信息、交流看法，以便全面了解幼儿的发展情况。教师还要积极引导家长以各种方式真正参与到班级管理与活动组织中，鼓励家长参与幼儿园班级的教育和管理决策，同时也要接受家长对幼儿园班级管理工作的监督。

（四）高效性原则

高效性原则是指教师以最少的人力、物力和时间，尽可能使幼儿获得更多、更全面、更好的发展，或是指幼儿园班级内人尽其才、物尽其用、物放有序，最大限度地提高幼儿园班级管

理工作效率，促进幼儿的全面健康发展。贯彻高效性原则需要注意以下两个方面。

1. 教师明确班级管理目标、内容和过程，促进班级管理高效化

在幼儿园班级中，教师要明确各自的工作职责，明确在什么时间段做什么，该怎么做，如何高效化，同时班级中的教师要相互配合，最大限度为班级管理工作高效化采用有效措施。幼儿园教师和相关教育工作者在制订班级管理目标和计划时，需要考虑幼儿园和幼儿的实际情况，制订合理的目标、内容和计划。幼儿园班级管理计划实施过程中，教师要对管理工作的意外事物有预知意识，要规范化管理过程，同时需要根据实际情况进行更新和调整。此外，高效化的幼儿园班级管理离不开有效的管理方法，如规则引导法、情感沟通法、互动指导法、榜样激励法等。通过创设适宜的教育环境、组织生动有趣的教育活动来实现工作计划，促进幼儿的身心健康发展。

2. 最大限度地调动家长参与班级管理的热情，提高家长的教育能力

幼儿的家庭是幼儿园重要的合作伙伴，家长是幼儿园班级管理的参与者和合作者，能为幼儿园班级提供社会的人力、财物、物力及信息等资源。在幼儿园班级管理中，幼儿园教师应为幼儿家长提供参与班级管理和组织、实施班级活动的机会，引导家长参与班级管理决策，同时也要接受家长的监督和发展建议。在调动家长参与班级管理的热情的基础上，采用各种不同的方式提高家长的教育能力，通过幼儿园与家庭的通力合作为幼儿保驾护航。

第二节　幼儿园班级一日活动的内容及安排

一、幼儿园班级一日活动的内容

幼儿园班级一日活动是指幼儿从来园到离园的整个过程，包括来园、体育锻炼、盥洗、进餐、如厕、睡眠、学习、游戏、离园等各项活动。

（一）生活活动

生活活动是满足幼儿生命基本需要的活动，在生活活动中培养幼儿生活自理、与人交往、自我保护等能力和规则意识，养成健康的生活习惯。

生活活动主要包括来园、饮水、如厕、盥洗、进餐、散步、睡觉、离园等。

（二）运动活动

运动活动（体育活动）是指在幼儿园一日活动中，采用早操、器械运动、自然因素锻炼等形式，培养幼儿对运动活动的兴趣，增强幼儿运动能力和适应环境的能力，提高幼儿身体素质的日常活动。

运动活动主要包括早操、户外体育活动、体育课、“三浴”锻炼等。

（三）游戏活动

游戏活动是指在幼儿园一日活动中，幼儿自发、自主、自由的实践活动，它能满足幼儿身心发展的需要，能发展幼儿的想象力、创造力和交往合作能力，促进幼儿情感、个性健康地发

展。游戏活动可分为创造性游戏（角色游戏、结构游戏、表演游戏）和有规则游戏（体育游戏、智力游戏、音乐游戏）等。

（四）学习活动

学习活动是指教师有目的、有计划地发起的，采用集体活动形式组织的师幼互动活动，或在教师引导下的同伴互动活动，旨在促进幼儿与同伴的分享和交流，有效地提升幼儿经验，强化学习体验，引导幼儿主动探索，促进每个幼儿在不同水平上得到发展。

学习活动主要包括集体教学活动，小组活动，教师指导下的区域活动、种植活动、社区活动等。

（五）自由活动

自由活动是指在幼儿的一日活动中安排一定的个人自由活动时间，创设自由活动的条件，满足幼儿的各种需要，给予他们游戏的自由、活动的自由、交往的自由，让他们能按自己的兴趣、爱好选择活动，丰富自己的经验，促进其个性自由发展。

二、幼儿园班级一日活动的安排

班级一日常规涵盖了幼儿从来园到离园的整个过程，涉及幼儿园一日生活的各个环节，良好的生活秩序、运动秩序、教育教学秩序和游戏秩序无不需要以常规来做保障。现以某幼儿园的常规管理为实践蓝本，对生活、运动、学习、游戏四类活动的常规要求和实施要点予以介绍。

（一）生活活动的基本要求与实施要点

1. 基本要求

（1）根据幼儿生理和心理发展的需要，建立科学的一日生活常规，既有利于形成集体生活秩序，又能满足幼儿个体的合理需要，但并不强求整齐划一。

（2）引导、支持和鼓励幼儿参与生活规则的建立，满足幼儿受保护和独立的需要，避免过度保护和包办代替。

（3）组织和指导幼儿的生活活动时，要进行充分的预设和准备，减少不必要的等待现象，避免隐性和显性的时间浪费。

（4）了解幼儿的生活习惯，关注他们的特殊需要，确保幼儿生活活动健康安全，有处理突发事件的应对措施。

（5）建立必要的规则，并让幼儿了解原因，提醒幼儿遵守规则。

2. 实施要点

不同的幼儿园，班级生活活动常规管理的实施要点也不尽相同，但基本要求大体上还是比较一致的。具体有以下几点。

（1）在教师提醒下，能做到饭前便后洗手。

（2）在教师帮助下，能穿脱衣服和鞋袜。

（3）能将玩具和图书放回原处。

（4）能按类别整理好自己的物品。

（5）在盛饭时，第一碗少盛一些。幼儿可根据自己饭量，随时要求添加饭菜。

（6）对于挑食、偏食的幼儿，应认真地询问缘由，耐心地解释，然后通过游戏、家园合作或者其他方法帮助幼儿改正这一不良习惯。

（二）运动活动的基本要求与实施要点

1. 基本要求

（1）以本班幼儿的运动兴趣、态度、动作能力、运动卫生常识、运动心理品质为目标，设计和组织运动活动。

（2）让幼儿通过自主探究、合作等学习方式练习、体验，发展运动能力。

（3）幼儿每天户外活动时间不少于 2 小时，其中体育活动不少于 1 小时，且分段进行。

（4）掌握运动时间、强度和密度，循序渐进，确保幼儿安全。

（5）根据本园的场地、器械等条件，充分利用日光、空气、水、地理环境等自然因素进行锻炼，保证自制足够的运动活动材料，开展丰富多样的体育活动。

2. 实施要点

（1）早操律动（幼儿方面）：①做好操前服饰准备，检查自己的衣服、鞋子是否穿好。②认真、有精神、动作到位、协调有力、遵守规则，会听信号、口令。

（2）早操律动（教师方面）：①提醒或指导幼儿做好操前准备。②精神饱满地组织早操活动，口令规范、示范正确，面向全体幼儿。

（3）早操律动（保育员方面）：①熟悉本班早操活动内容。②检查场地、器械安全，早操后整理活动器械。③着装规范，配合教师，做好三看、三提示。

（三）学习活动的基本要求与实施要点

1. 基本要求

（1）根据教育目的及幼儿的实际水平和兴趣，以循序渐进为原则，均衡安排各领域的学习内容。

（2）充分利用周围环境的有利条件，提供充足的动手操作材料，保证幼儿有充分活动的机会。

（3）遵循幼儿的学习特点，注重活动过程，重视实践，采用合作、交流、探究等方式引导幼儿多感官地参与活动。

（4）灵活运用集体、小组、个别化等活动组织形式，为幼儿提供交流和表现的机会与条件。

（5）学习活动次数适量，每次活动时间小班 15~20 分钟，中班 20~25 分钟，大班 25~30 分钟。

（6）关注幼儿学习兴趣、方法及习惯的养成。

2. 实施要点

（1）集体教学实施要点（幼儿方面）：

①在教师或家长的指导下收集有关信息，准备活动材料。

②动用各种感官参与学习活动。

③乐于交流、分享自己的经验和想法。

④能正确使用和整理活动材料或用具。

⑤有良好的倾听、发言习惯，用眼、握笔、坐立姿势正确。

（2）集体教学实施要点（教师方面）：

①根据本班幼儿发展需要和已有经验，选择适宜的活动内容，制订切实可行的活动计划。

②根据不同的目标，组织正式的集体或分组教学活动。

③活动内容的选择紧扣目标，并贴近幼儿的生活经验，尽量采用有助于幼儿积累直接经验的方式，可利用教具、学具。

④设计活动时，预设幼儿可能产生的反应，准备相应的回应措施。

⑤活动前准备必需的教具及每个幼儿活动需要的操作材料，并与保育员共同做好分发材料准备，讲明配合事项。

⑥与群体幼儿一起活动时，视线关注全体幼儿，接收来自幼儿的反馈，尽可能给每个幼儿表达的机会，并注意倾听幼儿的表述。

⑦关注活动中个别幼儿，有针对性地启发、引导、帮助，满足幼儿的不同需要，活动中注重培养幼儿的良好学习习惯。

⑧注重活动实效，活动后教师收集幼儿的活动作品，记录幼儿的典型表现，分析幼儿的发展状况。

（3）集体教学实施要点（保育员方面）：

①活动前主动向教师了解需要配合的事项，协助教师做好活动前准备，摆放活动所需材料，安排场地等。

②协助教师指导和帮助个别幼儿参与活动，指导过程中走动位置恰当、声音轻柔，不影响幼儿活动。

③处理活动中的偶发事件时，方法适宜。

④指导幼儿做好活动结束后的收拾、整理工作。

（四）游戏活动的基本要求与实施要点

1. 基本要求

（1）根据幼儿的年龄特点、实际经验和兴趣，选择幼儿游戏的内容，保证游戏的时间和空间。

（2）因地制宜、就地取材，创设良好的游戏环境，提供安全、卫生、可变、具有多种教育价值的游戏材料，保证幼儿自主游戏的条件。

（3）平衡一周内的各类型游戏安排。

（4）加强游戏过程中的观察，做到观察在前、指导在后，指导方式恰当。

2. 实施要点

（1）角色游戏（幼儿方面）：

①参与游戏材料的收集与准备。

②能自主选择游戏内容、材料、同伴、角色、场地等进行游戏，参与制订并遵守游戏规则。

③与同伴友好玩耍，愿意与同伴分享游戏材料和经验。

（2）角色游戏（教师方面）：

①制订要点明确的游戏活动计划。

②保证每日幼儿游戏活动总时间不少于 1 小时。

③平衡安排各类游戏。

④根据游戏活动的要求和幼儿游戏活动的需要，家园合作收集自然物、废旧材料、半成品等作为游戏活动的材料，但须确保游戏材料的安全卫生。

⑤游戏材料投放数量充足、种类丰富并及时添置和更换。

⑥允许幼儿根据自己的兴趣选择游戏材料，与幼儿共同建立必要的游戏规则，并提醒幼儿遵守。

⑦对处于不同游戏区的每个幼儿予以关注，有目的地观察幼儿游戏情况，如对材料的偏爱和使用方式、产生的疑惑、游戏区的划分等，进行必要的记录、调整。

(3)角色游戏(保育员方面)：

①游戏活动前与教师进行沟通，了解活动目的和要求，根据教师要求做好游戏前的材料、场地等准备。

②配合教师对幼儿进行指导，处理游戏过程中出现的问题，保证幼儿的安全。

③游戏结束时配合教师做好收尾工作，帮助或带领幼儿收拾、整理游戏活动材料。

第三节 幼儿园各年龄班的班级管理

一、小班幼儿的年龄特点和管理策略

小班幼儿一般是指3周岁到4周岁的幼儿。婴儿出生后，在一定的社会生活和教育条件下，经过几年的时间，已经能够行走自如、广泛操纵物体、进行初步的言语交际，并且能从事一些最初步的游戏活动。这为幼儿进入小班奠定了身心发展的基础。那么，小班幼儿有哪些发展特点呢?

(一)小班幼儿的生理发展特点

1. 中枢神经系统的发展

婴儿出生时，脑重仅400 g左右，2岁末达到900 g，3岁时增长到1 000 g。2岁后的幼儿脑神经纤维开始出现分支，随着年龄的增长，神经纤维的分支继续增多、加长，为形成复杂、众多的神经联系提供了物质基础。婴儿出生时，大脑皮质的结构已基本成熟，但一些更为重要的皮质区到3岁左右才开始发展。幼儿脑结构的成熟使脑的机能也发展起来，皮质兴奋和抑制过程均有所加强，条件反射也容易建立且比较巩固。3岁后幼儿大脑机能的发展使得大脑的兴奋过程得以加强，表现为幼儿睡眠时间的减少。学习与条件反射的建立速度及牢固程度有直接关系，3岁后幼儿学习儿歌只要唱几遍就记住了，且不易遗忘。

2. 身体动作的发展

幼儿在3岁这个年龄阶段身体发育非常快，身高每年可增长8 cm~10 cm，体重每年约增加2.5 kg~3 kg，其动作发展也非常迅速。就全身运动的发展而言，3~4岁的幼儿已掌握行走、跑、闪避、扔、停、拐弯、减速等动作，而且已能短暂地单足站立。同时，会骑儿童三轮车，会投球，会扣解纽扣，会自己倒水，并能用积木搭桥，或叠起9~10块方形积木，还能自己吃饭，较平

稳地使用调羹。这个阶段，幼儿的绘画处于前描述性绘画阶段，儿童开始对人、物和事件感兴趣，但他们的兴趣远远超出了他们的实际能力。

（二）小班幼儿入园管理

随着幼儿身心不断的发展和成熟，他们需要一个更广阔、更丰富、更多彩的空间去感知、去学习。幼儿园的教育和生活能促进幼儿身体正常的发育及机能的协调发展，培养幼儿有益的兴趣，使幼儿养成良好的生活习惯和学习习惯，帮助幼儿奠定良好的终身发展基础。所有这些，都向家长发出一个讯息："宝宝需要上幼儿园了。"幼儿从家庭迈入幼儿园，环境有了巨大的改变，这一时期被称为"心理断乳期"。在小班幼儿初入园时，幼儿会不适应幼儿园的生活，有的幼儿甚至会产生分离焦虑，我们经常会发现幼儿初入园时有以下几种现象：①不愿入园，依恋亲人，情绪不稳，哭泣不止；②任性专横，强占霸道；③行为散漫，生活不习惯，不愿参加活动。幼儿入园是幼儿集体生活的开端，是幼儿参加学前教育的起点，也是幼儿生活上的转折点，幼儿产生不适应是正常的。为了让幼儿尽快适应幼儿园的集体生活，教师与家长应该团结一致、积极配合、共同努力，做好幼儿的入园引导工作。幼儿园班级教师应做好以下几个方面的工作。

1. 入园前进行家访

在幼儿正式入园以前，班级教师对幼儿进行家访是很重要的一个环节，这样教师可以先了解幼儿的家庭环境，了解幼儿。同时还要向家长说明，教育孩子时不能用"再不乖就送你上幼儿园""不听话就把你关到幼儿园的黑屋里去"之类的话吓唬幼儿，造成幼儿对幼儿园的恐惧和紧张。

2. 召开家长会

家长把幼儿送到幼儿园这个新的环境后，也会有心理上的不适应。教师应该召开家长会，让家长了解幼儿园，并对家长提出有关教养子女方面的具体要求，如培养孩子初步的生活自理能力及良好的习惯，给孩子安排与幼儿园相应的作息时间，给幼儿讲有关幼儿园的环境及有趣的事情等，以引起幼儿对入园的向往。这样，不仅缩短了家庭与幼儿园之间的生活、卫生习惯方面的距离，而且使幼儿对幼儿园有了一定的间接经验，激发幼儿入园的愿望。

3. 参观幼儿园

教师可以请家长带领幼儿入园参观、玩耍，观察幼儿园的环境及一日生活，特别注意观察幼儿如何自己吃饭、如厕、盥洗、午睡、游戏等。幼儿接触了幼儿园这个新环境，有了一定的感性经验，而且和蔼可亲的教师、优美的环境、丰富有趣的活动会深深打动他们幼小的心灵，从而使他们产生对幼儿园及教师的向往之情。

4. 合理安排好幼儿入园之初的活动

在幼儿真正进入幼儿园之后，帮助幼儿尽快适应幼儿园生活，使幼儿真正感受到幼儿园生活的快乐，真正喜欢幼儿园，是班级教师做好新生入园引导工作的重点。工作中要注意以下两点：

（1）教师要通过观察和交往，努力与新来的幼儿建立关系。教师要用亲切的态度、温和的语言来打动幼儿的心，引起幼儿愉快的情绪反应，尽快使幼儿把对家长的依恋转移到自己身上来。教师要帮助和指导自理能力比较弱的幼儿，使幼儿心理上感到安全，从而减轻他们刚入园的分离焦虑。

（2）要根据幼儿身心发展的特点组织有趣的活动来吸引幼儿，分散幼儿“想妈妈、想家”的注意力。如用有趣的游戏活动、图书、新颖的玩具来吸引幼儿，善于用哭闹轻的孩子来带动哭闹严重的孩子参与到游戏活动中来。幼儿新入园的前半个月，是幼儿分离焦虑表现最明显的时段，如何有针对性地做好新生的情绪稳定工作，是小班开学第一个月的工作重点，建议教师制订专项计划开展幼儿情绪稳定工作。

二、中班幼儿的年龄特点和管理策略

幼儿园中班是幼儿 3 年学前教育中承上启下的阶段，也是幼儿身心发展的重要时期。幼儿进入中班后，标志着他们进入了一个新的成长阶段。每一个幼教工作者应认真分析、把握中班幼儿的发展特点、班集体特征及常规管理的特点，采取切实有效的措施和手段，以收到事半功倍的效果。

（一）中班幼儿的身体发展特点

1. 机体组织的发育

幼儿进入中班以后，生长速度明显减慢，进入一个相对平稳的增长阶段。幼儿 4 岁时身高约为初生时的两倍，中班一年中约增长 5 cm；体重约为初生时的 5 倍，中班一年中将增加 2 kg 左右。中班时期的幼儿骨骼肌肉系统还处在不停的发育过程中，骨骼富有弹性，可塑性大，肌肉的力量和耐力较差，易疲劳。心脏发育迅速，5 岁时幼儿心脏的重量约为初生时的 5 倍。大脑仍继续发育，大脑皮层的功能日趋完善，皮下中枢神经对行为控制的能力逐渐增强，大脑神经纤维的髓鞘化也在逐步完成的过程中。总之，中班时期的幼儿大多数器官和系统的活动能力都处在生长发育的阶段，但各方面都显得柔弱、幼嫩。

2. 运动机能的发展

4 岁幼儿在运动的速度、灵活性和把握性方面已有了一定的发展。精细动作也进入了发展最快的时期，动作的协调性增加，多余动作减少，主要表现在他们可以比较灵活地从事各项活动。例如，会自己系鞋带，会使用筷子进餐，会用剪刀沿着直线剪纸，会自如地控制绘画动作，用彩笔涂出物体形象，还能把一张纸斜对折成两个三角形，等等。这些都为运动的节奏、速度和顺序性的相互协调奠定了基础。此外，运动机能的发展还表现在大肌肉动作的发展上，如中班幼儿能自由摆动双臂，上体正直、自然地行走；能上下肢协调，轻松地跑；能摆脱成人的帮助自己做出多种形式的跳；能熟练地表演滚翻；能脚跟对脚尖地向前走或退着走；能在平地上拍皮球；等等。这些都为机体动作的进一步发展打下了良好的基础。

（二）中班班级常规管理方法与指导

中班的幼儿既摆脱了小班时期的稚嫩和依赖，又不具备大班时期的成熟和独立。因此，经常会听到教师反映“中班是比较难管理的阶段”。抓好中班时期的班级常规管理会为幼儿下一阶段良好习惯的养成打好基础。

1. 确定一日生活常规培养的内容

一日常规工作是幼儿园课程构建与实施的基本表现形式，是教师教育观念与教育能力的具体表现，是幼儿园全面发展的常态表现。教师要在《纲要》精神的指导下，以幼儿为主体，重视幼儿的能力发展。教师的语言及行为指导是新教育观念的体现，要根据中班幼儿的生理、心理特点和常规教育的规律，参考《小班一日生活活动实施细则》，从来园活动、盥洗、餐食、午睡、离园等几个环节来制订中班生活常规管理的内容。

2. 生活常规培养小策略

（1）环境陶冶法。4~5 岁的幼儿思维正处于具体形象性阶段，通过环境的暗示，可以提醒、指引幼儿进行合适的行为，如在各区域地板上贴上小脚印，引导幼儿站好位置；在角色区内挂适量的工作牌；将座位安排成一个圆圈，让幼儿可以看到彼此及展示的物品，同时可以起到鼓励幼儿参与的作用；将幼儿制定的活动规则用图的形式粘贴在相应的位置；等等。

（2）榜样示范法。榜样示范法是运用正面的榜样为幼儿正确的道德规范和行为的形成提供范例。它是寓浅显的道理于榜样事件之中，为幼儿提供正确的范型，引导幼儿模仿。通俗地讲，就是改变以往单一说教的形式，以及“不准这样”“不准那样”的戒律，采用有趣的教育方法，让幼儿在看看、做做中主动、自觉地学习。

（3）游戏法。幼儿喜欢在有趣的活动中接受教育，而游戏则是对幼儿进行常规教育的良好手段。

（4）音乐法。如何能让幼儿快速整理又快速地安静呢？可以尝试让幼儿边听音乐边完成各项常规训练。

三、大班幼儿的年龄特点和管理策略

大班的幼儿经过幼儿园两年的生活，在生理、心理等方面进入了一个飞跃阶段。幼儿在幼儿园的最后一年，是由学前教育过渡到小学教育的承上启下的时期。为了让幼儿顺利地踏入小学的大门，应如何做好大班的班级管理呢？

（一）大班幼儿的发展特点

1. 生理发展的特点

（1）大班幼儿各项发育的正常值。大班幼儿已进入学龄前期，身体发育进度较婴幼儿时期减慢，发展平稳。身高一年约增长 4 cm~7 cm，体重一年约增加 2 kg。

大班幼儿骨骼的骨化过程较强，富于弹性，可塑性大，受压易弯曲变形或骨折。此阶段进行书写练习时，特别要注意正确书写姿势的指导和纠正。大班是幼儿脑发育的第一个明显的加速期，脑重 1 250 g~1 300 g，基本接近成人脑重的最低水平（1 400 g）。这时脑的结构也已相对成熟，表现在神经系统容量增大，纤维的分支增多、伸长，大脑联络神经纤维的髓化基本完成，大脑皮层的各区也接近成人水平。所以大班年龄阶段的幼儿易兴奋，行为控制能力增强，睡眠时间也相对减少。

大班也是幼儿换牙的关键期。随着乳牙钙化程度降低，幼儿的牙齿越来越易受损伤。因此要注意营养，养成良好的口腔卫生习惯。同时可以用一些教育活动引导幼儿在换牙过程中不要害怕，注意口腔卫生，不用舌头舔刚长的新牙，不咬坚硬食物，保护好自己的牙齿。

（2）大班幼儿的动作发展。5 岁幼儿的走路速度基本与成人相同，平衡能力明显增强，可以用比较复杂的运动技巧进行活动，并且还能伴随音乐进行律动与舞蹈。手指小肌肉快速发展，已能自如地控制手腕，运用手指活动。例如，灵活地使用剪刀，用橡皮泥等材料捏出各种造型等，还能正确地使用画笔、铅笔进行简单的美工活动。

2．心理发展的特点

（1）社会性情感。5~6 岁幼儿的情感虽然仍会因外界事物的影响而发生变化，但他们情感的稳定性开始增强，大多数幼儿在班上有了相对稳定的好朋友。幼儿开始能够有意识地控制自己情感的外部表现，例如，摔痛了能忍着不哭。此时，由社会需要而产生的情感也开始发展，例如，当自己的表现或作品被忽视时会感到不安，而当让他们照顾比自己小的幼儿时会表现得很尽职。在相互交往中，该年龄段的幼儿开始有了合作意识。他们会选择自己喜欢的玩伴，也能与三五个小朋友一起开展合作性游戏。他们逐渐明白公平的原则和需要服从集体约定的意见，也能向其他伙伴介绍、解释游戏规则。例如，在小舞台表演游戏中，几个小朋友能一起分配角色、道具，能以语言、动作等方式进行表现，并有一定的合作水平。

（2）语言发展。大班的幼儿词汇量达到了 3 000~4 000 个，能用清楚的、连贯的语言表达自己的想法，会使用一些复合句，和人交谈时，能用较恰当的词，能完整地复述较长的故事，并能看图编故事或围绕一个主题编故事等。

（3）抽象思维能力萌芽。大班幼儿的思维仍然是具体的，但是明显出现了抽象思维的萌发。例如，给幼儿一些各种形状、颜色、大小的图形卡片，他们能从多个角度进行分类，除能按大小分类外，还会按照颜色进行分类，按照形状进行分类等。他们已能掌握“左右”这样的抽象概念。

（二）大班班级常规管理方法与指导

1．了解生活常规培养内容，注重科学指导方法

良好的生活习惯会使孩子受益一生。作为大班的孩子，通过在园两年的生活，已非常熟悉各种生活常规，相比小、中班的孩子，对他们生活常规上的要求也会相对提高。在习惯培养中，教师的语言、行为引导很关键，既要让孩子养成自主动手的意识，也要指导孩子养成正确的生活习惯。可参考《小班一日生活活动实施细则》，从来园活动、盥洗、餐食、午睡、离园等几个环节来制订大班生活常规管理的内容。

2．既要善于管，也要敢于放

《纲要》中明确指出“以人为本”的教育观念，对于班级常规管理既要善于管，也要敢于放。所谓放，就是不能管得太死，要放手让孩子学会自己管理自己，才能从根本上抓好班级常规。大班幼儿已开始从“主观自我”向“社会自我”转化，幼儿从对自己的关注、认识逐步发展到对他人、对自己社会角色和所属集体的认知。大班班级的常规管理需要注意以下几点。

（1）引导幼儿成为规则的制定者。教师一味提醒并不能从主观上让幼儿养成自主遵守规则的意识，对于大班的幼儿而言，只有让他们参与到规则的制定中来，才能帮助他们养成自觉遵守规则的意识和习惯。

（2）让幼儿提前了解一日活动安排。大班的幼儿已具有一定的理解能力，通过在园两年的生活，对一日生活情况已非常熟悉。

(3)利用值日生工作，培养幼儿良好的规则意识。值日生工作对于大班幼儿来说是非常熟悉又有必要的。大班幼儿面临上小学，而小学的值日生工作是每日的常规工作。

第四节　幼小衔接存在的问题

幼小衔接对于儿童发展的重大影响已经受到了家长、教师及社会相关人士的普遍重视，幼儿园、小学、家庭及一些相关社会培训机构，都开展了多种形式的幼小衔接。但是，由于对幼小衔接的认识存在一定的片面性，目前我国幼小衔接的开展面临一些问题。

一、幼小衔接“小学化”

幼小衔接“小学化”是指为了减缓幼儿园教育和小学教育之间的坡度，幼儿园增加小学课程内容，提前教授小学知识，按照小学的作息制度、教学形式、学习环境等开展学前教育教学活动。“小学化”的幼小衔接教育是超前教育，其本质是反衔接的。

（一）将幼小衔接等同于小学知识的提前教育

1. 幼小衔接内容以小学知识为主

我国幼儿园教育的内容划分为健康、语言、社会、科学、艺术五个领域，各领域相互渗透，从不同角度促进幼儿情感、态度、能力、技能等方面的发展。但在实践中，有的幼儿园违背《幼儿园教育指导纲要（试行）》的精神，把幼小衔接等同于对小学知识的衔接，特别是对小学的数学、语文等知识的教学，从而忽视学习兴趣、学习能力、学习习惯的衔接和生活经验的积累。

2. 简单移植小学教育形式

有的幼儿园以简单移植小学课堂教学的形式开展幼小衔接。要求学前儿童像小学生那样听课、写作业。幼儿园教师组织活动以灌输知识为主，并要求学前儿童在课后完成相应作业。作业的形式通常要求一个字母或一个字抄写10遍甚至更多，作业内容还涉及计算、英语、常识等，且作业量较大。幼儿园以学知识为主，套用小学教育的形式，增加了学前儿童的学习负担，不仅会危害学前儿童的身心健康，还会导致他们对学习反感乃至厌恶，加剧学前儿童身心发展与教育之间的冲突，不利于学前儿童身心健康成长和良好学习品质的养成，对学前儿童发展的非智力因素极为不利。

（二）以小学生的标准要求学前儿童

1. 幼儿园以小学生的标准规范学前儿童的行为

为了让学前儿童适应小学教育，在幼儿园以小学生的标准规范学前儿童的行为。许多幼儿园将小学对学生的行为规范搬到幼儿园来。例如，对老师要绝对服从，要听话，不许顶嘴，不许辩解；上课要专心听讲，不许开小差、做小动作、说话，坐姿要端正，精神要集中，回答问题要举手；课间要安静地休息或做游戏；等等。

2. 以评价小学生的方式评价学前儿童

幼儿园教育评价应注重过程性评价。但在开展幼小衔接的过程中，有的幼儿园对学前儿童的评价强调结果性评价，即以学前儿童认识了多少字、会做多少算术题等知识要求为评价的主要依据，忽视过程性评价，忽视评价的个体化与纵向性，缺少对学前儿童在学习活动过程中各种表现的关注。有的幼儿园评价方式单一，以学前儿童是否像小学生一样以学为主、刻苦学习为评价的重点，不注重对学前儿童综合素质的评价。总之，幼小衔接变成幼儿园教育小学化，不仅不能解决幼小衔接问题，反而将严重危害学前儿童的身心健康，扼杀学前儿童的天性，与社会要求背道而驰，不符合社会发展的需要，对学前儿童今后的发展带来极大的负面影响。

二、幼小衔接中的师资力量薄弱

（一）教师缺乏切实可靠的幼小衔接方案

对于幼小衔接，大部分教师树立了一种正确的观念，即从单纯知识的准备到生活习惯、学习习惯、学习能力、自理能力、规则意识、任务意识、身体素质等方面的全面综合的准备。但是，认识方面的提高并不等于教育行为有了转变，因为缺乏切实可靠的幼小衔接方案，教师在教育行为上，仍然以形式上的衔接——知识的学习、纪律的强调为主。

（二）幼儿园教师、小学教师专业素养割裂

我国幼儿园教师与小学教师的培养途径是彼此独立的，幼儿师范院校是幼儿园教师的主要培养基地，小学教师主要由普通师范院校培养，两类院校的专业课程设置基本无共同性。因此，大多数幼儿园缺少既熟悉学前教育特点又了解小学教育规律的教师，而小学教师也基本不了解学前教育的基本规律、特点。幼儿园教师与小学教师对彼此的教学大纲、教学活动、工作方法等不了解。

三、幼儿园单方面开展幼小衔接

（一）小学幼小衔接工作比较滞后

在幼小衔接中，幼儿园积极地开展学前儿童的入学准备工作，主动向小学靠拢，在教育要求、教育内容、教育方法等方面尽量接近小学。但一些小学却很少考虑初入学儿童的特点，不能主动与幼儿园对接，因此形成了衔接上的单边化、一边倒。在小学初期，一些小学很少调整教学内容和方法，忽视低龄儿童的心理特点，按照小学的一般规律组织教育教学活动。由于小学对于协调工作的忽视，一些新入学的儿童有着或多或少的学习压力、交往压力，甚至难以适应小学的学习节奏和方式，进而出现抗拒心理。

（二）家长较少参与幼小衔接

家庭是儿童成长的重要环境，它无时无刻不在发挥着教育功能，并且它具有广泛性、持久性等特点，特别是家长与学前儿童之间具有不可替代的由血缘、情感等构成的亲子关系，决定着家长在学前儿童的教育工作中起着重要的作用，尤其是幼小衔接工作。但一些家长认为教育就是学校的事，对家长在教育中所发挥的作用，尤其是在幼小衔接中的作用没有足够的认识，使幼小衔接工作成为家庭教育的盲区，变成幼儿园单方面的事情。

四、幼儿园开展幼小衔接的策略

学前儿童进入小学前必须达到一定的身心发展水平，才能适应小学的学习和生活，而学前

儿童的身心发展水平在很大程度上取决于幼儿园的保教质量。因此，幼儿园必须依据幼儿园教育原则开展保教工作，通过各种保教手段提高学前儿童各方面的素质，增强其环境适应能力。

幼小衔接从幼儿园入学开始就已经展开，幼儿园根据《幼儿园工作规程》和《幼儿园教育指导纲要（试行）》的要求，保教结合，促进学前儿童身心和谐发展，持续地为学前儿童进入小学打下坚实的身心条件基础。主要有以下工作：

（1）细致地做好保育工作。在幼儿园阶段要保证学前儿童充足的营养和休息，防治疾病，注意安全，使学前儿童身心健康。

（2）重视体育活动，积极锻炼体格，增强体质；坚持生活的规律性，健全神经系统的正常发展，关心学前儿童的情感和自制调节能力；保护和训练学前儿童的感官，特别是视力、听觉器官，充分锻炼学前儿童小肌肉的动作能力；培养学前儿童的独立生活能力，如能独立进餐、如厕、游戏、劳动、整理学习用品，完成力所能及的任务等。

（3）发展学前儿童的智力。有意注意是学前儿童进入小学后顺利学习的基本条件，幼儿园应培养学前儿童在一定程度上控制自己，使精神集中，并随年龄的增长，适当延长有意注意的时间；发展学前儿童的思维和语言能力，使其对常见的事物能进行初步的分析、归类、比较，形成简单的概念，在集体中能大胆讲话，发音正确，口齿清楚，语句完整连贯，清楚地表达自己的思想见解；培养学前儿童动手操作的能力，在教师指导下，学会使用简单的工具、文具等。

（4）重视学前儿童非智力因素的培养。培养儿童学习的兴趣和求知欲。幼儿园不仅要用生动形象的内容来吸引学前儿童学习，更重要的是激发学前儿童的学习兴趣，使其有学习新知识的要求和愿望，从学习中获得满足和愉快，产生学习的主动性、积极性，得到可持续发展。

拓展阅读

教育部关于大力推进幼儿园与小学科学衔接的指导意见（节选）

主要举措：

（一）幼儿园做好入学准备教育。幼儿园要贯彻落实《3—6岁儿童学习与发展指南》和《幼儿园教育指导纲要（试行）》，促进幼儿身心全面和谐发展，为入学做好基本素质准备，为终身发展奠定良好基础。要进一步引导教师树立科学衔接的理念，大班下学期要有针对性地帮助幼儿做好生活、社会和学习等多方面的准备，建立对小学生活的积极期待和向往。要防止和纠正把小学的环境、教育内容和教育方式简单搬到幼儿园的错误做法。

（二）小学实施入学适应教育。小学要强化衔接意识，将入学适应教育作为深化义务教育课程教学改革的重要任务，纳入一年级教育教学计划，教育教学方式与幼儿园教育相衔接。国家修订义务教育课程标准，调整一年级课程安排，合理安排内容梯度，减缓教学进度。小学将一年级上学期设置为入学适应期，重点实施入学适应教育，地方课程、学校课程和综合实践活动主要用于组织开展入学适应活动，确保课时安排。改革一年级教育教学方式，国家课程主要采取游戏化、生活化、综合化等方式实施，强化儿童的探究性、体验式学习。要切实改变忽视儿童身心特点和接受能力的现象，坚决纠正超标教学、盲目追赶进度的错误做法。

（三）建立联合教研制度。各级教研部门要把幼小衔接作为教研工作的重要内容，纳入年度教研计划，推动建立幼小学段互通、内容融合的联合教研制度。教研人员要深入幼儿园和小学，根据实践需要确定研究专题，指导区域教研和园（校）本教研活动，总结推广好做法好经验。鼓励学区内小学和幼儿园建立学习共同体，加强教师在儿童发展、课程、教学、管理等方面的研究交流，及时解决入学准备和入学适应实践中的突出问题。

（四）完善家园校共育机制。幼儿园和小学要把家长作为重要的合作伙伴，建立有效的家园校协同沟通机制，引导家长与幼儿园和小学积极配合，共同做好衔接工作。要及时了解家长在入学准备和入学适应方面的困惑问题及意见建议，积极宣传国家和地方的有关政策要求，宣传展示幼小双向衔接的科学理念和做法，帮助家长认识过度强化知识准备、提前学习小学课程内容的危害，缓解家长的压力和焦虑，营造良好的家庭教育氛围，积极配合幼儿园和小学做好衔接。

（五）加大综合治理力度。各级教育部门要会同有关部门持续加大对校外培训机构、小学、幼儿园违反教育规律行为的治理力度，开展专项治理。落实国家有关规定，校外培训机构不得对学前儿童违规进行培训。小学严格执行免试就近入学，严禁以各类考试、竞赛、培训成绩或证书等作为招生依据，坚持按课程标准零起点教学。幼儿园满足需要的地方，小学不得举办学前班。幼儿园不得提前教授小学课程内容，不得布置读写算家庭作业，不得设学前班，幼儿园出现大班幼儿流失的情况，应及时了解原因和去向，并向当地教育部门报告。教育部门应根据有关线索，对接收学前儿童违规开展培训的校外培训机构进行严肃查处并列入黑名单，将黑名单信息纳入全国信用信息共享平台，按有关规定实施联合惩戒。对办学行为严重违规的幼儿园和小学，追究校长、园长和有关教师的责任。

（摘自中华人民共和国教育部官方网站）

想一想：幼儿园教师应如何做好幼小衔接工作？

本章小结

1. 幼儿园班级管理是指幼儿园班级保教人员在一定思想指导下，通过计划、组织、领导、控制等职能活动，充分利用相关的人、财、物等资源，运用适当的管理方法，从而优质高效地实现保育和教育目标及班级发展目标，促进幼儿全面健康发展的幼儿园管理活动。

2. 幼儿园班级逐渐形成一些独有的特征：渐进性、互动性、规范性、权威性。

3. 幼儿园班级一日活动是指幼儿从来园到离园的整个过程，包括来园、体育锻炼、盥洗、进餐、如厕、睡眠、学习、游戏、离园等各项活动。

4. 掌握幼儿园小、中、大班幼儿的年龄特点和管理策略。

5. 了解幼小衔接存在的问题和对应的策略。

思考与练习

一、单项选择题

1.（ ）是学校中为了实现教育目标而设置的基本单位和组织形式。

A. 幼儿园 B. 班级 C. 集体 D. 个人

2.（ ）是满足幼儿生命基本需要的活动，在生活活动中培养幼儿生活自理、与人交往、自我保护等能力和规则意识，养成健康的生活习惯。

A. 生活活动　　B. 班级活动　　C. 集体活动　　D. 户外活动

3. 班级管理的(　　)是指教师以最少的人力、物力和时间，尽可能使幼儿获得更多、更全面、更好的发展。

A. 主体性　　B. 参与性　　C. 整体性　　D. 高效性

二、多项选择题

1. 幼儿园班级的基本要素主要包括(　　)。

A. 人员结构　　B. 物质设施　　C. 组织结构　　D. 活动

2. 组织教育活动以(　　)为基本形式。

A. 全班集体　　B. 固定小组

C. 自选小组　　D. 个别活动和自由活动

三、课堂实践

在寒冷的冬季，小朋友们穿得又多又厚，上衣和裤子常塞不好，很容易感冒。怎么办呢？老师玩起了“找朋友”的游戏。老师拿出一件毛衣，告诉幼儿：“毛衣哭了，因为找不到它的好朋友毛线裤了，你们快帮忙呀！”小朋友可热心了。这时老师连忙拿出毛线裤，告诉幼儿快点儿把自己的毛衣塞进毛线裤里，让两个好朋友碰碰头、拉拉手，这么一来毛衣就不会哭了。老师又用同样的方法教会了幼儿让棉毛衫、棉毛裤找朋友。就这样，幼儿很快掌握了塞好衣裤的要领，每次起床及小便后，值日的小检查员一问，被检查的幼儿会立即掀起外套，骄傲地告诉他：“我的好朋友找到了！”

请仔细阅读上述案例，并分析：教师贯彻了班级管理的哪些原则？

四、思考与应用

天下起了毛毛细雨，老师将原定的户外活动改成了室内游戏活动“大风吹”。当老师和孩子们正在玩时，忽然，涛涛跑过来向老师告状：“老师，凡凡生气了，一个人跑到那边去了。”老师顺着涛涛手指的方向，看到凡凡跑到小房间里去了，不再出来。老师想了想，对涛涛说：“谢谢你，老师知道了。”老师继续和孩子们做游戏，一边始终留意着小房间里的情况。过了一会儿，凡凡自己走出来了，来到老师面前，似乎不那么生气了。老师当作什么事情也没发生，拉起凡凡的手，向小朋友中间走去。游戏活动结束了，孩子们小便、洗手，准备吃午餐，这时老师悄悄地来到凡凡的身边，蹲下身子，和凡凡聊了聊刚才发生的事。

参考答案　　真题解析

请仔细阅读以上案例，并分析：

(1)出现突发事件时，如果处理不当，在一定程度上会影响活动的正常开展，这位老师的做法对吗？为什么？

(2)案例中体现了幼儿园班级管理的哪些原则？

本章明确了幼儿园卫生保健工作的内容及具体管理的要求和程序。理论联系实际，创造性地将所学知识运用到工作之中。加强幼儿园卫生保健工作管理，提高卫生保健工作质量，以促进幼儿的健康成长。

第七章　幼儿园卫生保健与安全管理

学习目标

1. 了解幼儿园卫生保健管理的重要性和任务。
2. 掌握幼儿园卫生保健管理的内容和措施。
3. 重视幼儿园安全管理并掌握其管理策略。

课程思政目标

1.掌握科学照料幼儿日常生活的基本方法，了解幼儿日常卫生保健、传染病预防和意外伤害事故处理的相关知识，掌握面临特殊事件发生时保护幼儿的基本方法。

2.做幼儿健康成长的启蒙者和引路人，关注幼儿成长，保护幼儿安全，促进幼儿身心健康发展。

思维导图

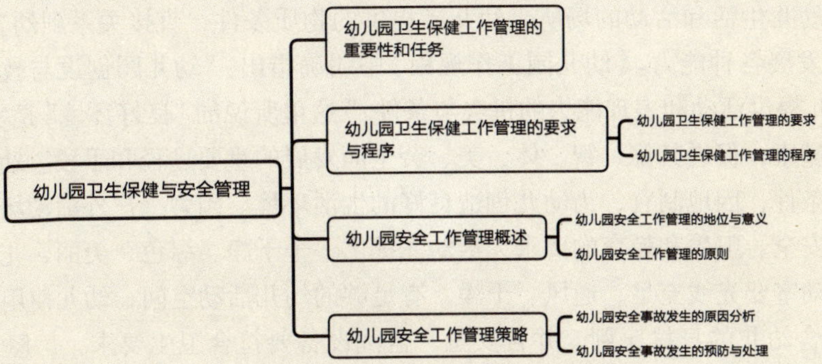

案例导入

大班的教室在二楼，孩子们每天都要上下楼梯多次，于是关于楼梯的安全问题是老师经常提到的事情。下午操时间到了，孩子们排好了队伍，一个个地往下走。正在这时，陶陶大声地说："老师，依依推我。"老师走上前询问。依依想了想说："陶陶在前面，我让她走快一些，她就是不理睬我。""那你推她了吗？""推了一点点，但我没有把陶陶推跌下去。"依依低着头说。看来依依已经知道自己做错了，老师没有再责怪他，而是提醒他以后走楼梯时要慢些，不要太着急，要注意自己和周围同伴的安全。

思考：楼梯是幼儿园中常见的设施，但孩子们往往把楼梯当成运动娱乐设施，因此楼梯也是最容易发生踩踏事故的地方。安全教育是幼儿园工作的重中之重，幼儿的安全是第一位的。教师如何在工作中做到把保护幼儿的生命安全放在工作的首位？如何让幼儿掌握必要的安全保健常识并学会保护自己？

第一节　幼儿园卫生保健工作管理的重要性和任务

儿童健康水平是一个国家或地区政治、经济、文化和卫生水平的重要标志之一。我国早就提出："儿童健康的投资，对于推动社会发展、提高生产力、改善生活素质是一个直接突破口。"世界卫生组织早在 20 世纪 80 年代就提出了"儿童的健康，明天的财富"。《幼儿园教育指导纲要（试行）》指出："幼儿健康是人类生命质量得以提高的基础，幼儿园必须把保护幼儿的生命和促进幼儿的健康放在首位。"

卫生保健工作是幼儿园管理工作中不可缺少的重要部分。这是幼儿园区别于其他教育阶段的重要特色。一切为保证幼儿身心正常发育和健康成长而实施的措施都可以称为卫生保健工作。卫生保健工作在幼儿园工作中具有重要的地位。

幼儿园卫生保健管理涉及的任务很多，如对环境的管理、安全措施的制定、体检制度的完善、合理膳食平衡、体格锻炼和健康教育指导等，是幼儿园阶段家长和教师必须要做的启蒙工作，也是奠定儿童幸福未来的基础。

一、创设优良的生活环境

幼儿园是幼儿生活和活动的场所，幼儿园提供的物质条件，直接关系到幼儿的身体健康，并能刺激幼儿发展各种能力。《幼儿园工作规程》中明确指出："幼儿园创设与教育相适应的良好环境，为幼儿提供活动和表现能力的机会与条件。"这里所说的"良好环境"是实现教育目标，保证幼儿身心健康，促进其德、智、体、美、劳全面发展的重要途径和手段。幼儿园应充分利用现有的经济条件，因地制宜，为幼儿创造良好的生活环境。园舍、户外活动场地、运动娱乐设施等要符合安全、卫生和教育的要求，给幼儿提供一个干净、绿色、美丽、儿童化的生活环境。例如，活动室要光线充足、通风、干燥、有足够的幼儿活动空间，幼儿使用的桌、椅、玩具等设备要适合幼儿的身材比例，并且安全，盥洗设备要符合卫生要求，房屋设备要保持清洁等。

二、制定各种安全措施

幼儿园应高度重视卫生安全工作。做好卫生安全工作是做好幼儿园其他工作的前提和基础，是办园的生命线。幼儿年龄小，有强烈的好奇心，天性活泼好动，但他们辨别是非的能力差，体力和能力有限，知识经验缺乏，不能对危险的事情做出正确的判断，也无法预见行为的后果，难以保护自己，这无疑增加了做好安全工作的难度。幼儿园的安全工作涉及幼儿园的各个部门及各个工作环节。幼儿园从上到下，从前勤到后勤，卫生安全之弦不能有一丝一毫的松懈，也不能有一点一滴的疏漏。应建立凡事有据可依，凡事有据可查，凡事有人负责，凡事有人督导的管理机制，并对幼儿进行安全教育，使其养成良好的卫生安全习惯。

三、完善体检制度，预防疾病的发生

幼儿园应建立定期健康检查制度，严格把好体检关。坚持做好新生入园体检工作，经体检合格的幼儿方可入园。入园后，每学期对幼儿进行身高、体重等生长发育监测，及时做好评价、汇总，发现问题及时处理或报告。在传染病流行期间更要加大监测力度，发现患儿及时隔离，防止传染病进入园内造成蔓延。

同时，注意对幼儿进行保健教育和指导，使其养成健康生活必需的态度和习惯。建立幼儿健康检查制度和幼儿健康档案，包括每日晨检和定期体检，并定期对幼儿健康发展状况进行分析、评价，采取积极的防病措施，降低发病率，保护幼儿的生命和健康。

四、提供合理膳食，保证营养平衡

扫一扫 看一看

食物营养是生命的重要物质基础。幼儿正值生长发育时期，身体的新陈代谢比较旺盛，全身各生理系统正在发育，尚未成熟，如果饮食中提供的多种营养素不足，幼儿的生长发育就会受到影响，甚至造成营养不良，严重损害幼儿的健康成长。为幼儿提供科学合理的膳食与平衡营养是幼儿园卫生保健工作的重要内容。卫生保健人员要协同总务部门，根据不同年龄幼儿的生理结构特点及生长发育每天必需的营养素数量，制订科学的膳食计划，每周为幼儿制订带量食谱，按需要选择每日的食物种类，计划食物的数量，力求膳食与幼儿的生长发育需求相匹配，并在营养计算的基础上调整食谱，调整食物结构。在食材的采购过程中，应抱着对幼儿负责的态度，采购质量上乘的食材，并与供应商签订安全责任书，强调其提供的食材必须新鲜、卫生。及时召开膳委会，广泛听取教师、家长、厨房人员的意见和建议，并指导督促厨师改进烹调技术，保证幼儿各类营养素摄取均衡，以达到吃得科学、吃得合理、吃得卫生、吃得健康的目的。每周食谱要向家长公布，让家长了解幼儿在园的用餐情况，提高幼儿伙食的透明度。幼儿的伙食账目由专人负责，与教师的伙食账目严格分开，并每月向家长公布，接受家长监督。

五、建立并执行合理的生活制度

生活制度是指科学地安排人在生活中主要活动的顺序和时间。为幼儿制定并执行科学合理的生活制度，使幼儿生活有规律、有节奏、动静交替、劳逸结合，这对促进幼儿身体健康有重要的意义。

幼儿园应根据幼儿年龄特点制定科学有序的生活制度和作息时间表，并要求全体保教人员合理执行。在一日活动中保证至少有 2 小时的户外活动时间，其中体育活动 1 小时，并且室内外活动平衡，集体活动与个别活动相结合。午睡时间为 2.5 小时，两餐间隔时间在 3 小时以上。但是，执行作息时间也不能机械刻板，应当既有顺序又灵活，尽量多从孩子的身心需要出发来安排生活和学习活动，同时在内容上应满足幼儿情感、品质、智力、交往等方面的需求，使一日活动构成一个整体，多渠道、全方位地促进幼儿的发展。

六、开展体格锻炼

扫一扫 看一看

坚持体格锻炼，有利于增强幼儿各器官、系统的机能，提高和改善幼儿对外界自然环境变化的适应能力，增强其抵抗力，促进其生长发育，促进幼儿的身体健康。幼儿园要有目的、有计划地组织幼儿的锻炼活动，锻炼的内容要符合幼儿的年龄特点。可以根据幼儿园的具体情况有计划、有组织地开展冷水浴、阳光浴和空气浴，也可以结合幼儿园日常活动进行体格锻炼，如户外游戏、散步、早操等，还可以组织春游、秋游及召开运动会等，使幼儿在多方面得到锻炼。

七、进行健康教育，重视心理健康

健康通常是指人体生理机能正常，没有缺陷和疾病。健康是人生的第一大财富。对幼儿来说，健康既是幼儿身心充分发展的结果，也是幼儿身心和谐发展的前提，是幼儿的幸福之源。《纲要》明确要求："幼儿园必须把保护幼儿的生命和促进幼儿的健康放在工作的首位。树立正确的健康观念，在重视幼儿身体健康的同时，要高度重视幼儿的心理健康。"《3—6岁儿童学习与发展指南》指出："幼儿身心发育尚未成熟，需要成人的精心呵护和照顾，但不宜过度保护和包办代替，以免剥夺幼儿自主学习的机会，养成过于依赖的不良习惯，影响其主动性、独立性的发展。"幼儿园的健康教育要以实现幼儿的身心健康发展为目标，提高幼儿对健康的认识水平，帮助幼儿逐步形成有益于健康的行为和习惯，提高幼儿自我保健和自我保护的意识和能力，促进幼儿身心和谐发展。

第二节　幼儿园卫生保健工作管理的要求与程序

一、幼儿园卫生保健工作管理的要求

（一）坚持"预防为主"的原则

幼儿园是幼儿集体生活的地方，极容易交叉感染，尤其是在一些流行病蔓延时。幼儿期是儿童生长发育非常迅速的关键期，这一时期幼儿各器官、各系统尚未发育成熟，免疫力及抵抗力较差，极容易感染疾病，受到伤害。幼儿园是幼儿集体生活的场所，卫生保健工作稍有疏漏或差错，就可能给幼儿造成伤害。预防为主，是幼儿园卫生保健工作管理的根本要求。但是，幼儿园也不能一味地预防，也要采取积极措施，如注重体格锻炼，增强幼儿体质，增强幼儿对疾病的抵抗力，重视幼儿的常规训练，减少幼儿之间的冲突，进行必要的健康教育，增强幼儿的自我保护能力等。

（二）从组织结构和制度上保障卫生保健工作

在幼儿园工作管理中，组织和制度上的保障有利于幼儿园卫生保健工作的顺利开展和具体落实。园领导中应有一名领导主管卫生保健工作。可根据幼儿园的工作和实际需要成立专门的非行政组织，如设立由保教人员、后勤人员、炊事人员组成的伙管（委）会、爱委会、安全工作检查领导小组等。建立幼儿园整体工作目标体系及卫生保健目标分系统，通过岗位责任制、考核评比制等制度和措施将相关人员的工作内容、职责等确定下来。

幼儿园还应将卫生保健工作的各类要求及执行的步骤等制度化，以规范各类工作人员的行为，协调各部门的工作，确保幼儿园卫生保健工作任务的完成，保证幼儿健康发展。

（三）加强计划性和检查指导工作

卫生保健工作是幼儿园工作的重要组成部分。幼儿园管理者应将卫生保健工作提上议事日程，列入园务工作计划。而且，应要求各个部门的工作计划和班级教养计划中体现卫生保健方面的要求及具体的落实措施，并对计划的执行进行检查指导，以便及时掌握情况，督促各部门不断改进工作，提高工作质量。例如，将幼儿阶段性的体检与营养分析和平时对厨房与儿童饮食管理情况的检查相结合，进行对照分析，及时调整工作，从而保证幼儿饮食营养的摄入。

（四）注意日常性的卫生保健工作

幼儿园的卫生保健工作，要从大处着眼，小处着手，要注重日常性的保健工作，抓好幼儿日常生活活动尤其是每日的饮食起居环节的卫生保健工作。

扫一扫 看一看

案例分析

无奈的洗手环节

午餐时间快到了，康老师一边忙着进行餐前准备，一边嘱咐幼儿：“现在每个人都去洗手，谁先洗好，等会儿吃完饭后就可以玩新的玩具。”当幼儿从盥洗室回来后，康老师忽然发现蓉蓉的小手黑乎乎的，一摸，居然是干的。康老师不由得大声说道：“你怎么不洗手？”话还未说完，康老师扫视了一下教室，发现有不少座位是空着的。康老师来到盥洗室门口，才发现一群幼儿在水龙头前嬉戏玩闹，有的在吹泡泡，有的在把水往镜子上泼，而有的则在相互泼水，康老师生气地喊道：“谁让你们这样做的？！”

分析：监督力度不足会影响幼儿的安全及习惯养成。幼儿在洗手的过程中，教师应及时督促幼儿。一方面，提醒幼儿正确洗手，养成良好的卫生习惯；另一方面，及时的监督也有利于保障幼儿的安全。在案例中，有的幼儿在盥洗室相互泼水，这样的行为要是没有被制止的话，将会使地面积水，很容易导致幼儿摔伤。

二、幼儿园卫生保健工作管理的程序

（一）健全卫生保健工作管理机构

幼儿园全体教职工都应参与到卫生保健工作中，形成卫生保健工作层层负责的管理机制。幼儿园卫生保健工作，不仅医生、护士、保健人员要参与，教养员、保育员、事务员、炊事员、勤杂工、门卫等也都有责任。因此，必须建立一个统一的领导组织，调动各方面的力量，协调各方面的工作，提高幼儿园卫生保健工作的管理效率。一般应由园长或一名副园长主管卫生保健工作。保健室或医务室是幼儿园专职的保健组织，在主管园长的领导下负责管理全园的卫生保健工作。保健室或医务室应按《幼儿园教职工配备标准》的规定，并根据幼儿园实际情况配备医生、护士或保健员。幼儿园医务人员对全园幼儿的身体健康负责，其主要职责是：协助园长组织制定有关卫生保健方面的规章制度，并监督执行；研究调配食谱和改善幼儿膳食，检查膳食、饮水和环境的卫生；与当地卫生保健机构保持密切联系，及时做好加强免疫和疾病防治等工作；向全园工作人员和家长宣传幼儿卫生保健等常识；妥善管理医疗器械、消毒用具和药品。幼儿园应成立由主管园长、管理员、炊事员、医务人员和保教人员代表组成的管理委员会，定期开会讨论研究改进和提高膳食质量问题，并修改制订食谱。

（二）做好幼儿园清洁卫生工作，加强卫生保健人员的培训

为了做好幼儿园的清洁卫生工作，幼儿园应该成立由主管园长、医务人员、保教人员、勤杂工代表等组成的卫生领导小组，定期开会研究卫生保健工作，定期检查评比，与当地卫生保健机构密切联系，设立保健室和隔离室，配备相应的设施和保健人员。保健人员的数量原则上全日制150名幼儿或寄宿制100名幼儿以下的配专职1人，200名幼儿以上的酌情增加。保健人员必须是取得执业资格的医护人员，上岗前还须参加卫生行政部门组织的专门培训，并取得上岗证书。各级卫生部门要帮助幼儿园积极开展人员培训，不断提高卫生保健人员的业务素质。幼儿园要积极组织教师学习卫生保健的相关文件，使教师熟悉幼儿保健要求。

（三）健全卫生保健制度，加强幼儿园卫生保健档案资料的管理

幼儿园要建立健全并严格落实各项卫生保健工作制度，它是实现幼儿园卫生保健任务的保障，也是检查各项卫生保健工作实行情况的依据。各类人员应明确职责要求，实施分层管理，工作中严格遵守操作规范，并通过定期或不定期的检查及业务学习不断提高卫生保健工作的质量。

第三节　幼儿园安全工作管理概述

一、幼儿园安全工作管理的地位与意义

（一）幼儿园安全工作管理的含义与内容

幼儿园安全工作管理是指对全园与安全相关的事务的计划、组织、领导和控制等活动。在实际工作中，幼儿园的人员、财产、环境、门禁、食品、用电、用水等，都存在安全问题。对人员来讲不仅包括身体安全，还包括心理安全。本章主要围绕幼儿的安全来探讨幼儿园安全管理工作。

（二）幼儿园安全工作管理的地位

《幼儿园教育指导纲要（试行）》中明确指出：“幼儿园必须把保护幼儿的生命和促进幼儿的健康放在工作的首位。”学前教育的五大领域中，首位是健康。幼儿缺乏安全知识经验，缺乏独立生活能力，各种感知觉和动作发育尚未成熟，识别危险的能力较差，更没有足够的自身防卫能力，然而他们又活泼好动、好奇爱探索，在日常生活中，很容易给自己或其他幼儿造成伤

害。幼儿园的中心任务是保教，首要任务是安全，只有在安全的基础上，才能谈教育，才能谈幼儿的发展。因此，幼儿园必须高度重视安全工作，对全体幼儿的安全负责。

（三）幼儿园安全工作管理的意义

做好幼儿园安全工作是幼儿园顺利进行保育、教育的前提条件。只有做好了安全工作，才能避免意外事故的发生，保证幼儿园教养工作有序进行，保证幼儿的身心健康。

二、幼儿园安全工作管理的原则

扫一扫 看一看

幼儿园在加强安全工作管理时，应结合自身特性，遵循以下原则。

（一）预防为主原则

预防为主是指幼儿园要主动发现可能存在的安全隐患，加强防范意识，采取相应的安全管理措施。安全事故总会带来损失，尤其是涉及幼儿生命与健康的损失往往难以弥补。所以，在幼儿园安全管理上要树立预防为主的意识，努力做到防患于未然。

（二）统一领导与分级负责相结合原则

幼儿园安全工作涉及幼儿园工作的方方面面，因而需要建立以园长为第一责任人的管理系统，统一领导全园安全工作。幼儿园成立安全工作领导小组，将安全责任层层落实，与保教主任、后勤主任、教师、保育员、后勤人员等签订安全责任书，将安全工作落到实处。力争人人知道、人人关心、人人负责，安全工作不留死角。

（三）以人为本，“管”“放”结合原则

以人为本是指幼儿园在安全管理过程中，应该把保障幼儿、教师的基本人身安全作为首要任务，同时又要考虑幼儿、教师的发展。幼儿园应为幼儿和教职工营造自然和谐的氛围，给幼儿和教职工以安全感。有的幼儿园为了节省开支，不配备专门的保健人员，不设门卫；有的幼儿园班额过大，给保教人员的班级安全工作造成巨大压力。这些都会给幼儿园带来安全隐患，应当尽量避免。同时，在幼儿园安全工作管理中，要处理好“管”与“放”的关系。不能因为怕出现安全事故，而对幼儿、教师的活动处处限制。例如，有的幼儿园为了防止出现安全事故，限制幼儿的自由活动、体育活动，取消春游、郊游、社区活动等，这些都是“因噎废食”的表现。“管”“放”结合，要求幼儿园不仅要保护好幼儿，也要遵循幼儿身心发展规律，尽量使他们在自然状态下快乐地生活和成长，避免过多的压抑与约束。幼儿园应当重视培养保教人员安全工作的意识和能力，实行安全工作责任制，相信广大保教人员，大胆放权，同时加强监督、检查和指导，充分调动保教人员安全工作的积极性、主动性和创造性，形成“全园上下，齐抓共管”的良好局面。

（四）制度规范与教育引导并重原则

幼儿园加强安全管理，一方面，要重视安全制度建设，从园内安全到园外安全，从食品安全到器械安全，从园长的安全责任到教师的安全责任，凡是涉及幼儿园安全的环节都要制定科学合理、切实可行的制度，通过制度对相关人员的安全行为进行规范管理；另一方面，要重视对教职工和幼儿的安全教育。作为幼儿园管理者，一定要认识到增强幼儿和保教人员的安全意识，丰富其安全知识，提升其事故防范能力，是减少安全事故的重要途径，也是幼儿园安全工

作管理的重要任务。在幼儿园安全工作管理上应将制度规范和教育引导恰当结合，提高幼儿和保教人员遵守安全制度的自觉性，保障安全制度的贯彻落实。

第四节　幼儿园安全工作管理策略

一、幼儿园安全事故发生的原因分析

幼儿园的安全事故不仅对幼儿自身，而且对家庭和幼儿园都会造成不良影响。要切实保障幼儿的安全，建立科学有效的预防机制，为幼儿营造健康、安全的幼儿园环境，首先应该深入分析幼儿园安全事故发生的原因。

（一）幼儿方面

1．幼儿疾病

案例分析

幼儿疾病导致的安全事故

幼儿园某幼儿患有先天性癫痫病，但该幼儿入园时，家长并没有把这一情况告诉幼儿园。一天早上，其母将孩子送入幼儿园内，告诉教师孩子昨晚发烧。教师劝其带孩子看病，但其母说孩子烧已退。早饭后户外活动时，教师让该幼儿在活动室休息，此时该幼儿突然发病，教师及时将其送往医院，同时电话告知其母亲。然而，母亲看到幼儿情况有所好转，并未按医生吩咐让幼儿留院治疗。第二天，该幼儿在家中癫痫病发死亡。

从案例中可以看出，幼儿园的此次安全事故缘自幼儿自身的疾病问题，这类事故极易发生。如果幼儿本身患有疾病（如心脏病、癫痫等），教师在不知情的情况下，没有采取有效的预防和救治措施，有可能导致极严重的后果。因此，教师首先要与家长沟通，了解清楚幼儿的身体状况，并要求家长不能隐瞒幼儿过敏、哮喘、癫痫等疾病，否则幼儿病发，家长要承担相应的责任。同时，教师也要在日常生活中随时观察幼儿的身体状况，对体弱或有异常表现的幼儿及时关注。教师还应掌握一定的急救常识，能在危机发生的第一时间抢救幼儿。如果幼儿园尽到了相关责任（案例中幼儿园尊重了家长的知情权，第一时间通知了家长并及时送幼儿就医），根据无过错原则，幼儿园将在此安全事故中免责。

2．幼儿活动中受伤

案例分析

幼儿活动导致的安全事故

下午临近放学时，小鹏的妈妈接到幼儿园打来的电话，说小鹏在幼儿园跌倒，她赶紧

骑车前往。带班老师讲述了事故发生的经过：做游戏时，小鹏被另一个小朋友撞了一下跌倒了，当时老师误认为他跌倒后起不来是因为扭到了脚，但当老师拉他起来时却发现他满头大汗，已不能说话，于是老师紧急将他送入附近医院就医。经医生诊断，小鹏与同伴相撞倒地时脑部正好撞在坚硬的水泥板上，造成重度颅脑外伤，出现颅内血肿、脑疝症状，伤情十分严重。

对于幼儿来说，他们比较缺乏安全意识和自控能力，在游戏过程中很难对自己的行为进行控制。与此同时，幼儿自我意识比较强，在与其他幼儿交往的过程中，容易出现打闹、争抢玩具等行为，很多意想不到的情况随时会发生。作为教师，在组织幼儿游戏的过程中，应加强环境建设和安全活动管理，避免相关事故发生。

（二）幼儿园方面

1. 幼儿园校车责任

案例分析

校车交通事故

2014 年 11 月 19 日上午，山东省蓬莱市发生了一起重大道路交通事故，造成 11 名幼儿和 1 名司机遇难。经调查，事故中伤亡幼儿属蓬莱市某民办幼儿园，该园共 104 名幼儿，教职工 5 人。发生事故的面包车未取得校车使用许可和道路运输经营许可，由园长和车主通过口头协议雇用，用于接送幼儿上下学。面包车核载 8 人，事故发生时实载 15 人，超载 87.5%。

案例分析

校车责任事故

某私立幼儿园由于园长的疏忽将两岁零九个月大的小夏遗忘在接送孩子的校车上长达 5 个小时。由于校车一直在太阳下暴晒，小夏被活活闷死在校车里。事故发生后该幼儿园被取缔，园长受到法律制裁，小夏的家人也获得了赔偿。从园长泪流满面的叙述中，我们感受到了她的内疚与自责。整个事件很简单，如果幼儿园老师细心一些，园长负责一些，这样的惨剧是完全可以避免的。

案例分析

校车超载事故

某幼儿园园长将面包车改装成校车并自当司机接送幼儿上下学。核载 7 人的车辆实载 17 人，因超载引发侧翻事故，导致 11 名幼儿死亡、4 名幼儿受伤。经调查，这家幼儿园是一家未经审批的农村“黑”幼儿园，接送幼儿的是“黑”车、“黑”司机。针对这次事故，当地政府进行了严肃的追责处理，幼儿园园长被刑拘。

日益发达的交通网络的确给人们的出行带来了很多方便，但交通事故引发的意外伤害事件数量也呈上升趋势，其后果严重，损失惊人。据报道，在幼儿意外事故中，交通事故占首位，占意外死亡总数的50%以上。当前很多幼儿园用校车接送幼儿，案例中的三起校车事故只是近几年校车事故的缩影。总体来说，校车事故主要包括以下几种情况：第一，驾驶员因素导致的交通事故，例如，校车驾驶员在驾车的过程中超速、酒驾，交通意识淡薄、无证驾驶等；第二，幼儿园对校车接送缺乏安全管理，在车辆的选择上没有安全要求，超载或在幼儿上下车的过程中缺乏严格的接送制度等。

2. 幼儿园管理不到位

案例分析

幼儿园安全管理事故

2013年12月3日下午，心怡妈妈像往常一样在5点左右到幼儿园接女儿，却被告知孩子已被接走。心急如焚的心怡妈妈立即打电话报警。原来心怡在幼儿园放学时被陌生人冒充家长接走，遭受摧残后被抛弃在马路边。后来身心受到重创的心怡长期处在惊恐之中，经常在梦中尖叫。心怡的父母认为自己女儿的不幸是由幼儿园失职所致，遂以幼儿园疏于管理为由提起诉讼，将该幼儿园告到法院。

一方面，幼儿安全教育是基础教育的重要组成部分。有些领导没有树立“安全第一”的意识，在开办幼儿园的过程中，将盈利放在工作的首位，幼儿园的各项管理制度不健全，甚至只是摆设，管理松懈，不能很好地排查安全隐患。另一方面，一些幼儿园虽然制定了门卫安全制度、幼儿接送制度等相关的安全规章制度，但是制度本身存在很多漏洞，没有责任到岗、到人，缺少岗位标准化流程，同时管理中执行监督不到位，缺少责任追究制度，幼儿园伤害事故预防制度和应急预案相对缺乏，导致安全事故发生。案例中的心怡由于幼儿园接送制度的不完善而被陌生人带走，身心都受到了伤害。幼儿园完善的管理、严格的检查对于在园的每一名幼儿来说都是至关重要的。

二、幼儿园安全事故发生的预防与处理

幼儿园是幼儿集体活动的场所，也是安全事故的高发地。作为教师，一方面，要有高度的安全防范意识，尽量避免安全事故的发生；另一方面，当安全事故发生时要能积极应对，做出正确的处理。

扫一扫 看一看

（一）幼儿园安全事故的预防

幼儿园是幼儿集体生活的场所，其安全、卫生等工作直接关系到幼儿的生命与健康，也牵动着每一个幼儿家长的心。近几年来，由于种种原因造成的幼儿安全事故时有发生，家长提心吊胆，生怕幼儿在幼儿园出现这样或那样的意外，教师也通过限制孩子的某些活动来消极防范。然而这种消极防范的态度是不利于幼儿身心健康发展的。我们应该正视安全事故的发生，认真分析安全事故的起因，从而采取积极的防范措施。

1. 幼儿园安全事故预防的意义

（1）为幼儿创设相对安全的生活环境。我们通常将幼儿比作小草，他们是很脆弱的，需要成人用心呵护。同时，我们又将幼儿比作白纸，他们对周围的危险是无知的，需要成人的引导和保护。无论是在家里，还是在幼儿园，幼儿都容易发生安全事故。他们或是在奔跑着感受风的时候不小心摔伤；或是与小伙伴玩耍的时候用力过猛脱臼；或是在陌生人面前依然天真得像个天使；或是在好奇心的驱使下去尝试“电”的触感……所有的这些都隐藏着危险。因此，幼儿教师要做好各项活动、各种环境的安全预防工作，健全安全事故应急预案，努力为幼儿创设一个安全的空间，引导幼儿在这个空间中自由探索、快乐学习。

（2）为教师建立相对踏实的工作环境。幼儿教师现在被认为是“高危职业”。教师每天面对的可能是同一批幼儿，但一定是与昨天不同的情景。因此，教师的心理压力较大，生怕幼儿出现意外。安全事故的预防不仅为幼儿营造了相对安全的环境，也为教师日常工作的开展提供了保障。健全的预防机制使教师知道每日的工作重点及需要特别注意的事项，在事故面前能从容应对，逐渐营造出踏实的工作环境。

（3）为幼儿园营造健全的应急环境。安全预防工作做扎实了，在开展幼儿园各项工作的时候管理者也就轻松了。如果遇到了突发的意外事故，根据不同的安全事故应急预案，无论是幼儿园管理者，还是普通教师，都能知道该做什么、怎么做，在事故面前能够以最有效的方式积极应对，减轻意外事故造成的伤害，从而为幼儿园正常开展工作提供保障，更为幼儿的安全保驾护航。

2. 幼儿园安全事故预防机制建立的措施

对于幼儿园来讲，建立健全的幼儿园安全事故预防机制是保障幼儿安全的关键。幼儿园安全事故预防机制的建立可以从以下几个方面入手。

（1）抓制度：规范幼儿园各岗位职责的制定和履行。幼儿园各岗位的职责制定和履行是安全事故预防机制建立的基础，也是其他各项工作开展的前提，它为幼儿的安全搭建了一个平台。平台的安全性需要每位幼儿园管理者细细斟酌，并将平台的每个角落做扎实，并付诸实际。

第一，完善幼儿园各项管理制度，使幼儿园安全事故的预防机制没有漏洞和死角。这是幼儿园安全事故预防机制的前提，为幼儿的安全提供最基本的保障。幼儿园安全事故预防制度涉及幼儿园工作的方方面面，包括门卫制度、消防安全管理制度、电气燃气安全管理制度、食品安全制度、卫生医疗制度、教育活动制度等。幼儿园应严格制定各项制度，将每个岗位的责任分解、细化、落实，保障责任到岗、到人。

第二，针对各种幼儿安全事故，成立专门的安全事故预防小组，健全幼儿园内的安全防范机构。一般来说，幼儿园园长全面负责幼儿园整体的安全事故预防工作，副园长、教学主任、食堂人员、医务人员、保卫人员等结合自身工作的具体情况，分别负责相应部分，共同为幼儿园的安全建构坚实的防线。

（2）抓细节：强化教师的危险防范意识。提高幼儿教师安全意识能有效减少幼儿安全事故的发生。可以通过组织安全知识与技能培训来强化教师的危险防范意识，培训内容包括教师一日工作常规、幼儿安全事故应急处理方法、消防知识等。通过培训使教师树立高度的工作责任心和危险防范意识，掌握预防安全事故的基本常识和技能，使幼儿教师的工作水平更趋专业化。

第一，作为幼儿园安全工作的第一责任人，幼儿园园长应绷紧安全这根弦，不断提高自身的安全意识，保持防微杜渐的高度警惕性，同时要具有敏锐的洞察能力，把对安全的关注渗透到工作的每一个细节中去。熟悉幼儿园内每项安全管理规定及应急处理办法，并随着管理的深入，将这种安全意识和行为逐步渗透到每位幼儿园工作人员身上。

第二，做好幼儿园教职工的安全培训工作，增强幼儿园内部员工的安全意识和预防突发事件的能力。可通过幼儿园安全事故案例分析、讨论会等形式提升教职工应对和处理安全事故的能力，通过对幼儿园内各设施、各工作环节中可能出现的安全问题的重点排查，提高教职工对安全事故的预见能力，并在此基础上，使教师的安全培训成为幼儿园工作的常态并最终落到实处。

（3）抓合作：挖掘多方潜力服务幼儿。要加强与有关部门的协作，充分发挥基层组织的作用，整合社会管理力量，全面形成幼儿园安全工作合力。进一步强化对校园周边重点人员（如有潜在暴力倾向的重型精神病人、可能实施极端行为的严重心理病人等各类易肇事人员）的监控，严防涉校伤害事故。

第一，加强与家长的合作。父母是幼儿的第一任老师，对幼儿的成长起着潜移默化的作用。家长的安全意识势必会影响幼儿。幼儿园要做好家长的安全培训工作，可以通过亲子活动、安全讲座等方式与家长沟通交流安全知识。引导家长成为幼儿安全教育的实施者，也是在侧面完善幼儿园的安全事故预防工作。

扫一扫 看一看　　扫一扫 看一看

第二，加强与社区的合作。幼儿园安全事故不仅仅需要幼儿园做好预案，更需要整个社区的大力配合，群策群力，最终形成安全教育合力。幼儿园要积极联系工商、卫生、公安、消防等部门，宣传安全知识，维护良好秩序，也可邀请消防或医院的专业人士，为幼儿园开展消防安全、疾病预防等方面的专题讲座或培训，共同加强幼儿园周边环境治安及交通的综合治理，为幼儿创设健康、安全、稳定的成长环境。

（二）幼儿园安全事故的处理

幼儿园安全事故的预防是关键，但在安全事故发生之后，积极高效地应对和处理能够将事故对幼儿的伤害降到最低。因此幼儿园安全事故的处理是幼儿园安全工作落实的重点，也是幼儿教师关注的焦点。

（1）幼儿方面。幼儿年龄小，自我保护能力差，安全事故会对幼儿的身心发展造成一定的影响。教师应及时对幼儿进行救助和安抚，具体应做到以下几点。

第一，对受伤者的身体护理。第一时间对受伤者进行救治。教师应懂得相应的护理知识，根据受伤者的身体状况和受伤程度、受伤部位，采取不同的护理方法。

第二，保护幼儿的心理。幼儿受到伤害后往往容易产生恐惧心理，应及时帮助他们消除恐惧，给予他们更多的抚爱，鼓励他们勇敢面对。

第三，抓住教育契机。安全事故发生后，教师应抓住教育的契机，组织幼儿讨论事故发生的原因及避免事故发生的防范措施，使全体幼儿获得直接生动的安全教育体验。同时，还应教育全班幼儿关心受伤幼儿，渗透情感教育。

（2）幼儿园管理者方面。每一位教师都希望自己所带的班级生活是平安顺利的，但在从教的过程中，教师面对的环境是复杂的，面对的幼儿是动态的，随时可能会出现这样或那样的问题。在出现安全事故之后，作为幼儿园管理者应注意以下两个方面。

第一，精神安慰。任何一位教师都不希望在自己班上发生幼儿安全事故，一直紧绷着的安全弦在事故发生后几近崩溃，此时教师心理负担相当沉重，紧张、不安、焦虑、惶恐、沮丧、泄气等负面情绪一起涌上心头，如果园长此时能给予教师适当的宽容和理解，会使教师减轻很多精神压力，切忌不分青红皂白一味指责、批评教师。

第二，分析与反思事故。安全事故发生后，我们应及时对事故进行分析与反思，总结经验教训。作为园长更应该考虑怎样让其他教师不重蹈覆辙，避免类似的事故再次发生。园长可以组织包括当事人在内的全体教职工对事故的经过进行分析，让大家从中找出导致事故发生的主要原因，讨论怎样做可以避免事故的发生。这样做的目的是使教师们学会反思自己的工作，将“做正确的事”和“正确地做事”的理念落实在工作行为中，最大限度地减少工作失误，从而减少安全事故的发生。

（3）家长方面。安全事故发生后，在及时处理事故的同时，幼儿园还要做好家长工作。

第一，及时通知受伤幼儿的家长。幼儿在园发生安全事故后，幼儿园应及时通知受伤幼儿的家长，并告知事故发生的真实情况，主动征求家长的处理意见，协商解决。不要故意拖延时间或掩盖实情，应尊重家长的知情权。

第二，做好受伤幼儿家长的安抚工作。幼儿发生安全事故，家长都会难受，不同的家长因素质不同，对待事故处理的态度也不一样。不论家长态度如何，幼儿园都应如实地告知事故发生的经过，并诚恳地向家长致歉。站在家长的角度分析并处理事故，协调好与家长的关系，在处理意见上争取与家长达成共识。

安全工作是幼儿园工作的重中之重，是其他工作的基础。幼儿教师的责任重于泰山，教师应加强自己的责任心，细心开展每一个活动，把幼儿的安全放在第一位，教给幼儿多方面的安全知识，避免危险和意外的发生，真正做到确保每个幼儿健康、快乐地成长。

拓展阅读

幼儿园班级突发事件的紧急处理

1. 流鼻血

让幼儿头略低，举起幼儿与流血鼻孔相反方向的手，并用冷水轻轻拍打幼儿额头和出血侧鼻翼 10~15 分钟。止血后可用一小块消毒纸巾轻塞进流血侧鼻孔，几分钟后拿掉。

2. 磕碰

（1）青、肿、淤血：切不可用手揉伤处！应让幼儿试着慢慢活动，确认有无大碍。如无大碍可在幼儿伤处涂些芦荟胶或冷敷以去淤消肿。

（2）伤处破皮：对伤处进行消毒。拿药用棉签蘸些碘酒或消毒水轻擦伤处进行消毒，应从伤处内向外擦，避免细菌进到伤处引起伤口感染。

3. 摔伤

切不可轻易移动幼儿！应边安慰幼儿边观察幼儿反应，若怀疑有四肢骨折，应用硬板将伤处固定；若怀疑有头颅、颈椎及脊柱损伤，则切不可随意搬动幼儿，应拨打 120，等待专业人员救护。

4. 烫伤

马上用冷水冲洗伤处20分钟左右。若衣物粘在伤处则切不可撕扯衣物，若要除去身上衣物则必须保留与皮肤粘连的部分，然后用冷水冲洗，并拨打120。

5. 咬伤

用布条或线绳扎紧被咬伤处以外的四肢部位，尽可能不让咬伤部位血液流通，并立即拨打120。

6. 吞入异物

从身后将幼儿抱住，双手握住用力顶其胃部，使气流将异物顶出，并拨打120。

7. 异物进耳

可用手电等照明用具照耳朵使异物（虫子）飞出，也可往耳朵里倒些许油，使异物滑出，或及时就医。

8. 流血

遵循一捂、二按、三包的方法：先将伤处捂住，再用力按住止血，之后用纱布包扎并送往医院。

9. 抽搐

马上找到手边任意硬物塞入幼儿口中，避免咬舌，将幼儿的头侧向一边，以免异物吸入气管造成窒息，用手指按掐人中，并拨打120。

10. 人工呼吸

使幼儿平躺，保证幼儿颈部通畅，确认幼儿口中无异物，用手捏住幼儿鼻子并往嘴里吹气1~2次，然后双手按压心脏部位25~30下，交替进行，并立即拨打120。

（摘自百度网）

本章小结

1. 幼儿园的安全工作是幼儿园工作的重中之重，它不仅关系到幼儿园各项工作的开展，更关系到幼儿身心健康发展，即幼儿园安全工作是幼儿园所有工作的前提和保障。

2. 在了解幼儿园安全工作管理的意义、内容及其重要性的基础上，掌握幼儿园安全工作管理的注意事项，领会幼儿园安全工作管理的技巧。

3. 明确幼儿园安全工作管理应先做好全园人员的安全意识管理，进而了解幼儿园安全工作管理的各类事项，如做好安全环境创建、了解活动安全流程、熟悉安全应急预案、掌握家园安全共育等。

思考与练习

一、单项选择题

1.（　　）是做好幼儿园其他工作的前提和基础，是幼儿园工作的重中之重，是办园的生命线。

A. 卫生安全工作　B. 户外安全　C. 室内安全　D. 措施安全

2. 针对各种幼儿安全事故，幼儿园应成立专门的(　　)，健全幼儿园内的安全防范机构。

A. 制度安全小组　B. 安全事故预防小组　C. 班级安全管理小组　D. 环境创建小组

3. 教师引导幼儿擤鼻涕的正确方法是(　　)。

A. 把鼻涕吸进鼻腔　B. 先擤一侧鼻孔，再轻擤另一侧

C. 同时捏住鼻翼两侧擤　D. 用手背擦鼻涕

二、多项选择题

1. 幼儿园安全事故预防机制的建立可以从(　　)方面入手。

A. 抓细节　B. 抓制度　C. 抓合作　D. 抓环境

2. 幼儿园安全事故的处理措施有(　　)。

A. 对受伤者的身体护理　B. 保护幼儿心理

C. 抓住教育契机　D. 环境治理

三、课堂实践

某一天，幼儿们在吃早餐时，当班的牛老师突然发现浩浩脸色发白、呼吸困难，嘴里塞满了东西却吐不出来，表情十分痛苦。牛老师急忙使劲拍打浩浩的背部，试图让浩浩把嘴里的食物吐出来，可是依旧没有用，幼儿园工作人员迅速将浩浩送往附近的一家医院。但不幸的是，当送到医院时，浩浩因食物堵塞气管时间过长已经停止了呼吸。最后，医生从浩浩的喉咙里取出了一小块馒头。

安全隐患：幼儿在进食时被逗引大笑或受到惊吓，容易将食物误吸入气管，引起窒息。

事故预防：

(1)教师要为幼儿营造一个安静温馨的进餐环境，在进餐过程中，教师要及时阻止幼儿嬉戏打闹。

(2)在进餐前、后半小时不组织易于兴奋、活动量大的活动。进餐前及进餐过程中可播放舒缓轻柔的音乐，帮助幼儿安静下来，保持愉悦的情绪。

(3)进餐前后教师暂不处理幼儿间发生的问题，以免影响幼儿情绪。

(4)进餐过程中不催促，使幼儿在平静、舒缓的氛围中进餐。

结合案例请分析，幼儿教师在组织一日活动过程中应该注意哪些问题？

四、思考与应用

1. 结合实际，谈谈幼儿一日活动中有哪些值得关注的安全隐患。

2. 情景表演：在户外游戏的时候，一个幼儿突然流鼻血了，这时候该怎么处理？

参考答案　真题解析

幼儿园里每天的美味佳肴是谁负责呢？幼儿园里优美的环境又是谁管理呢？为了保证幼儿园每天正常的教育教学，有很多复杂的管理工作要做，其中一个重要的组成部分就是总务工作管理，那它都包含什么呢？让我们从下面的章节中了解吧！

第八章　幼儿园总务工作管理

学习目标

1. 理解“幼儿园总务工作管理”的含义，掌握幼儿园总务工作管理的原则和方法。
2. 了解幼儿园膳食管理工作。
3. 了解幼儿园财务管理工作。
4. 了解幼儿园招生、档案、教职工福利等管理工作。

课程思政目标

1. 能够时时把幼儿放在心上，一心为幼儿教育提供各种保障。
2. 科学照料幼儿的日常生活，指导和协助保育员做好班级常规保育和卫生工作。

思维导图

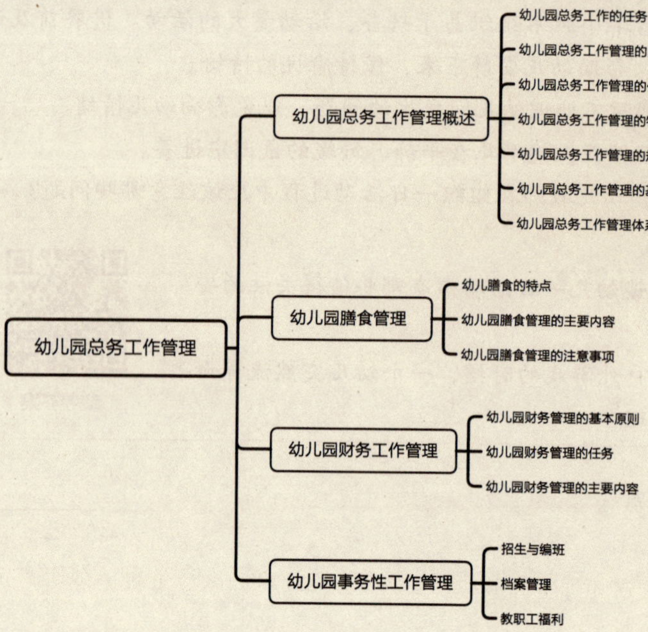

案例导入

某幼儿园将食堂工作人员进入操作间工作前的规范流程做成了五部曲：(1)晨检登记；(2)穿戴整齐；(3)开窗通风；(4)洗(消)双手；(5)入工作间。同时，每一条文字下面配一张教职工正确操作的图片，贴在更衣室门口。这样，简洁的文字成为提醒和引领，图片成为一面镜子，工作人员可以对照图片检查自己做得是否正确。

这种方法既保证了教职工操作规范，又减少了他们对烦琐规范的记忆。对于新上岗的工作人员，即使幼儿园不培训，他们也能通过阅读文字和看图实现正确操作。

思考：通过以上案例，请你谈谈针对“繁、杂”的幼儿园后勤精细化管理，你还有什么妙招？

第一节　幼儿园总务工作管理概述

幼儿园总务工作管理是一门科学，它是研究幼儿园总务管理活动及其规律的一门学科，遵循总务工作规律，运用科学管理的理论、方法、技术对幼儿园的人力、财力、物力等行政事务进行规范化的管理，使总务工作更好地为幼儿园教育教学服务，进而提高教育教学的质量，促进幼儿健康成长。

一、幼儿园总务工作的任务

首先，幼儿园总务工作要为教育教学服务，努力改善办园条件，逐渐实现教育手段的现代化与信息化；要加强对幼儿园经费、财产、园舍的管理，做到物有所用、物有所值，发挥最大的使用价值和育人效益；要为全体教职工服务，改善他们的工作、生活、学习条件；要做好园舍的绿化、美化、净化工作，创造一个环境适宜的教育氛围和教育功能载体；要保障幼儿园安全无忧，提供一个幼儿自在、家长放心的场所。

其次，幼儿园总务工作要为最大化发挥幼儿园管理的各个要素的功能而服务。幼儿园总务工作涉及面广、跨度大，包括物资供应、园内绿化等。这些工作都是相互联系、相互配合的。在总务管理的过程中，既要处理好幼儿园内部人与人、人与物、物与物之间的关系，又要处理好幼儿园与外部各种关系的协调与沟通；既要强调管理，又要搞好服务；既要满足教学及师幼生活的需要，又要考虑经费、物资、设备的经济效益和使用价值。幼儿园总务工作管理涉及方方面面的利益，处理事情必须综合、整体地考虑，是一个系统管理的过程。因此，幼儿园总务工作管理要运用现代管理方法，对幼儿园的人、财、物、时间、信息等因素进行计划、组织、领导、控制，调动园内外方方面面的积极性，优质高效地完成幼儿园的工作任务，全面提高保教质量。

最后，幼儿园总务工作是一项服务性的工作，不仅要为幼儿服务，还要为教职工的工作和生活服务。也就是说，幼儿园总务工作一方面要为保教工作提供便利的条件和较好的环境，另一方面要为教职工排忧解难，使他们能将大部分精力投入工作中。只有这样，才能解决教职工的后顾之忧，才能真正调动他们的积极性。马斯洛的需求层次理论告诉我们，人最低层次的需求是来自生理上的，如果人的吃、住没有得到基本保障，他将很难有更高层次的需求。幼儿园要多为教职工着想，帮助他们解决生活中遇到的困难。在住房、医疗等问题日益成为人们关心的焦点问题时，幼儿园要考虑到教职工的切身利益，依照国家的有关政策，尽快完善住房、医疗等管理体制，使教职工能安心工作。

幼儿园总务工作十分重要。然而有些人总认为总务工作者是为别人服务的，低人一等，因此不愿意做总务工作。这种看法是非常片面的。总务工作为其他各项工作提供物质保障，每个总务工作者都应该正确认识自己的工作，认识到总务工作的重要性。幼儿园园长也要认识到总务工作的重要性，将其放在应有的高度，以保证园内一切工作的顺利开展。

案例分析

某幼儿园召开行政工作会议，即将退休的总务组长王老师非常生气地说："上次会议，肖园长让我推荐几个总务组长人选，会后，我找了几个我个人认为有这方面能力的人谈了一下，没想到他们没有一个人愿意干，还说什么总务工作不重要，总务组长的地位低，让我从那些既教不了书又无文凭的人中去找。你们说这话有多气人。总务工作就这么不重要吗？"主管总务工作的李副园长接着说道："我在工作中也经常遇到轻视总务工作的人和事，很苦恼。这种思想使我们幼儿园里的总务工作变得很被动。"接着，其他几位园领导也谈到幼儿园里普遍存在着轻视总务工作的思想，特别是某些保教工作人员自认为所从事的工作是园里的中心工作，更加看不起那些做总务工作的人。最后，肖园长很严肃地做了总结："看来咱们园里这种不重视总务工作和总务工作人员的现象确实很普遍、很严重，这种现象非常不利于园里工作的开展。怎么能说总务工作不重要呢？它是其他各项工作的保障，非常重要。对于这个问题，我们今天先讨论到这儿。散会以后，大家再仔细考虑一下，过几天我们再专门开一次会，认认真真地研究一下这个问题，一定要彻底把这个问题解决好，否则，我们园里的工作是不可能开展得很好的。"

分析与思考：案例中的幼儿园内普遍存在的轻视总务工作的思想是不正确的。虽然幼儿园以保教工作为中心，但总务管理是幼儿园管理的重要组成部分。幼儿园总务管理在幼儿园的整个管理工作中具有重要的意义，主要表现在以下几个方面。

（1）幼儿园管理的各个要素都需要通过总务工作来体现。

（2）幼儿园总务管理的质量水平直接影响保教任务能否完成。总务工作为保教工作提供物质保障，只有总务工作做得好，保教任务才能够顺利完成。

（3）幼儿园总务管理的水平关系到能否调动教职工的积极性。总务工作涉及教职工的物质生活条件，只有解决他们生活上的问题，才能真正调动他们的积极性，使他们更加积极地开展工作。

因此，每个总务工作者都应该正确认识自己的工作，认识到总务工作的重要性。园长也要认识到总务工作的重要性，将其放在应有的高度，以保证园内一切工作的顺利开展。

二、幼儿园总务工作管理的内涵

根据 2013 年版《教育学名词》中的解释，"幼儿园总务工作"是指幼儿园行政后勤事务的处理。包括财务管理、物品管理、事务管理等工作。

具体来说，幼儿园总务管理是幼儿园管理的重要组成部分，涵盖了生活管理、教育装备管理、财务管理、校园规划与建设管理、校园环境管理、人力资源管理、安全管理、食堂管理、玩教具管理、图书资料管理、卫生健康管理、信息化管理等，如图 8-1 所示。总而言之，幼儿园总务管理就是对涉及幼儿园的人员、物质、设备、财务、园舍等进行计划、组织实施、监督检查，最大限度地满足幼儿园全园师幼（教师和幼儿）游戏与活动、工作和生活的需求，为培养社会主义建设人才，实现教育现代化创造最优质的环境和条件。

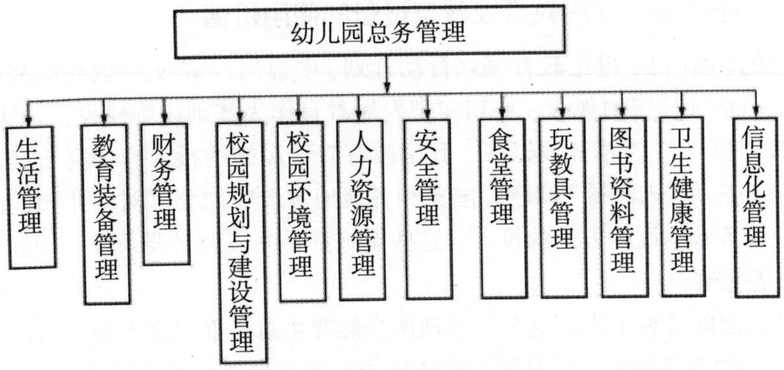

图 8-1 幼儿园总务管理图

幼儿园总务工作不仅繁杂而且门类众多，包括食堂、财务、卫生保健、基建、设备、图书、仪器、绿化、水电、门卫、安全等。从事总务工作的职工，在不同的岗位上工作的性质也不同。管理者要善于调动每位职工的积极性和主动性，平等对待每一位职工，针对岗位的设置情况，人员的技术水平、业务能力和思想水平，认真研究各种工作的性质、工作量的计算、技术要求等，制定出符合总务工作实际情况的管理制度，做到奖惩分明，实现激励机制的有效运转。

三、幼儿园总务工作管理的作用

（一）为教育教学提供良好的教育环境，创造良好的育人环境和氛围

幼儿园的环境是指幼儿园内幼儿身心发展所必须具备的一切物质条件和精神条件的总和。它是由幼儿园的全体工作人员、幼儿、各种物质器材、设备、人事环境及各种信息要素，通过一定的文化习俗、教育观念所综合组成的一种动态的教育空间、范围和场所。有关研究表明，幼儿园场地和活动室的面积大小、空间结构及玩具材料的数量与种类等，对教师与幼儿、幼儿与幼儿之间的交往与互动的方式与质量有很大的影响。

创造优美的环境，以美造美，就是要为幼儿创设良好、健康的环境，让幼儿在优美的环境中感受和欣赏美，在教师的引导下发展和提升自己的审美能力，用美的环境造就美的教育，培养爱美、实践美的人才。在此基础上，充分发挥优美环境的作用，不仅仅把环境当成审美的背景和对象，还要把它作为幼儿创造美的工具和场所，进一步提高幼儿对美的感受能力和欣赏能力，如此，幼儿才能够真正体会到美的本质，会更懂得从不同的角度来欣赏美，从而运用美的原则，自主自觉地创造更加美丽的环境，最终达到“以美育美”“以美造美”的目的。

（二）提供充分的物质保证，为师幼创造良好的教学条件

物质保证是幼儿园教育教学的前提和基础，主要是指校园校舍、活动场所、各项教学仪器、电教设备、文体器材、图书资料，以及各种教学、办公用具，还有师生的食宿条件、卫生保健设施、教学所需经费、良好的教学环境、水电暖等生活服务的供应与投入、养护维修等。这些都是幼儿园开展保育工作必要的物质基础。尤其是教学设施的配备情况，更是提高教学质量的关键。只有满足了这些基本条件，教师才能无后顾之忧，集中精力搞好教学，正常开展幼儿游戏和其他活动。

（三）加强总务管理，提高教育经费与设备的使用价值

教育部制定的《面向21世纪教育振兴行动计划》中提出："落实科教兴国战略，必须转变把教育投资作为消费性投资的观念，要切实把发展教育作为基础设施建设，作为基础性投资，千方百计增加教育投入。"改革开放以来，我国教育教学设施的投入有了突飞猛进的发展，特别是最近几年为了解决"入园难"问题，国家和各级地方政府加大了对幼儿园的园舍建设及图书资料、仪器设备等基本设施方面的投入，这些设施都是办园的必要条件。因此，如何管理好园舍设施显得日益重要。

为了配合幼儿园的管理工作，这个任务理所当然要由总务部门来承担。从园舍的建设到维修，从各项装备的购置到使用，以及财产物资的损耗和报废，大到土地楼房，小到笔墨纸张，每一项工作都要由总务管理人员来办理。总务管理人员除了要有较强的工作责任感，还要有一定的科学管理经验和技术水平，对幼儿园各项物资财产进行细致严密的管理，如登记造册、建账设卡、分类编号等，并定期检查核对，做到心中有数、家底清楚，才能及时地发现问题，堵塞漏洞，确保校舍设施的安全完整。

幼儿园总务管理在幼儿园工作中发挥着十分重要的作用，是实现幼儿园管理目标和教育目标的前提和基础。幼儿园领导一定要重视总务管理工作，注重加强总务管理队伍的建设，教育总务工作人员要热爱教育事业和本职工作，树立为教学服务的思想，端正服务态度，不断提高政治素质、文化修养和业务管理水平。总务工作与教学工作相互依存，要创造良好的幼儿园环境，为保教工作服务，保证幼儿园保教任务的完成；要完善幼儿园的保教设施、设备，保证幼儿园保教工作的正常进行；要适应教育新形势的发展，为教育教学改革发挥更大的作用。

四、幼儿园总务工作管理的特点

幼儿园教育的特点是保教并重，不仅要对幼儿实施德、智、体、美、劳全面发展的素质教育，还要加强幼儿的保育，促进幼儿健康成长。这与幼儿园的教育对象——幼儿的身心发展特点是分不开的。幼儿园总务工作管理不同于保教工作管理。保教工作管理比较集中，主要是管理教育教学工作，而总务工作管理则很杂，既有教育教学方面的，又有环境设施方面的，还有卫生保健和建筑维修方面的。幼儿园总务工作管理更侧重于对生活与环境的管理。

幼儿园总务工作管理主要有四个特点，即服务性、先行性、全局性、政策性。

（一）服务性

总务工作是一项服务性的工作，即为保教工作服务，为幼儿服务，为教职工服务，为家长服务。虽然各行各业都是互相服务的，但是就幼儿园总务工作而言，它具有的服务性更强，它

为办好幼儿园提供物质基础和保障。总务工作应根据服务对象的特点提供适宜的服务。例如，幼儿发育不成熟，总务工作应该尽量考虑到幼儿的特点，为其提供便利、安全的环境和玩具。

（二）先行性

总务工作为幼儿园的其他各项工作提供物质保障，所以总务工作必须在其他各项工作开展之前进行。幼儿园的各项工作，如建园、招生、编班等，都要求总务工作先行一步。每学期开学前，总务部门应提前做好物质方面的准备，如教学用品、桌椅等。幼儿园的一些季节性工作，如防暑、防寒等，也要求总务部门提前把准备工作做好。总务工作的先行性与服务性密不可分，如果总务工作失去了先行性，那么幼儿园的其他工作将难以开展，保教质量就不可能提高，也就谈不上服务性了。

（三）全局性

总务工作为幼儿园的其他各项工作提供物质保障。总务工作做得如何关系到全园各项工作的开展，关系到每个成员的工作、学习和生活，它是涉及面最广的一项工作。总务工作既可以成为其他工作的促进因素，又可以成为其他工作的阻碍因素。总务工作做得不到位，会使人们为其浪费很多的精力，出现工作效率降低、相互扯皮等现象。因此，总务工作人员要有较强的全局观念，多了解教育教学、卫生保健等方面工作的需要，提前做好准备，以免影响全园的工作。

总务工作在宏观上受全园工作目标、计划和要求的制约，在微观上同各项工作、各个部门乃至每个成员紧密联系。总务工作要考虑总体、方便他人、顾全大局，提供优质的服务。总务工作人员要将总务工作放在全园工作中去考虑，不要孤立地考虑总务工作，要了解幼儿园的总体目标及各个阶段的任务，使总务工作总是围绕着幼儿园的总体目标进行。

由于总务工作涉及面广且非常复杂，所以总务工作人员在工作过程中常常会遇到许多意想不到的困难。如果总务工作人员只强调自己遇到的困难，就会给其他工作带来一系列问题。因此，总务工作人员要尽量克服困难，多为其他部门着想，以免影响全园的工作。

（四）政策性

总务工作与人、财、物等方面密切联系，总务工作人员需要同许多部门打交道。这就需要总务工作人员了解各个方面的相关政策，如财务、基建、职工福利待遇等方面的政策。总务工作人员一方面要很好地为幼儿和家长服务，同时千方百计地为教职工的工作和生活创造较好的条件，另一方面必须严格遵守国家有关的法规和政策。

五、幼儿园总务工作管理的规律

幼儿园总务工作管理的规律是总务工作内在矛盾变化和发展的必然联系，也是教育规律在总务工作中的具体表现。从日常繁杂的事务工作中，寻求总务工作的概括性内涵，就会发现总务工作管理具有常规性、季节性和周期性规律。

常规性规律，是幼儿园总务管理部门根据工作的性质和特点要求，建立健全各项规章制度。这样，既可以使总务工作有正常、稳定的工作秩序，又可以使师生员工自觉地遵守纪律，按制度办事。常规性管理，实质上也是一种具有组织特性的系统行为，是每一学期或每一学年都必须进行的，而且是比较复杂的单项工作。它是在学校整体规划和总务管理计划指导下，根据单项工作本身的特点和要求制定的，如财务预算、幼儿保健检查、安全设施检修、房屋的扩建或大修等。

总务工作与教育教学相辅相成，为教育教学起到保证和促进作用，随着学期和学年的计划进行配合，为教育教学服务。总务工作的规律性是由幼儿园整体活动的规律决定的，幼儿园的管理与教育活动的有序开展，本身就是一个季节性和周期性的运转过程。不同的季节会有不同的游戏、教学活动与生活安排，也会有相应的玩教具配备、物质准备、卫生保健检查、食品供应等。一学年是总务工作的一个周期。认识到这一规律，总务工作可以做到提前安排与计划，在重复的基础上提高工作的效率与质量。按照季节性和周期性规律办事，也能抓住总务工作的关键，做到准备有序，并在实践中摸索科学而有效的管理思路，形成新的管理制度机制。

六、幼儿园总务工作管理的基本原则

幼儿园总务工作管理既要符合教育的基本规律，又要体现学前教育的一般特点与要求，遵循幼儿身心健康发展规律，促进幼儿园整体管理的有效实施。

（一）服务保教原则

服务是目的，管理是手段。保教是幼儿园的中心工作，总务工作的计划、实施，都必须围绕保教这一中心来安排，以利于教与学的进行。创造良好的教学环境，要在财政预算开支方面，想教学之所想，急教学之所急，为保教工作提供必需的物质条件，及时添置需要的设备，为保教服务。师幼是幼儿园的主体，服务好师幼生活，解除他们的后顾之忧，可以增强幼儿园内部的凝聚力，提高教与学的积极性。在处理人与物的关系上，要经常了解师幼生活的合理需要，做到该花的钱一定要花，能满足的予以满足，暂时不能满足的予以解释。在处理人与人的关系上，要一视同仁，坚持民主公开，提高总务工作的透明度。如幼儿园食堂是家长关注的焦点，家长的认可关系着幼儿园的整体声誉和可持续发展。

（二）制度管理原则

制度是现代管理的灵魂，尤其是总务管理，更是千头百绪，实行制度管理更显迫切和重要。幼儿园要从自身园情出发，建立健全行之有效的总务管理制度，做到规范化和科学化。幼儿园总务管理制度要符合国家有关法律、规章、制度。制定与实施各类标准，要体现本园总务管理的特点和实际情况，使幼儿园总务管理标准化和规范化。在制定制度的方法上，要善于运用科学的原理把以“物”为中心的管理转化为以“人”为中心的管理，实现人、财、物的相互协调，提高整体效益。

建立合理的规章制度，提出管理工作的规格、标准和要求，不仅是科学管理的需要，也是一种教育手段。总务管理人员在提出、制定、执行这些规章、制度、规格、标准和要求时，应从爱护和关心幼儿的观点出发，充分利用自己的工作条件，有计划、有目的地从教育的角度来考虑和工作，抓住一切有利时机和典型事例，潜移默化地影响幼儿的品德意识，培养社会主义一代新人。

（三）勤俭节约原则

总务管理关系着幼儿园的健康有序运转，既要求合理利用现有的财力、物力，又要厉行节约，反对铺张浪费，实现开源节流。要增强效益观念，使有限的物力、财力发挥最大效能。在经费管理上严格执行财务制度，做到财尽其效，认真调查研究，做好超前预测，合理编制预算，使有限的经费使用效能最大化。在物资管理上做到物尽其用，杜绝采购、库存、领取过程中的浪费。改善幼儿园玩教具配备不健全的现象，防止使用后堆放起来不管不问的情况。添置新的教育装备对改善办园条件是很有必要的，但更要充分利用废旧物品，发挥其潜在的使用效能和教育功能。幼儿园中废旧材料的有效利用，不仅可以节省办园资金，还可以培养节约意识。如生活中的很多材料都能成为我们体育锻炼的器材，我们应该随时随地利用这些材料进行体育锻炼，促进身心健康。

（四）沟通协调原则

总务工作涉及对内关系和对外关系，要求总务工作人员具有较强的协调能力。幼儿园总务工作人员对内要处理好管理工作和教育工作的关系，对外要协调好幼儿园与上级部门、兄弟单位、家庭及所在社区的关系。总务工作人员还要注意信息的交流与沟通，应有较畅通的对内、对外信息沟通渠道。幼儿园必须了解社会变化所带来的新问题，分析新情况，探索新需要，进而主动地进行自我调整，采取相应的对策和措施，积极地适应社会环境的变化，而不能关起门来办园。总务工作人员应通过协调和沟通，使幼儿园的各项工作能够顺利开展，并争取较广泛的社会支持，以改善办园条件。

七、幼儿园总务工作管理体系建设

幼儿园的总务工作管理体系建设必须合理规范，服从于幼儿园管理的整体目标，全面贯彻执行党和政府的教育方针和政策。

（一）建设优秀的总务队伍

一个管理一流的总务队伍，要具有一定的政治素质、文化素质、品德修养、基本技能和较强的业务素质。领导干部的言行举止要具有先进模范性，在实际工作中要做到吃苦在前、享乐在后，用实际行动带动和激发广大职工积极奉献的精神；要求职工做到的事情自己要首先做到，要求职工不做的事自己要首先不做；在实际工作中形成领导班子的感召力和说服力。幼儿园领导要不拘一格地选拔管理人才，把善于管理、秉公办事、清正廉洁、富有实干精神的干部选入班子，使全体总务管理人员各在其位、各司其职、各尽其责、各得其所。

（二）不断完善总务管理体制

设置完善的幼儿园总务管理体制，涉及幼儿园管理的方方面面，要依据行政组织原则、国家教育方针和简政高效的理论，做到方向明确、信息通畅、精干高效、因园制宜。既要遵循总务管理的原则，又要从幼儿园实际出发。如有的幼儿园，生活管理、教育装备管理、校园规划与建设管理、校园环境管理、安全管理等属于总务直接管理，财务管理、人力资源管理、食堂管理、玩教具管理、图书资料管理、卫生保健管理、信息化管理等在行政上不属于总务管理，但是在财产上接受总务管理的领导，需要在总务管理的指导和监督下做好设备、设施、资料等的保管工作。

一流的管理团队，需要一流的管理制度来保障，用制度管事，用制度管人。一是健全以行政会议或办公会议为主的总务议事制度。在民主集中制原则指导下，科学、民主、有效地处理工作中的重大事务和事项，加强班子内部的沟通与协作，形成工作凝聚力。二是完善总务管理的工作制度。加强制度建设，做到有章可循。无论是管理人员还是普通职工，都要善于学会并习惯于用规定、规程来约束自己，做到令行禁止，杜绝法外开恩与我行我素。三是制定科学有效的工作岗位责任制及奖惩措施。按“德、能、勤、绩、廉”的要求实施学年度考核与定期考核，切实做到奖优罚劣，根据干部职工职务高低的不同，岗位职责的不同，管理权限的不同，做到评价标准不同，实现规范化、标准化的统一。

（三）健全总务管理系统的基本内容

幼儿园总务管理系统的目标是保证教育教学的顺利进行，要努力做好幼儿园环境的管理、园舍管理、教学设备管理、财务管理、物资管理、卫生保健管理、食堂管理、安全管理、集体福利的生活管理等各个方面。总务管理系统是幼儿园管理系统的重要组成部分和重要环节。总务管理人员要积极主动地站在全局的角度思考问题，本着“为幼儿园服务、为教学服务、为教师服务、为幼儿服务”的目标，并最终都落实到为幼儿服务；要经常贴近全体教职工，主动收集各类信息；要提前计划与组织好办公、教学、幼儿游戏、维修、卫生保健、安全等各种物品和设备的采购、保管和供给，解决领导的后顾之忧，为领导提供一本行之有效的经济账。

需要指出的是，总务管理系统贯穿于幼儿园管理系统的所有过程，我们把这些要素提取出来，主要有人、财、物、事、时空、信息、手段等。“人”，包括幼儿园的总务管理者和被管理者。教职工既是管理对象，也是管理者。任何管理都是通过人去指挥、协调、控制和监督，并同时实施对人的管理。“财”，指资金。幼儿园要把有限的资金合理使用，用在最重要并能最大限度地提高效益的地方，使财尽其用，保障管理机制运转。“物”，指教学设施、仪器、玩教具、材料、能源等物质条件。对物的管理包括采购、保管、维护与废旧利用等，发挥物质基础的最大效能。“事”，指育人活动和管理工作。对事的管理包括贯彻国家的法规、方针、政策和地方教育行政部门的指令，研究本园发展建设规划及重大事情的决策，对卫生保健、安全等工作进行合理计划及全面安排，建立常规制度，协调人际关系，控制管理活动过程等。“时空”，分别指时间、空间，体现了管理活动的持续性和广延性。管理者应抓住时机，珍惜时间，充分利用空间的多维立体特点，力求在有限的时空内获得最大的效益，创造出更多的价值。“信息”，包括幼儿园内部管理信息和外部大环境信息及其沟通、处理等，使信息流通及时、迅速、准确并有针对性，以便更好地为决策、计划和调控服务。“手段”，主要指借助工具、方法，如装备计算机、投影、电视等多媒体设备，为教育教学提供最优质的物质条件。

第二节　幼儿园膳食管理

膳食管理是幼儿园总务管理工作的重要组成部分，关系到幼儿健康，总务部门必须与卫生保健部门协作配合，做好这项工作。

一、幼儿膳食的特点

幼儿的膳食应具有以下特点：

（1）幼儿正处于生长发育期，食物要有营养，种类要丰富。

（2）幼儿的肠胃功能还没有完全发育好，食物要易消化。

（3）幼儿对食物的色彩、味道等要求较高。

（4）幼儿的饮食应根据季节的变化进行适当的调整。

拓展阅读

不同季节孩子的饮食方式

春天万物复苏，人体的阳气生发，此时在饮食上要选择一些能“助阳”的食物，如葱、姜等，使郁积一冬的内热散发出来。冬天蔬菜品种较少，幼儿摄取的维生素往往不足，因此，在春天，应让幼儿多食用一些时令蔬菜，如春笋、菠菜、芹菜等。

夏天酷热多雨，暑湿之气易乘虚而入，幼儿往往会食欲降低，消化功能减弱。夏天在膳食搭配上，要注意食物的色、香、味，以引起幼儿的食欲。夏天，幼儿宜多食用绿豆、西瓜、乌梅等，不宜多食用冷饮，否则腹中受寒，易导致腹痛、呕吐等肠胃不适症状。

秋天，随着暑气的消退，幼儿的食欲逐渐提高，应特别注意立秋之后，无论是西瓜还是香瓜，都不能让幼儿多吃，以免损伤脾胃。秋天气候干燥，要注意少食用辛辣的食物，如辣椒、生葱等，宜食用芝麻、糯米、蜂蜜、枇杷、甘蔗、菠萝等。

冬天气候寒冷，饭菜的口味可适当重一些。冬天绿叶蔬菜较少，应注意让幼儿食用一定量的黄绿色蔬菜，如胡萝卜、绿豆芽等，避免发生维生素A、维生素C等缺乏症。冬天切忌食用生冷的食物，此类食物属阴，易伤脾胃之阳。

中医讲究“天人相应”，根据季节的变化选择合理的食物，对幼儿的健康成长非常重要。

二、幼儿园膳食管理的主要内容

（一）健全膳食管理网络，形成民主管理和监督机制

幼儿园应成立专门的膳食领导小组，由园长、总务主任、专职保健人员、班级保教人员、会计、食堂负责人等组成，层层分管，分工明确，职责清晰。

幼儿园应制定较完整的、科学的膳食管理制度，每学期定期召开工作会议，修订和完善各项膳食管理制度，并对制度执行情况进行检查。

膳食领导小组要定期深入班级了解幼儿用餐的情况，以便及时发现问题，然后及时纠正和解决。班级保教人员要努力营造良好的进餐氛围。

（二）确保膳食质量

为了确保膳食质量，幼儿园应做好以下几个方面的工作。

扫一扫 看一看　扫一扫 看一看　扫一扫 看一看

（1）把好卫生消毒关。

（2）把好验菜关。

（3）把好加工烹饪关。

（4）把食品安全工作放在第一位，严格执行《中华人民共和国食品卫生法》。

（三）严格执行食品卫生“五四”制度

食品卫生“五四”制度具体包括以下内容。

（1）由原料到成品实行“四不”：采购员不买腐烂变质的原料；保管验收员不收腐烂变质的原料；食品加工人员不用腐烂变质的原料；服务员不卖腐烂变质的食物。

（2）食物存放实行“四隔离”：生与熟隔离；成品与半成品隔离；食物与杂物、药物隔离；食物与天然冰隔离。

（3）食品用具实行“四过关”：一洗，二刷，三冲，四消毒。

（4）环境卫生做到“四定”：定人、定物、定时间、定质量。

（5）个人卫生做到“四勤”：勤洗手、剪指甲，勤洗澡、理发，勤洗衣服、被褥，勤换工作服。

拓展阅读

幼儿食物选择的基本原则

1. 粮谷类及薯类食物

进入幼儿期后，粮谷类食物应逐渐成为孩子的主食。粮谷类食物是碳水化合物和某些B族维生素的主要来源，也是蛋白质及其他营养素的重要来源。

在选择粮谷类食物时应以大米、面制品为主，同时加入适量的薯类食物。

在食物的加工上，应粗细适当。加工过细，B族维生素、蛋白质和无机盐损失较多；加工过粗，会影响人体对钙、铁、锌等营养素的吸收和利用。

2. 乳类食物

乳类食物是优质蛋白质、钙、维生素B_2、维生素A等营养素的重要来源。

乳类食物中钙含量高，易吸收，可促进幼儿骨骼的发育。但乳类食物中铁、维生素C的含量很低。

食用过量的乳类食物会影响幼儿对粮谷类食物和其他食物的摄取，不利于饮食习惯的培养。

3. 鱼、肉、禽、蛋及豆类食物

鱼、肉、禽、蛋及豆类食物不仅可以为幼儿提供丰富的优质蛋白质，也是维生素A、维生素D及大多数微量元素的主要来源。

豆类食物含有较多的蛋白质且价格较低，是动物性蛋白质较好的替代品，但其微量元素的含量低于动物性食物，所以在经济条件允许的情况下，幼儿还是应摄取适量的动物性食物。

4. 蔬菜、水果类食物

蔬菜、水果类食物是维生素C、胡萝卜素的主要来源，也是维生素B_2、无机盐和膳食纤维的重要来源。

蔬菜、水果类食物不仅可以提供营养素，而且具有良好的感官形状，可以增强幼儿的食欲。

5. 糖、盐等调味品及零食类食物

糖、盐等调味品及零食类食物在提供必需的脂肪酸、调节口感等方面具有一定的作用，但摄取过多对身体有害无益，幼儿应少吃这类食物。

三、幼儿园膳食管理的注意事项

幼儿园应根据中国营养学会推荐的幼儿期每日膳食中营养素供给量标准，以营养金字塔理论为指导，遵循“营养、卫生、科学、合理”的原则，制订适合本园幼儿的带量食谱。

为了让幼儿愉快地进食，同时确保足够的营养素摄入量，幼儿园在膳食管理中应注意以下几点。

（1）制订营养平衡的食谱。幼儿食谱要做到干稀、荤素、粗细、甜咸搭配。幼儿膳食应以谷类食物为主、动物性食物为辅，粗粮、细粮要合理搭配，这样不仅可以为幼儿提供充足的营养，而且粗粮中所含的纤维素能刺激肠胃蠕动，从而减少便秘，促进幼儿的生长和发育。

（2）科学烹调，保持营养。科学烹调是保持膳食质量的重要环节，通过科学烹调做成的饭菜，既色、香、味、形兼备，又符合营养卫生要求。例如，蔬菜要旺火急炒，这样维生素C的保存率可达60%~70%，胡萝卜素的保存率可达76%~96%。

（3）既要味美，也要有营养。这对生长发育旺盛的幼儿非常重要。蔬菜被人们称为维生素的宝库，幼儿应多食用蔬菜。

拓展阅读

幼儿膳食营养中的常见误区

1. 把幼儿看成小大人

有的家长把幼儿看成小大人，让幼儿与大人一样只吃正餐（一日三餐），不注意给幼儿补充奶制品和加餐，长此以往，易引发幼儿营养不良。

2. 多吃素食身体好

有的家长认为幼儿肠胃功能弱，应少吃油腻食物。幼儿正处于生长发育的关键时期，需要足够、全面的营养。幼儿若以素食为主，容易患佝偻病，且容易导致各种脂溶性维生素缺乏。

3. 多吃荤腥有营养

鱼、肉等食物虽然含有丰富的蛋白质和维生素，但矿物质、膳食纤维、碳水化合物含量极少。

4. 正餐不吃零食补

零食提供不了正餐所提供的营养。幼儿可以吃零食，但必须适时、适量，且以水果、坚果类食物为好，尽量少吃膨化食品，同时注意清洁、卫生。

5. 少吃饭，多吃菜，可以增加营养

饭是主食，菜是副食。由于主食类食物含有较丰富的B族维生素，所以少吃饭多吃菜，会造成B族维生素缺乏。另外，少吃饭，提供热量的营养素减少，势必要消耗较多的蛋白质，这样会导致体内营养失衡。

6. 肉煮在汤里，喝汤比吃肉更有营养

汤中的无机盐含量仅为肉类的25%~60%，汤中的蛋白质含量仅为肉类的3%~12%，所以幼儿除了喝汤外，还要吃肉。同时，为了增加汤的营养，最好在煨汤的时候加入一些蔬菜。

7. 吃汤泡饭胃口好

有些家长认为，幼儿吃汤泡饭可以加快吃饭速度，还可以增加进食量，也有家长认为吃汤泡饭与吃饭、喝汤是一回事。事实上，汤泡饭进入口腔，会将唾液冲淡，减少唾液的消化作用，从而造成食物营养成分未经充分消化和吸收就排出体外。

8. 贵的食物才有营养价值

一些家长对食物的营养价值认识不足，盲目地追求高价位的食物，错误地认为贵的食物才有营养价值。例如，有些家长不让幼儿吃新鲜蔬菜和鱼肉，而让幼儿吃罐头食品；有些家长轻视普通膳食，让幼儿过多地吃零食或各种补品。这样容易导致幼儿营养失衡。

9. 多吃甜食可以增加热量

适当地吃一些甜食可以补充热量，多吃会影响食欲，从而影响幼儿的生长发育。

10. 幼儿园有课间点心供应，幼儿不吃早餐不要紧

考虑到幼儿胃容量小，早餐不可能吃得很多，为了满足幼儿上午活动和学习的需要，幼儿园会在课间休息时提供牛奶、小糕点等。但是，点心代替不了早餐。幼儿早餐安排应选择体积小、味道好、富含热量、含有一定蛋白质和维生素的食物。早餐要注意干稀搭配，主食、副食兼顾。

11. 用饮料代替白开水

各种饮料都含有合成色素和防腐剂，对幼儿的生长发育不利。白开水具有饮料不能替代的独特作用，煮沸后自然冷却的凉开水，容易透过细胞膜促进新陈代谢，利于体内废物的排泄，提高人体的免疫力。

第三节　幼儿园财务工作管理

作为总务管理工作的一个重要组成部分，幼儿园财务管理是通过价值形态对幼儿园资金运转进行综合性管理的过程，或者说，幼儿园财务管理是在一定的教育目标引导下，实现对幼儿园资产购置、资本融通、资金营运、利润分配等财务活动的管理。财务管理渗透和贯穿于幼儿园一切经济活动中。

一、幼儿园财务管理的基本原则

幼儿园财务管理必须遵循以下原则。

（1）贯彻执行国家有关法律、法规和财务规章制度，坚持勤俭办园的方针。

（2）正确处理事业发展需要和资金供给的关系，社会效益和经济效益的关系，国家、集体、

个人三者利益的关系。

二、幼儿园财务管理的任务

（1）合理编制园内经费预算，依法多渠道筹集事业资金。

（2）加强核算，提高资金使用效率。

（3）加强资产管理，防止资产流失。

（4）建立健全的财务规章制度。

（5）对幼儿园经济活动进行财务控制和监督。

（6）定期进行财务分析，如实反映幼儿园财务状况。

三、幼儿园财务管理的主要内容

财务管理的基本职能是财务计划和财务控制。幼儿园对财务的管理主要包括以下两个方面。

第一，建立并严格遵守财务制度，严格财经纪律。这是做好财务工作的关键。要坚持按规定手续审批各项经费的使用，执行财务制度不因人而异。一般情况下，经费开支不应突破预算，账目要账据相符、日清月结，报表要按时报送。主管园长要加强对财务工作的检查和监督，定期公布收支情况，杜绝一切贪污浪费和违法行为的产生。

第二，编制经费预算和决算。幼儿园财务应实行计划管理，必须按年度编制好经费的预算和决算。

（一）预算

扫一扫 看一看

财务预算是指幼儿园根据发展计划和任务编制的年度财务收支计划，是幼儿园各项计划的具体量化，是财务管理的核心，是幼儿园管理的重要组成部分。因此，幼儿园要重视预算管理，建立健全的预算管理制度，编制科学、合理的预算，使预算更接近实际。

预算是财务收支的计划，包括收入和支出两方面。幼儿园经费收入主要有保育费、管理费、杂费、膳食费以及政府和主办单位的拨款和个人或社会团体的捐赠等。幼儿园经费支出主要有职工工资、奖金、福利费、基建投资及维修费、大型设备购置及维修费、办公费、业务培训费、水电煤气费等。幼儿的膳食费必须全部用于幼儿膳食，专款专用。

幼儿园预算管理对幼儿园的财务活动具有重要意义。一方面，幼儿园加强预算管理，推行预算编制改革，科学安排支出，能够从根本上优化支出结构，加快预算执行进度，提高资金使用效益，进而提高幼儿园的管理水平和管理能力，有效监控和考核幼儿园绩效，改变业务收支不平衡的状况。另一方面，预算作为一个有效的沟通手段，能触及幼儿园的各个角落；预算能协调组织各项活动，加强各部门之间的联系，促进幼儿园部门间的合作与交流。此外，通过预算还能进行业绩评价，进一步促进幼儿园各项目标的实现，保证幼儿园各项指标的不断优化。

编制预算的总体要求是：前后思量、统筹安排、保证重点、照顾一般。可参照上一学年的结算情况，考虑这一学年幼儿园的发展及实际需要，把需要与可能性结合起来。要以保教工作的需要作为预算的重点，分清主次轻重，有计划地全面安排。预算要留有余地，有一定的机动性，以便解决计划外的某些特殊需要。对某一临时重大事项用款，则可做临时专项预算上报。

园长应亲自与财会人员共同分析研究经费使用的分配计划，参与预算制定工作。

编制预算时应遵循以下原则。

1. 真实性原则

幼儿园预算收支的预测必须以幼儿园发展目标和履行幼儿园职能需要为依据，对每一收支项目的数字指标应认真测算，力求各项收支数据真实、准确。机构、编制、人员、资产等基础数据资料要按实际情况填报；各项收入预算要结合近几年实际取得的收入并考虑增收减收因素，不能随意夸大或隐瞒收入；支出要按规定的标准并结合近几年实际支出情况测算，不得随意虚增或虚列支出；各项收支要符合部门的实际情况，测算时要有真实可靠的依据，不能凭主观印象或人为提高开支标准编制预算。

2. 完整性原则

预算编制要体现综合预算的思想，所有收入和支出全部纳入预算，对幼儿园的各项财政资金和其他收入统一管理、统筹安排、统一编制综合预算。编制预算时，要将幼儿园取得的包括财政性资金在内的各项收入及相应的支出作为一个有机整体进行管理，对各项收入、支出预算的编制做到不重不漏，不得在预算之外保留其他收支项目。

3. 科学性原则

预算编制要具有科学性，具体体现在：

预算收入的预测和安排及预算支出的方向要科学，要与幼儿园发展状况相适应，要有利于促进幼儿园协调全面、可持续发展；预算编制的程序设置要科学，合理安排预算编制每个阶段的时间，既以充裕的时间保证预算编制的质量，又要注重提高预算编制的效率；预算编制的方法要科学，预算编制要采用科学规范的方法，测算的过程要有理有据；预算的核定要科学，基本支出预算定额要依照科学的方法制定，项目支出预算编制中要对项目进行遴选，分轻重缓急排序，科学合理地选择项目。

4. 稳妥性原则

预算的编制要做到稳妥可靠、量入为出、收支平衡。收入预算要留有余地，没有把握的收入项目和数额不要列入预算，以免收入不能实现时，造成收小于支；预算要先保证基本工资、离退休费和日常办公经费等基本支出，以免出现入不敷出的情况；项目预算的编制要量力而行，有多少钱办多少事。

5. 重点性原则

预算编制要做到合理安排各项资金，在兼顾一般的同时，优先保证重点支出。根据重点性原则，要先保证基本支出，后安排项目支出，先重点、急需项目，后一般项目。基本支出是维持幼儿园正常运转所必需的开支，如教职工基本工资、国家规定的各种补贴津贴、离退休人员的离退休费、保证幼儿园正常运行所必需的管理费用支出及完成幼儿园任务所必需的其他支出。因此要优先安排预算，不能留有缺口。

（二）决算

决算是执行预算的年终总结。通过决算可以了解全年经费的使用情况、各项经费收支的比例关系以及它们在总额支出中的比重，找出经费使用规律，为下一年度预算的制定提供依据和指导。

在主管园长领导下，财务人员负责经费的预算和决算的编制工作，由园长提交园务委员会审议通过后，预算须呈报主办单位审核批准后方可执行，决算也要报主办单位审批备查。

第四节 幼儿园事务性工作管理

幼儿园的事务性工作管理包括招生编班、档案管理和教职工福利的改善等。

案例分析

月薪太低拖欠工资 幼儿园教师停课

一天清晨，xx幼儿园的家长们照常把孩子送到幼儿园，不料却发现园门紧闭，老师不见踪影。经了解，家长们得知，老师因不满月薪太低且园方拖延支付，集体暂停教学。

一名家长告诉记者，他早上送女儿上学，看到正在等待园方答复的班主任。班主任说，她的月薪只有3 100元，而且今年已经有三个月没发工资了。她因为要不到欠薪，没心情上课了。老师们暂停教学直接影响了家长们的正常工作。家长们将记者团团围住诉苦：孩子无处可去，他们只好临时向单位请假，一天的安排就这样被幼儿园的突发事件弄得全乱了套。

此外，记者在了解中得知，多数家长抱怨老师流动性大。其中一名幼儿家长向记者出具了该幼儿园的收据：每月学费、伙食费、书本费共计4 010元，并且，幼儿园规定“学费必须按学期缴纳且中途退学不退费”。也有不少家长向记者抱怨，老师收入太低，不仅造成师资流动性大、影响教学质量，也削弱了老师对学生的关心。

而一位曾参与核定幼儿园收费的市场监督管理局内部人士透露：“每年两次全市范围的教育收费大检查，很少关注幼儿园教师的薪酬问题，只要教师收入达到最低工资标准即可。”

请分析：教师的福利待遇与幼儿园的教学、管理之间有着什么样的关系？

分析与思考：从案例中可以看出，教师的福利待遇直接关系到教师的生存发展，进而影响到教师的工作热情。对于幼儿园的管理者来说，依法提高教师待遇，按时发放教师薪酬，也是幼儿园管理中的一项重要工作。

一、招生与编班

（一）招生

按照《幼儿园工作规程》的规定，幼儿园一般“每年秋季招生。平时如有缺额，可随时补招”。招生数量与年龄标准通常依据幼儿园规模和其他方面条件确定。这里主要针对固定收托的幼儿园探讨招生工作问题。招生的程序与步骤如下：

（1）拟定招生公告，进行宣传与招生。宣传的途径有报纸、杂志、期刊、网络等。在宣传与招生时，要说明幼儿园名称并介绍幼儿园的基本情况、服务项目、优势特色等内容，说明招生人数、班级设置情况、招生年龄范围、招生日期、报名日期等。

(2)组织招生报名工作。准备好报名单让家长填写，招生时可了解幼儿的一些简单情况。

(3)入园登记。首先要全面了解入园幼儿的情况，如生活习惯、身体健康状况及个性特点等；其次办理入园登记手续，如填写入园登记表、缴纳各种费用、领取物品等；最后是入园体检，一般包括身高、体重、视力、智力、传染病、营养状况等方面的内容。

(二) 编班

在编班时要充分考虑幼儿的性别比例和各班幼儿的身体素质状况，班额或规模不宜过大，否则会带来管理上的困难，易出现照顾疏漏，甚至危害幼儿的健康和安全。通常需要参照教育行政部门的有关规定并结合幼儿园实际确定班额，班级幼儿人数以 20~35 人为宜。一般地，3 岁以上的幼儿以 1 岁为限编班，也可以混合年龄编班。3 岁以下的幼儿多以半岁为限编班。

拓展阅读

幼儿园编班人数

根据国家规定，全日制幼儿园每班应配设 2 名教师、1 名保育员。

编班标准：

小班(3~4 岁)：每班人数为 20~25 名。

中班(4~5 岁)：每班人数为 25~30 名。

大班(5~6 岁)：每班人数为 30~35 名。

二、档案管理

扫一扫 看一看

幼儿园档案是指幼儿园一定时间内在党政、园务管理、教育教学、卫生保健及其他各项活动中形成的各种门类和载体的具有参考保存价值的材料或历史记录。它作为一种重要的信息资源，记载着幼儿园的办学历史和教育教学活动，是全园师生教职工德、能、勤、绩的真实记录，是从事幼儿园管理、教科研工作和教育监督评估必不可少的资料。

(一) 幼儿园档案的种类

档案是信息资源的重要组成部分，它对日后的实际工作和研究有查考和利用价值。幼儿园档案按其记录的内容可划分为以下四类。

1. 园务管理档案

(1)体制管理档案，指园长负责制的实行情况及所形成的资料信息，还包括园务委员会、家长委员会等工作机构的各类资料及幼儿园实施民主管理的系列资料。

(2)规章制度管理档案，包括幼儿园的卫生保健制度、学习及教研制度、奖惩制度、考勤制度、教职工培训制度、财务制度、安全制度、岗位责任制度、财产管理制度等的资料。

(3)财产物资管理档案，指各类财产登记册、物资的分配和发放记录、账目的检查资料等。

2. 保教队伍管理档案

（1）人员配置资料，包括各时期教师、保育员、后勤行政人员及其他管理人员的配置情况，还包括各时期的班级数量、在园幼儿数量等信息。

（2）教职工简明情况资料，包括全体教职工的年龄、职称、学历；阶段性的工作任务、业绩；教职工在工作中形成的计划、措施、总结及教职工在职业道德、思想水平、业务进修等方面的资料。

3. 保教工作管理档案

（1）教育教学常规管理档案，包括园长对教学定期或不定期检查和指导所形成的资料；业务园长每周对教师备课笔记、教育笔记、反思日记进行批阅或指导的记录；幼儿园对公共活动场地、专用活动教室的使用安排；教师对全体幼儿所做的幼儿成长档案记录等。

（2）卫生保健工作档案，包括幼儿园卫生保健制度的落实情况，对幼儿的健康检查情况的登记，幼儿生活、卫生用具配备及消毒情况，幼儿的饮食及营养分析、膳食调整情况，幼儿安全教育，幼儿园的环境卫生、疾病预防情况，幼儿良好的卫生习惯的教育情况等。

（3）儿童发展管理档案，包括幼儿个体发展状况的分析、评估，教育工作中采取的措施、方法和效果等需及时记录并存档形成的资料库。

4. 设施设备管理档案

（1）房舍资料管理档案，包括幼儿园规划设计图纸、每学期房舍的使用情况、户外场地的划分和使用情况、绿化面积、公关活动面积、人均活动面积等。

（2）设施设备资料管理，包括幼儿园全园设备、班级设备、各种功能场所的设备等，应当每年或每学期进行登记，同时对全园设施设备的使用和检修情况进行登记造册。

（二）幼儿园档案管理的原则

1. 服务性原则

档案的基本职能就是使查阅者通过研究、分析档案，从中获得启发，为更好地开展工作提供服务。服务性原则是幼儿园档案管理的基本原则。为保教工作提供优质服务，是幼儿园档案管理的核心任务。因此档案资料的收集、分类、归纳、建档和管理，都要围绕幼儿园的中心任务，以方便查阅为目的。

由于幼儿园卫生保健工作的特殊性和重要性，与之相关的档案资料更应确保供应及时、准确、全面。

2. 适度超前原则

幼儿园的档案管理人员还应当及时收集和整理国内外、省际、区域内幼儿教育的发展状况、研究状况等信息，为幼儿园进一步发展提供及时、有效的信息资料。因此，幼儿园的档案管理人员，要有适度超前的思想，能够敏锐捕捉各种有效信息，更好地服务于幼儿园的发展。

3. 最大效益原则

档案管理的效益原则，是指各类档案资源的使用效率和使用质量。使用效率是指各种档案资源的使用频率或单位时间内的使用次数，如图书借阅率、幼儿园网页的点击率等。在使用质量上则应当挖掘档案信息的再利用价值，将历史的积累变为未来工作的财富，从而实现效益的最大化。

4. 载体电子化原则

随着信息技术的普及，档案信息的储存形式也实现了质的飞跃，幼儿园在档案管理中必须适应新的变化。日常资料的电子化处理是今后幼儿园档案管理发展的方向。使用电子计算机技术存储档案资料不仅方便、快捷，而且存储质量高，易于查找。

随着信息时代和网络时代的到来，幼儿园信息资源共享也日益受到广泛的重视，不少幼儿园通过局域网，实现了园内信息共享和网上办公、网上备课，既方便快捷又有利于环保；更有部分幼儿园建设了自己的网站，通过互联网大容量、高速度的信息流动，拓展了视野，缩短了与外部世界的距离，为幼儿园向更高层次发展创造了条件。

三、教职工福利

《教师法》明确规定，教师享有“按时获取工资报酬，享受国家规定的福利待遇以及寒暑假期的带薪休假”的权利。保证教师工资按时足额发放并努力改善教职工的福利待遇，对于稳定教师队伍，提高保教质量起着重要的保障作用。

一般来说，在编在岗教职工的工资由上级财政部门拨发。近年来，随着人事制度的改革，有些幼儿园实行了结构工资制，对在编在岗人员除保证国家规定的工资项目外，其余金额均作为奖励工资重新核算、发放。聘用人员则应当按照劳动人事部门的有关规定，签订并严格履行劳动合同，按时发放议定的工资，避免出现不必要的劳资纠纷。

在福利待遇方面，总务后勤部门负责人要主动了解、掌握全园教职工的生活和福利需求，并及时向主管领导汇报。幼儿园要根据本园的实际条件，尽最大可能改善教职工的各项福利待遇，切实为教职工解决后顾之忧，从而使其可以全身心地投入工作中。

幼儿园还应当根据国家有关规定，为教职工及时缴纳各项保险（包括养老保险、失业保险和基本医疗保险）和住房公积金。

本章小结

1. 幼儿园总务管理是幼儿园管理的重要组成部分，是对涉及幼儿园的人员、物资、财产、园舍等进行计划、组织实施、监督检查，最大限度地满足幼儿园全园师幼（教师和幼儿）游戏与活动、工作和生活的需求，为培养社会主义建设人才，实现教育现代化创造最优质的环境和条件。

2. 幼儿园总务管理主要有四个特点，即服务性、先行性、全局性、政策性。

3. 幼儿园总务管理的基本原则：服务保教原则、制度管理原则、勤俭节约原则、沟通协调原则。

4. 幼儿园财务管理的主要内容：一是建立并严格遵守财务制度，严格财经纪律。二是编制经费预算和决算。

5. 幼儿园档案管理的原则：服务性原则、适度超前原则、最大效益原则、载体电子化原则。

思考与练习

一、单项选择题

1. 幼儿园总务工作一定要遵循(　　)工作优先原则。

A. 服务领导　　B. 服务保教　　C. 服务家长　　D. 服务幼儿

2. 某幼儿园对新入园的幼儿进行健康检查、简单的知识测试与智力测验，并依据测试结果录取幼儿。该幼儿园的做法(　　)。

A. 正确。幼儿园拥有自主招生的权利

B. 正确。有利于保证幼儿园生源质量

C. 不正确。幼儿园不得对幼儿进行任何形式的测试或检查

D. 不正确。幼儿园除健康检查外禁止任何形式的考试或测查

3. 缺锌会导致婴幼儿(　　)。

A. 食欲减退　　B. 夜盲症　　C. 佝偻病　　D. 肌无力

二、多项选择题

1. 幼儿园总务工作包括(　　)。

A. 物品管理　　B. 财务事务　　C. 教学管理　　D. 膳食管理

2. 幼儿园总务管理的特点是(　　)。

A. 服务性　　B. 先行性　　C. 全局性　　D. 政策性

三、课堂实践

某双语幼儿园 2021 年招生简章

(一) 幼儿园简介

××双语幼儿园创建于 2007 年，是一所民办幼儿园，坐落于××区××路，紧邻××小学。本园严格按照规范化幼儿园标准建设，分设托班、小班、中班和大班四个教学班。室内儿童化的环境布置，配以先进的中、小型教具、玩具，使孩子们在安全、舒适的环境中度过快乐的童年时光。

1. 丰富多彩的课程设置

(1) 采用中、英文两种语言完成幼儿教育任务，实现真正的双语教学。幼儿每天都接触英语，可以大大提高幼儿英语的听、说、读能力。

(2) 为减轻家长负担，免去家长早、晚接送孩子之苦，我园特开办长托班，以培养孩子的良好习惯和生活自理能力为目标。白天为幼儿开设丰富的课程，晚上有专职老师陪护，让幼儿感受到家的温馨。

(3) 为 2~4 岁幼儿开设快乐识字、国学经典、全脑开发、蒙氏数学、节拍英语、奥尔夫音乐、游戏、舞蹈、韵律操、绘画等课程，让幼儿在玩中学、在学中玩。

(4) 为 4~6 岁幼儿开设逻辑数学、学前拼音、汉字启蒙、牛津英语、国学经典、自然科学、艺术手工、音乐、美术等课程，大大提高幼儿的计算能力、阅读能力、书写能力。

2. 保障有力的硬件设施

本园配备丰富多样的教具、玩具，并时时更新，教室内备有钢琴、电子琴等乐器，并配备电脑等多媒体教学设备。本园还配备专用园车，为幼儿提供更好的服务。聘请专业厨

师，为幼儿烹调各种健康美味的菜肴。

（二）招生计划

托班：2个班共招25名，2018年9月1日至2019年8月31日之间出生的幼儿；

小班：1个班共招15名，2017年9月1日至2018年8月31日之间出生的幼儿；

中班：1个班共招18名，2016年9月1日至2017年8月31日之间出生的幼儿；

大班：1个班共招20名，2015年9月1日至2016年8月31日之间出生的幼儿。

（三）报名要求

（1）携带孩子及孩子的相关证件，包括户口簿、出生证、免疫接种卡的原件及复印件各一份，转学幼儿另请携带幼儿健康档案及学前教育登记卡原件。

（2）幼儿正面一寸近照2张。

（四）收费标准

托班：托管费800元/月，餐费10元/（人·天）；

小班：托管费750元/月，餐费10元/（人·天）；

中班：托管费700元/月，餐费10元/（人·天）；

大班：托管费650元/月，餐费10元/（人·天）。

注：以上托管时间均为周一至周五7：30至17：00，餐费包括三餐一点，园车、园服、活动、延时托管等费用另行计算。

请依据以上招生简章，自己模拟制作一份招生简章。

四、思考与应用

1. 幼儿园的膳食管理包括什么？

2. 幼儿园的档案工作如何进行？

参考答案　真题解析

公共关系学是一门研究组织与公众之间相互传播沟通的行为、规律和方法的学科。它已经成为现代组织机构参与社会竞争的重要手段，幼儿园想要生存并长足发展，就必须重视学习和应用公共关系学的相关知识。那么幼儿园公共关系都有哪些？在运用过程中需要注意些什么？

第九章　幼儿园公共关系管理

学习目标

1. 了解幼儿园公共关系的含义。
2. 了解幼儿园公共关系的目标、原则和途径。
3. 掌握幼儿园公共关系的管理要点和意义。

课程思政目标

1. 理解幼儿园公共关系管理的意义。
2. 与家长进行有效的沟通与合作，共同促进幼儿发展。
3. 协助幼儿园与社区建立合作互助的良好关系。
4. 掌握幼儿园公共关系的传播模式并能灵活运用。

思维导图

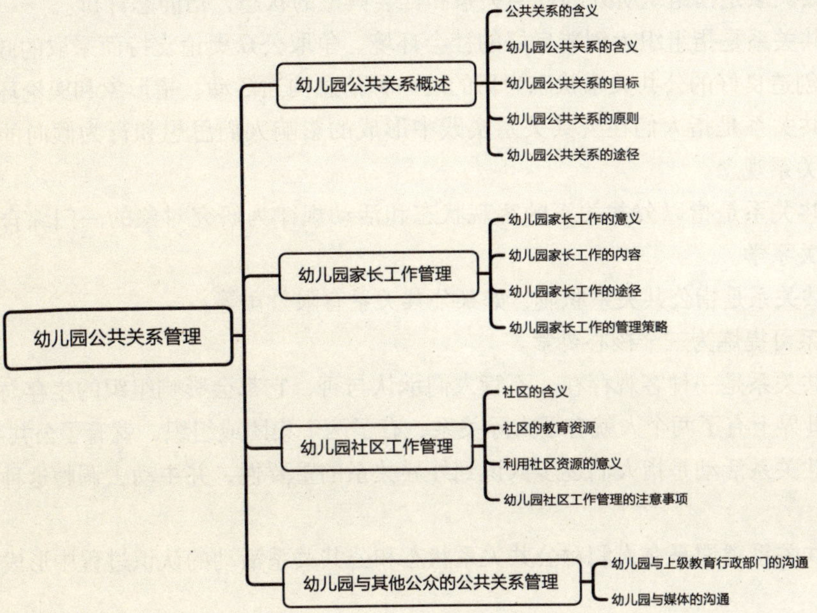

案例导入

2020 年新冠疫情暴发，幼儿园受到很大冲击。复学后，家长接送孩子时不能入园，只能在园门口与教师交接幼儿。小班的李老师有一次带着三四个幼儿回班，其中一个幼儿在上台阶时不小心摔倒，嘴角内侧被牙硌破了一个口子，血顿时流了下来。李老师马上给幼儿的家长打电话。家长第一时间来园，在李老师的陪同下带幼儿去医院就诊。幼儿的嘴角内侧缝合了三针。两天后，家长气愤地来到园长办公室，言辞激烈地指责幼儿园对幼儿受伤一事毫不重视，提出要幼儿园为该幼儿今后可能发生的整容手术承担费用，并写出书面承诺。面对家长的指责，园长了解情况后，带领教师和保健医生去探望了幼儿，并在园内开展了安全主题教育，以增强幼儿与教师的安全意识。

思考：事故发生后，引起了家长的不满，园长和教师的做法是否得当？分析该案例带给我们的启示。

第一节　幼儿园公共关系概述

公共关系是指一个组织与公众之间的关系，通过内接外联和相互沟通，建立组织的形象。幼儿园作为一个社会组织、一个教育机构，必须与社会各界保持沟通与联系。幼儿园要生存和发展，就要学习和应用公关关系知识。

一、公共关系的含义

“公共关系”一词来自英文“ Public Relations”，缩写为P.R.，简称公关。公共关系作为一门综合性的应用学科和一种正在发展中的管理功能，关于它的定义众说纷纭。

公共关系包含五层含义。

(1)公共关系是指组织所处的社会关系和社会舆论的状态，指静态评价。

(2)公共关系是指组织为创造良好的社会环境、争取公众舆论支持而采取的政策、行动和活动，即以创造良好的公共关系状态为目的的一种信息沟通活动，指形象和舆论环境。

(3)公共关系是指人们在公共关系实践中形成的影响人们思想和行为倾向的深层思想意识，即公共关系观念。

(4)公共关系是指以公共关系的客观状态和活动规律为研究对象的一门综合性的应用学科，即公共关系学。

(5)公共关系是指公共关系职业，如某公共关系有限公司等。

公共关系可提炼为三个核心要素。

(1)公共关系是一种客观存在，不管人们承认与否，它都会影响组织的生存与发展。就像有人说的：世界上有了两个人就有了人际关系，有了两个集团或组织，就有了公共关系。

(2)公共关系活动是指人们逐步认识到外界关系的重要性，并主动去调整这种关系时所发生的活动。

(3)公共关系意识是在人们对公共关系状态和公共关系活动的认识过程中形成的，对公共关系活动具有指导作用的思想、观念和原则。

二、幼儿园公共关系的含义

公共关系从理论到实践涉及不同的学科领域和实践领域。我们研究和学习公共关系，目的是将公共关系融入幼儿园管理过程中，从而更好地为幼儿教育服务。

幼儿园公共关系是幼儿园为实现教育与管理目标，有组织、有计划地运用各种传播手段与内、外部沟通联系，在幼儿园与幼儿及家长之间、幼儿园与员工之间、幼儿园与外部公众之间建立和发展相互了解、信任与支持合作的关系，以提高幼儿园管理质量，塑造幼儿园良好形象和创造最佳教育环境为目的的社会实践活动。

幼儿园公共关系包含三层含义。

(1)幼儿园公共关系是指幼儿园与幼儿、家长、员工、外部公众之间的关系。其中，幼儿园是主体，幼儿、家长、员工、外部公众是客体。

(2)幼儿园公共关系是传播活动，是一种双向的信息交流。幼儿园可以通过传播活动扩大组织对社会的影响力，建立良好的社会形象，而幼儿、家长、员工则可以通过信息交流实现自己的目标与要求。

(3)幼儿园公共关系具有管理职能。幼儿园能根据信息反馈调整自己的行为，以利于自身与客体的交流与合作，共同追求双赢的利益关系。

三、幼儿园公共关系的目标

(一)塑造形象

在当代社会，各组织在公共关系战略指导下，将组织的信息向社会公布，以增进组织与公众之间的了解和信任，在社会公众中树立良好的组织形象。树立良好的组织形象可使组织得到公众的肯定和支持，使公众产生依赖感，增加员工的归属感和成就感，便于吸引人才和留住人才，有利于组织的生存和发展。对于幼儿园来说，公共关系的目的是在广大家长心中及社区中树立良好的服务者与教育者的形象，具体包括教师形象、服务质量、保教质量、环境形象、园所风貌等各种形象要素。

(二)协调关系

公共关系作为组织与公众之间沟通的桥梁，发挥着协调沟通的重要作用。包括组织内部和组织外部关系的协调。

四、幼儿园公共关系的原则

公共关系是一项实践活动，幼儿园在开展公共关系活动时，应遵循以下原则。

(一)信誉第一原则

信誉第一原则是指幼儿园在公共关系中要尊重事实真相、如实宣传自己、诚实守信，以事实为基础去处理公共关系。

（二）开放创新原则

开放创新原则是指幼儿园开放办园，敢于面向公众，吸纳全新育儿经验，创新教育思维和方法，提高工作效率，使幼儿园不断适应公众需求，适应社会、家庭和幼儿自身的变化，从而推动幼儿园的管理不断发展。

（三）互惠互利原则

互惠互利原则是指幼儿园在公共关系中要以社会利益为本，以公众利益为第一出发点，坚持服务社会，促使幼儿园与公众之间的利益关系能够互惠互利、共赢共存。

（四）全员参与原则

全员参与原则是指幼儿园全体教职工，要树立全员公关意识，把公共关系工作视为自己的分内之事，营造和谐的公共关系氛围，规范自己的言行举止，积极参与幼儿园公关活动。

五、幼儿园公共关系的途径

（一）搞好内部公关

幼儿园的教职工是幼儿园公共关系的核心，是幼儿园各项工作的关键，所以，幼儿园必须要鼓励教职工做好本职工作，激励员工有所作为，从而提高办园质量。尤其是要贯彻全员公关的原则，树立员工形象和窗口意识，以实现幼儿园的良好形象。

（二）重视家长工作

家长是幼儿园公共关系的重要对象，幼儿园必须努力做好家长工作，创造一切条件与家长进行交流，争取家长对幼儿园的支持，让家长参与到幼儿园各项保教活动中来，使家长有主人翁意识，关心幼儿园的生存和发展。

（三）开展社区服务

因幼儿园在地域上和社区是一体的，所以幼儿园要了解社区的教育需求，主动解决社区教育问题，积极参加社区公益活动，为社区服务，从而树立良好的幼儿园形象。

（四）争取上级部门支持

幼儿园应该努力争取上级部门和社会的支持和帮助，如政策支持、经济援助、法律保障等获得良性发展通道，从而提升园所的品质和规模。

（五）借助媒体宣传

幼儿园要经常通过报刊、电台、网络、广播、自媒体等向社会宣传，将幼儿园的办园特色、教育理念、工作成果、大型活动等向公众展示，从而提升幼儿园的社会影响力。

第二节　幼儿园家长工作管理

“忽略了一个家长，就等于放弃了一个孩子的教育。”这句话真实概括了家长工作的重要性。

一、幼儿园家长工作的意义

著名儿童教育家陈鹤琴先生说过：“幼稚教育是一种很复杂的事情，不是家庭一方面可以单独胜任的，也不是幼儿园一方面能单独胜任的，必定要两方共同合作方能得到充分的功效。”

（一）有助于家、园配合一致，促进幼儿健康成长

家、园配合一致，就是幼儿园与家庭、教师与家长相互配合，形成教育的合力，共同促进幼儿的发展。家庭教育和幼儿园教育在思想、原则、方法等方面存在差异。两种不同的教养环境需要积极配合，取长补短，才能形成最大的教育合力。家庭教育与幼儿园教育要做到密切配合，幼儿园要发挥主导作用，把家长工作放在与保教工作同等重要的位置上。通过主动做好家长工作，使幼儿园与家长在幼儿教育上达成共识，使幼儿园教育和家庭教育的优势分别得到发挥，共同促进幼儿健康成长。

（二）有助于指导家长，发挥家庭教育的优势

家庭是幼儿成长过程中非常重要的环境，对幼儿健康发展所起的作用是重要而独特的。但是在现实中，许多家长并不了解幼儿教育的科学方法，在教育观念和教养方式上存在着种种误区和偏差，从而对幼儿发展产生了不同程度的消极影响。因此，幼儿园及其教师要充分了解和分析家庭教育的特点与问题，通过指导家长工作，引导并帮助家长树立正确的教育观和掌握科学的教育方法，发挥家庭教育的优势，给幼儿以积极良好的影响。

（三）有助于利用家长资源，提升幼儿园教育质量

家长来自不同的家庭，拥有不同的职业背景，具有各种各样的资源优势，幼儿园要主动争取这些家长，让他们参与到幼儿园保教工作中来，这样不仅有利于提高孩子的学习兴趣，还可以获得家长对幼儿园人、财、物等多方面的支持和帮助。所以，幼儿园应更新观念，通过家长工作，加强与幼儿家长的联系，调动他们参与幼儿园教育与管理的积极性，争取他们的关心、支持，从而实现家、园的良好沟通与互动，提升幼儿园教育质量。

（四）有助于传播幼儿园形象，扩大知名度和美誉度

家长是幼儿园外部公众中最了解幼儿园的。因此家长的满意度是形成幼儿园良好口碑和品牌形象的基础，家长的宣传影响着幼儿园在社会上的声誉。“公共关系 90%靠的是工作，10%靠的是宣传。”所以，幼儿园应通过家长工作，让家长以自己孩子身上取得的良好教育效果为鲜活的例子，成为幼儿园声誉的“义务宣传员”，帮助幼儿园树立良好的社会形象，扩大知名度和美誉度。

二、幼儿园家长工作的内容

幼儿园家长工作的内容比较丰富，涵盖家园联系的方方面面。幼儿园家长工作的根本出发点在于发挥家长的教育作用，调动影响幼儿成长的积极因素，促进幼儿的健康成长。幼儿园家长工作的开展一般从以下几个方面着手：加强幼儿园与家长之间的沟通、帮助家长提高幼儿教育能力和鼓励家长参与到幼儿园的保教工作中。

（一）加强幼儿园与家长之间的沟通

家园沟通是幼儿园家长工作的一项重要内容，也是做好家长工作的前提。有效的家园沟通，能使家长与教师相互了解、理解，建立起相互尊重、信任的关系。一方面，教师能够了解幼儿的家庭环境与教养方式等，以便有针对性地进行教育，同时能及时获得反馈信息，不断改进家长工作；另一方面，家长也可及时了解幼儿在园情况，了解幼儿园的教育要求和教育内容等，与幼儿园相互配合对幼儿实施教育，提高幼儿园的教育和管理水平。

（二）帮助家长提高幼儿教育能力

幼儿园作为实施儿童早期教育的专业机构，幼儿园教师作为专职的教育者，要主动承担起宣传、指导和帮助家长的责任。首先，幼儿园要帮助家长理解家庭教育的意义，明确家庭教育在幼儿身心发展中的重要性，同时帮助家长意识到自己对孩子负有的教育责任和义务；其次，幼儿园要帮助家长形成科学的教育理念，包括正确的儿童观、教育观、成才观等，以保障家长教育行为的科学性；最后，幼儿园要指导家长运用科学的教育方式和方法，为家长提供有针对性的教育方案，提高家长的育儿水平。

（三）鼓励家长参与到幼儿园保教工作中

家长是幼儿园的重要资源，幼儿园应鼓励家长积极参与幼儿园活动，不断提升家长的参与水平。首先，幼儿园要拓宽家长了解及参与幼儿园工作的渠道，多多争取家长对幼儿园工作的理解和支持，如人力资源和物力资源支持等。其次，幼儿园要设立家长委员会，家长通过家长委员会参与幼儿园的课程设置、食谱制订及其他相关制度的制定等活动，以使幼儿园工作更符合实际情况，更能赢得家长的支持，进而提高服务水平。最后，幼儿园要让家长监督自身的保教工作，家长的建议是幼儿园发现问题、解决问题，并积极改进的有效依据。

三、幼儿园家长工作的途径

幼儿园家长工作的途径是多种多样的，根据家长工作开展的范围可分为班级性的个别途径和全园性的集体途径两大类。

（一）班级性的个别途径

1．入园离园交谈

幼儿教师可以利用早晚家长接送幼儿的短暂时间与家长接触，进行沟通。这是最简便、最常用的交谈方式，一般时间较短，内容不宜过多。

2．电话手机联络

幼儿教师需要灵活地运用固定电话、手机等通信手段与幼儿家长沟通交流。条件许可的情况下，幼儿园可以每月给予教师一定的电话费补助。

3．网络平台交流

幼儿教师可以利用网络交流平台，如腾讯QQ、博客、微博、微信等，以文字、照片、视频等多种形式清晰展现幼儿在园的生活、学习情况。

4. 个别面谈

美国幼儿教育协会制定的《高质量早期教育标准》中规定：教师每学年至少与每个孩子家长约谈一次，并可根据需要随时安排，以讨论孩子在家和在园的进步、成绩与问题。幼儿教师在必要时可约见家长，以交流幼儿教育的相关情况。

5. 家庭访问

家庭访问又称家访，是指教师去幼儿家里开展的一种家园联系方式。教师可以通过家访，深入了解幼儿家庭环境和家庭教育状况，并在教育方法等方面给予具体建议或共同商讨有针对性的教育对策。幼儿园应该要求教师有计划地对全体幼儿及家长分别进行家访，尤其是幼儿入园前的家访尤为重要。

6. 家园联系册

教师可以利用家园联系册就幼儿的日常情况与家长进行交流。在交流过程中，教师必须用具体、精练的词语描述每一个幼儿的个性特点，与家长产生共鸣，从而使家长愿意拿起笔进行交流。

7. 家长园地

家长园地也称家园联系栏，是指幼儿园每个班级在班级门口附近的墙面上或专门的展台上，开辟出一块区域，将每周的教学计划、班级公告等信息呈现给家长的一种交流方式。教师需要针对本班情况设置家长园地内容，使家长园地的内容更具体、更有针对性。家长园地呈现的信息需要及时更新。家长园地一般由各班教师负责维护和更新。

（二）全园性的集体途径

1. 家长会

全园性家长会可以在学期初、学期末，或是依据需要召开，一般每半年召开一次，由园长主持，讲解本学年的教育工作计划和家园合作教育的要求，回答家长普遍关心的问题，听取家长的意见和建议等，以便改进服务，取得家长的理解、协助和支持。此外，也可以以班级为单位召开家长会，必要时也可将二者结合进行。

2. 家长开放日

家长开放日是指幼儿园定期或不定期地对幼儿家长开放，家长可以观摩或参与幼儿园教育的活动。开放日活动一方面可以使家长观察到教师的教养态度、教养方法及教养技能，从而了解幼儿园的教育内容和方法；另一方面可以使家长通过观察孩子各方面的表现，进一步深入了解自己的孩子。这对家长来说无疑是一种实际学习，既能增进家长与教师间的相互理解与配合，又能改善自己的教养行为，从而提高家庭教育质量。

3. 家长学校

幼儿园可以根据需要开办家长学校。家长学校是普及家教知识的有效渠道，其目的在于帮助家长学习科学育儿知识，提高家长教育子女的科学性、自觉性。幼儿园可以按幼儿年龄将家长分班，也可以根据家长类型分班，有针对性地分别培训。家长学校可以通过举办专家讲座、园长和教师讲座及家长现场互动交流等形式，传达最新的家庭教育观点，做到简单易懂、精彩纷呈。家长学校的对象不仅可以是在园幼儿的家长，还可以扩大到社区范围内的散居幼儿家长。

4. 家长委员会

家长委员会是幼儿园民主管理的基本形式，是在幼儿园指导下由家长代表组成的代表全体家长和幼儿利益的常设性群众组织。其目的在于发挥家长组织的作用，更好地调动广大家长的积极性，使其参与到幼儿园的教育与管理工作中来，帮助和促进幼儿园工作的不断改进。幼儿园应成立全园性家长委员会，还可以下设班级家长委员会，负责班级家长的联系工作，形成完善的网络组织。在园长的协助下，家长委员会可以以自己的名义定期或不定期地举行各种活动，如召开有关教育问题的研讨活动、组织家长参与幼儿园的活动、组织和利用家长资源协助幼儿园做好工作等。

5. 家教园地

幼儿园开设家教园地栏，可以向家长介绍家庭教育的指导性文章、季节流行病的预防以及亲子游戏等，丰富家长的育儿知识和经验。家教园地栏应办得生动活泼，能吸引家长。文章、资料要短小精悍，可由教师编写，可摘录家教报刊上的内容，也可以由家长提供经验体会等。家教园地栏应设在家长接送孩子的必经之处，内容要经常更新，字号不可太小。此外，在布置家教园地栏时还应给家长提供发表看法的机会，如家长信箱，并及时向家长反馈。

四、幼儿园家长工作的管理策略

幼儿园在家长工作的管理上需要注意以下几个方面。

（一）充分认识家长工作的重要性

幼儿园管理者应注重教育宣传，提高全园教职工对做好家长工作重要意义的认识，增强服务意识，做好家长工作。幼儿园在与家长的互动交流中，一定要本着相互尊重、信任的原则，建立起双方平等合作的关系，积极开展好家长工作。

随着社会经济的快速发展和生活水平的不断提高，家庭对幼儿教育质量要求也在不断提高，做好幼儿园家长工作，对幼儿园与教师来说都是一种挑战。幼儿园加强和改进家长工作，一定要在强化认识、注重沟通的双向基础上，实施得力而有效的措施。

（二）增强家长工作的计划性

要做好家长工作，要把家长工作列入全园计划中，教师要把家长工作列入学期工作计划中，家长工作要有目标、有措施、有要求，避免形式主义，不断改进措施，不断提高实效与水平。

（三）家长工作制度化

幼儿园要将家长工作制度化，即以条文的形式将工作要求固定下来，形成规范，家长委员会想要较好地发挥作用，也需要有相应的制度。同时应注意制度执行效果的检查，这是开展好家长工作的前提。

（四）加强培训和指导

家长工作是幼儿园保教工作的重要组成部分。园长要特别注重对园内教师的培训和指导，引导他们认识这项工作的意义，明确工作内容要求，有计划地结合日常保教工作进行。要帮助和指导教师了解家长工作的方式，学习与人交往和交流沟通的技能，使教师能根据不同家长的特点，采取适宜的方式，做好家长工作。

幼儿园要将教师的家长工作能力特别是与家长交往的能力作为园本培训和教育视导的重要内容，要针对新教师的特点和家长工作存在的一些问题，加强指导。此外，园长本人也需要亲自做一些家长工作，在家长与教师之间搭建桥梁，使他们能够相互理解和信任，从而有效地开展家长工作，不断提高幼儿园的教育服务质量。

第三节　幼儿园社区工作管理

联合国教科文组织编写的《教育——财富蕴藏其中》指出："家庭、社区成员和社区内各组织的参与是确保教育质量的一个重要因素。"我国的《关于深化教育改革全面推进素质教育的决定》提出要积极发展以社区为依托的、公办与民办相结合的幼儿教育。可见，社区不仅对幼儿教育有着诸多的影响，而且还是幼儿园生存和发展的基本环境，同时也是幼儿园管理活动所面临的社会现实。

一、社区的含义

社区是集经济、文化、政治和教育等为一体的地域性组织形式，也称为社会区域共同体，是人们生活中不可缺少的基础网络。社区的基本要素包括一定的地域、一定数量的人口、一定的生活服务设施、一定的行为规范和社会生活方式，以及地方乡土观念等。

二、社区的教育资源

幼儿园在利用社区资源之前，首先要对社区的整体情况进行调查和研究，深入了解社区的人员构成、社会机构、文教机构、娱乐设施、商业组织、街道设施等情况，以便从中选取适宜的活动场地、内容等资源。

（一）社区的物力资源

社区内的街道、村庄、公园、商店、学校、工厂、政府机关、医疗单位、体育场馆、图书馆、博物馆、文化宫、电影院等都是幼儿教育重要的物力资源，幼儿园要充分加以利用。幼儿园在与社区的合作中，可以直接利用社区丰富的教育资源，让幼儿走进社会的大课堂，例如，让幼儿参观社区中的各种机构，如图书馆、博物馆等，使幼儿受到良好的教育。幼儿园教育应扩展到社区的大背景下进行，充分利用社区环境中富有教育意义的自然和人文景观，不仅扩大了教育的空间，更是对教育内容的丰富和深化。

（二）社区的人力资源

幼儿园可以鼓励社区中拥有不同专长、在社会上享有盛誉的有识之士积极参与到幼儿园的活动中来，充分利用社区的人力资源。幼儿园可以定期向社区居民开放，欢迎他们来园参观，了解幼儿园的保教工作情况。幼儿园还可以充分利用社区不同成员的职业特点，邀请他们为幼儿提供职业体验的机会，让幼儿通过多种形式了解较多的社会知识，如社区内有一家蛋糕店，幼儿园可以邀请蛋糕师进班级，让幼儿体验蛋糕师的工作。

（三）社区的文化资源

社区文化反映了在特定区域内社会生活共同体的历史传统、风俗习惯、生活方式、价值观念等。幼儿园可以结合本社区的实际情况，让社区的历史、风俗、革命传统等有地方特色的乡土教材，成为幼儿园重要而有特色的教育内容。也可以将社区文化渗透到幼儿园，使其成为幼儿园文化的一部分，对幼儿起到潜移默化的作用。

三、利用社区资源的意义

社区资源的开发不但可以丰富幼儿园的课程资源，而且可以扩大幼儿的活动范围，拓宽幼儿的视野。因此丰富的社区教育资源就显得尤其重要。例如，幼儿园周边的超市、银行、市场、理发店、邮局、纪念馆等都是幼儿园的课程资源，幼儿园还可以邀请一些专业人员为幼儿园的教学活动提供支持。同时，幼儿教育需要贴近生活，要融进生活中去，因此，幼儿园要突破围墙的限制，让幼儿通过直接感官接触增长知识，促进其成长。

四、幼儿园社区工作管理的注意事项

（一）建立健全公关管理机制

建立健全的社会公关管理机制包括组织机构、制定目标方案、加强组织实施、做好公关总结等。

（二）建立幼儿园良好社会形象

幼儿园要提高办园质量，完成保教保育双重任务，积极加入社会公益事业中，提高教师的师德师风建设水平，开辟多渠道舆论工具，广泛宣传幼儿园。

（三）主动参与社区活动

幼儿园参与社区活动是展示幼儿园良好风范的主要途径。因此幼儿园要经常与社区联系，积极主动参加社区活动，从而让社区公众更好地了解幼儿园，提高幼儿园的美誉度。

（四）加强日常沟通与交流

幼儿园在日常教学中要创造机会与社区进行经常性沟通，如利用开放日、节日庆典、汇报演出等机会邀请社区领导、知名人士参加活动，并征求他们的意见，得到他们的支持。另外，幼儿园要经常主动拜访知名人士，交流感情、建立平台。

案例分析

幼儿园社区工作实例

北京市某幼儿园向社区开放，具体做法如下：

（一）主动加强与社区内各居委会的沟通与联系，争取他们的合作与支持

在向社区开放之初，幼儿园把欢迎小朋友的请帖发到居委会，请他们帮忙发到幼儿的家中。为了了解社区内幼儿的情况，幼儿园印制了“小区学前儿童情况调查表”，请居委会

帮忙下发。为使更多的幼儿参加到开放活动中来，幼儿园召开了居委会主任会议，请他们参观幼儿园的环境设施，使他们了解幼儿园向社区开放的目的与意义。

（二）固定开放时间和值班教师

为了满足社区幼儿和家长的需求，幼儿园从隔周周六开放改为每周六上午9~11点开放，并将时间固定下来，形成制度。这便于家长做好安排，也为孩子来园参加活动提供时间上的保证。

每周末组织开放活动的值班教师固定为三个年级的教研组长。这便于每周开放活动的衔接，保证了整个活动的连续性和系统性。同时，幼儿、家长渐渐和教师熟悉起来，便于双方建立联系、加强了解。

（三）开展多种形式的开放活动，不断丰富活动内容

幼儿园在开放初期，主导思想是幼儿园教育资源共享，仅为社区幼儿提供游戏场所和玩具。随着开放活动的深入开展，幼儿园不断丰富活动内容，如开展一些音乐活动，教一些儿歌，放映一些儿童故事片和艺术片等。但是，这些活动随机性比较强，缺乏目的性和系统性。后期幼儿园将开放活动分为三部分：开始部分为自由活动，中间部分为有计划、有组织的活动，最后部分还是自由活动。幼儿园考虑到3岁前和3岁以上幼儿的年龄特点，分别制订了0~2岁、2~4岁、4~6岁幼儿的社区活动计划，每月发给家长，让家长心中有数。

为了使散居儿童也能体验到幼儿园丰富多彩的生活，幼儿园开展的部分活动也向散居儿童开放，如幼儿运动会、节日演出等。此外，幼儿园每学期组织的家长知识讲座，也请社区的散居儿童家长来参加，帮助家长树立正确的儿童观、教育观，提高家长的科学育儿水平。

（四）合理、适当收费

幼儿园向社区开放需要一定的经费。为了解决经费问题，经上级主管部门批准，幼儿园向每位来园活动的幼儿收费3元。家长们普遍能够接受这个价格。

随着幼教管理体制的不断完善，幼儿园要由关门办园转为开门办园，特别需要增强与社区的联系，扩大社会服务功能。幼儿园向所在的社区开放，扩大服务的范围和功能，加强了与社区的关系，实现了资源共享，赢得了社会的认可，也为幼儿园赢得了知名度。

该幼儿园是当地一所一级一类幼儿园，管理规范、设施齐全、教师素质高，这些都是幼儿园的资源优势。幼儿园通过向社区开放，将这些资源优势充分利用了起来，发挥了自身正规教育机构的主导作用。更重要的是，幼儿园向社区开放，提高了幼儿园的知名度，给幼儿园注入了生机和活力，最明显的表现就是生源增多。因为幼儿园向社区开放，很多家长和幼儿走进了幼儿园，了解了幼儿园。幼儿园通过为社区提供服务，得到了家长的信任及幼儿的喜爱。而散居幼儿中有相当一部分是年龄在3岁以下的幼儿，当他们到了入托年龄时，家长愿意把孩子送到自己了解和信任的幼儿园里去。同时，孩子在3岁以前就经常参加幼儿园的开放活动，到了入托年龄时，对幼儿园已不再陌生，这也将大大缓解幼儿的入园焦虑问题。所以，幼儿园向社区开放，既能很好地宣传自己，又能赢得良好的回报。

第四节　幼儿园与其他公众的公共关系管理

幼儿园的公众有很多，这里主要介绍幼儿园与上级教育行政部门及媒体的公共关系。

一、幼儿园与上级教育行政部门的沟通

幼儿园的上级教育行政部门主要是指各级地方政府对教育事业进行组织领导和管理的机构或部门。上级教育行政部门通过制定教育发展规划、方针、政策等对幼儿园进行行政干预，同时，通过提供教育经费、监督指导、培训师资队伍等向幼儿园提供支持和协助。因此，幼儿园应努力做好与上级教育行政部门的公关工作。

（一）幼儿园与上级教育行政部门沟通的方式

幼儿园搞好与上级教育行政部门的公共关系，要保证与其进行有效沟通。一般来说，幼儿园与上级教育行政部门的沟通方式有以下几种。

1. 请示、汇报工作

幼儿园领导要创造机会，将幼儿园的重要事项（如办园目标、工作计划、重大项目等）向上级教育行政部门的领导请示和汇报，以征求他们的意见，争取他们的指导。这样既有利于幼儿园工作的开展，也有利于拉近与上级领导之间的距离。

2. 参与上级活动

上级教育行政部门安排的工作如教学成果比赛、师资培训、工作会议、科研项目等，幼儿园都应该积极主动地参与其中，并争取表现突出，给上级领导留下良好的印象。

3. 邀请上级领导参加活动

幼儿园举办各类大型活动前，要主动给上级教育行政部门递上请柬，邀请主要领导参加，邀请时，幼儿园领导要认真介绍活动的目的、意义、内容等，并邀请领导讲话、剪彩。

（二）幼儿园与上级教育行政部门沟通的注意事项

1. 尊重上级、顾全大局

幼儿园领导要重视与上级教育行政部门的公共关系，尊重上级、顾全大局。主要应注意：要高度重视上级教育行政部门交办的事情，认真完成任务；要尊重上级的意见，以大局为重，要勇于牺牲和奉献个人利益；要主动分担上级教育行政部门工作中的困难，支持上级领导的工作；要注意沟通交流时的方式和场合，要得体大方，并表现出诚意和尊重。

2. 主动与上级沟通

幼儿园领导要定期或不定期地主动向上级领导请示和汇报工作，让上级领导在第一时间了解幼儿园的工作情况，做到让领导“最先知情”，进而争取上级领导对幼儿园工作的支持与帮助。

3. 了解上级工作情况

幼儿园领导要熟悉上级教育行政部门的工作程序，从而掌握正确的办事程序，提高工作效

率；同时要了解上级主管领导的办事风格，避免因越级操作导致上下级关系紧张等。

二、幼儿园与媒体的沟通

媒体是信息表示和传播的载体，包括报纸、杂志、广播、电视、互联网等。媒体可向社会公众传播幼儿园的信息、展示幼儿园的形象，对幼儿园的发展起着不可忽视的作用。因此，幼儿园必须与媒体进行良好的沟通，做好与媒体的公关工作，借助其形成良好的社会声誉，提高幼儿园的社会竞争力。

一般来说，与媒体进行良好的沟通，需要做到以下几点。

（一）将与媒体的公共关系纳入幼儿园战略管理

通过活动把媒体请进来，同时通过媒体搭建平台让幼儿园走出去，主动与媒体做好沟通与交流，让媒体知道幼儿园的工作特点，熟悉幼儿园的整体情况。

（二）要安排专人对接

幼儿园应该安排专人与媒体定期进行有效沟通，同时应该让负责此项工作的教师保持稳定，使得此项工作能够形成良好的循环。

（三）通过开展活动搭建与媒体的联系平台

幼儿园要创造机会使得媒体有新闻资源进行宣传。例如，幼儿园每年的六一庆典、毕业典礼、保教比赛等都可以邀请媒体进行报道，使得社会了解幼儿园的信息、成绩等，从而提高幼儿园的社会影响力。

（四）通过专业服务与媒体共建联系

幼儿园可以通过面向社会开展专业性服务来提高幼儿园声誉，例如，幼儿园的资深教师做客电视台、广播电台、网络平台进行家庭教育、亲子教育、早教等相关讲座；或者面向广大社区开展幼儿教育相关指导活动等。

案例分析

“家园联系栏”取得的教育合力

某幼儿园开展了幼儿生活自理能力的养成教育活动，各班教师充分利用“家园联系栏”进行广泛的宣传，以争取家长对此次活动的支持与配合。例如，小班贴出了这样的通知：尊敬的各位家长：如果您的孩子在生活自理方面取得了进步，请您及时写信告诉我们，我们非常愿意与您分享孩子的点滴进步。谢谢合作！除了通知之外，“家园联系栏”中还贴上了一个精致的粉色信箱。刚开始时，收到的信很少，收到家长来信后，不论这些信是只言片语，还是长篇大论，教师都会读给幼儿听，并把它们贴在“家园联系栏”中。随着时间的推移，家长们对于这个家长来信活动越来越感兴趣，信箱中的家长来信也越来越多，同时小班幼儿的生活自理能力也有了很大的进步。

分析：案例中的“家园联系栏”充满了对幼儿进步的期待和鼓励，每一位家长都体验到被尊重与被信任的积极情感，并自然而然地接受了教师所倡导的赏识教育理念。家长们学会了努力发现自己孩子身上曾被忽视的许多亮点，并与孩子形成一种正面的、积极的交互作用。此次活动发挥了家长和幼儿园的家园共育合力，也为幼儿园创造了良好的家长口碑。

本章小结

1. 幼儿园公共关系是幼儿园为实现教育与管理目标，有组织、有计划地运用各种传播手段与内部和外部沟通联系，在幼儿园与幼儿及家长之间、幼儿园与教职工之间、幼儿园与外部公众之间建立和发展相互了解、信任与支持合作的关系，可以提高幼儿园办学质量，塑造幼儿园良好形象和创造最佳教育环境。

2. 幼儿园公共关系的内容主要包括幼儿园与教职工、幼儿及家长、社区、政府和媒体的关系。

3. 幼儿园在组织开展公共关系活动时，必须遵循实事求是、公开开放、互惠互利、全员参与的原则。

4. 幼儿园公共关系管理的方法主要有宣传、交流、展示、征询、服务等。

5. 幼儿园家长工作主要通过日常性家长工作与阶段性家长工作展开。

6. 幼儿园要充分利用社区资源，同时为社区服务，实现与社区的合作共赢。

7. 幼儿园要做好与上级教育行政部门及媒体的沟通。

思考与练习

一、单项选择题

1. 幼儿园的(　　)是幼儿园公共关系的核心，是幼儿园各项工作的关键。

A. 教职工　　B. 幼儿　　C. 家长　　D. 上级部门

2. (　　)是指幼儿园定期或不定期地对幼儿家长开放，家长可以观摩或参与幼儿园教育活动。

A. 父母沙龙　　B. 家长开放日　　C. 家长会　　D. 家长学校

3. (　　)是幼儿园保育和教育工作水平的直接反映者，是幼儿园的“形象代言人”。

A. 教职工　　B. 幼儿　　C. 媒体　　D. 家长

二、多项选择题

1. 幼儿园公共关系的主要内容是处理幼儿园(　　)。

A. 与教职工的关系　　B. 与幼儿及家长的关系

C. 与社区的关系　　D. 与媒体的关系

2. 日常性家长工作包括(　　)。

A. 早晚接送交流　　B. 家园联系簿

C. 家长园地　　D. 家访

三、课堂实践

一个别墅区的幼儿园因为所属地域比较偏僻，居住区人口不多，幼儿园的生源不足。他们努力提高服务质量，在为家长、幼儿服务方面做了大量工作。例如，为了方便家长接送，幼儿园购置了两台面包车，每天免费在市区交通方便的地点为家长接送幼儿；提供灵活多样的托管方式，如寄宿制、全托制、半日制、周末制等；对生病不能来园的幼儿上门探望；逢幼儿生日，送上蛋糕和贺卡，等等。半年后，他们的生源逐步增多，社会影响力也逐步增大。

结合案例，你觉得幼儿园的做法为什么会取得良好效果，从而扩大幼儿园的声誉度？面对竞争激烈的市场经济，幼儿园该怎样做，才能处理得更好？

四、思考与应用

1. 搜集一些幼儿园的公共关系案例，从中总结出幼儿园公共关系工作的原则和方法。

2. 假设自己是一所幼儿园的园长，如何改善幼儿园的家长工作？

参考答案　　真题解析

下篇

幼儿园发展与评价

人才是世界上所有资本中最宝贵、最有决定意义的资本。要创办一所有竞争力的，高质量、高档次的幼儿园，更需要对幼儿园人力资源进行科学有效的管理。作为幼儿园管理者，怎样才能实现最优质的幼儿园人力资源管理目标？如何让幼儿园的员工个个都成为优秀、有用的人才？这是值得幼儿园管理者思考的问题。

第十章　幼儿园人力资源管理

学习目标

1. 理解幼儿园人力资源管理的含义，掌握幼儿园人力资源管理遵循的规律及常见的方法。
2. 了解幼儿园人员配备和管理。
3. 了解幼儿园保教队伍的管理。
4. 了解幼儿园园长负责制的执行内容、执行方式。

课程思政目标

1. 能够履行幼儿教师职业道德规范。
2. 能够自觉优化知识结构，提高文化素养，发展终身学习的能力。

思维导图

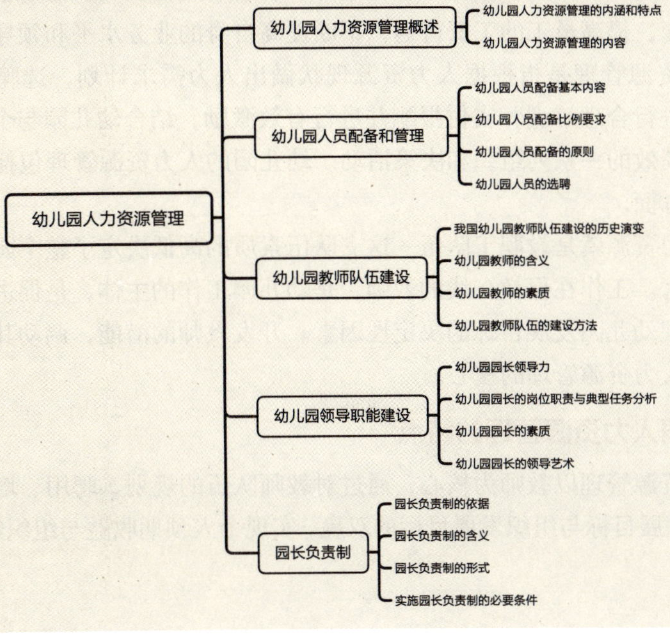

案例导入

关老师的课，小朋友们都很喜欢，他在教育教学中总能根据不同幼儿的特点给予切实的帮助和指导，他进行的培养“四会能力”教育教学探索，还引来不少校内外同行向他请教。他不仅诚恳地向同行们介绍自己教学中的成败得失，也虚心地向他们请教相关的教育教学问题。

后来，关老师通过了成人高考，系统学习了教育学、心理学等相关知识，并获得了本科学历。

思考：请结合材料，从幼儿园人力资源管理的角度，评析关老师的行为。

第一节　幼儿园人力资源管理概述

人力资源管理的目的，不是简单地把理想的人招进来、把不理想的人调出去，而是注重人的发展与价值的体现，追求组织与教职工发展的一致性。因此，对于幼儿园管理者来说，在人力资源的管理过程中应该做好用人、培养人和调动人积极性等方面的工作，以此来提升人力资源管理的有效性，提高幼儿园的保教质量。

一、幼儿园人力资源管理的内涵和特点

扫一扫　看一看

（一）幼儿园人力资源管理的内涵

在幼儿园管理活动中，所涉及的资源有时间、空间、财力、物力、人力、信息等，其中最重要的是人力。人是管理的核心内容，也是管理中最有活力、最积极的因素。与传统的人事管理相比，幼儿园的人力资源管理有其特殊的管理理念和管理特点。幼儿园人力资源管理，是一项系统工程，除了选人、用人、培养人等要素外，管理者还需要与员工加强沟通合作，建立健全科学的考评制度，提高员工的工资待遇，不断提高自身的业务水平和领导能力等。

幼儿园人力资源管理是指根据人力资源现状做出人力需求计划，选聘人员并进行有效管理，考核绩效并进行合理培训，支付报酬并进行有效激励，结合幼儿园与个人需要进行有效开发以便实现最优绩效的一系列组织和决策活动。幼儿园的人力资源管理包括求才、用才、育才、激才、留才五大方面。

幼儿园的人力资源就是教职工队伍，这支队伍素质的高低决定了整个园所工作质量的高低和完成任务的优劣。工作在保教一线的教师，是幼儿园工作的主体，是促进幼儿全面发展教育的实施者，是实现幼儿园发展目标的决定性因素。开发教师的潜能，调动其工作的主动性和积极性，是幼儿园人力资源管理的核心。

（二）幼儿园人力资源管理的特点

幼儿园人力资源管理以教师为核心，通过对教师队伍的规划、聘用、培训、考核、激励等环节，实现个人发展目标与组织发展目标的双赢，实现个人预期收益与组织经营效益的最大化，体现在以下几点。

（1）幼儿园人力资源管理是园所组织和个人共同参与的过程。一方面，幼儿园人力资源的开发与管理是在园所中进行的，属于园所组织的行为，其结果必然是促进保教人员个人能力的大大提高，实现个人发展的目标。另一方面，保教人员个人能力的提高，又会促进幼儿园的发展，不仅提高了幼儿园的效益，更重要的是促进了幼儿的全面发展，为整个社会潜在人力资源的开发起到了奠基作用，这正是幼儿园作为社会组织发展的目标。由此可见，幼儿园与个人的发展是辩证统一、相互融合的，二者的发展目标也是一致的，人力资源管理为幼儿园和个人的发展提供了空间和动力。

（2）幼儿园人力资源管理的重点是提高保教人员的能力，核心是开发教职工的潜能。“人是生产力中最活跃的因素”，人力资源管理以人为本，其最终目的是使个人的能力不断提高以适应社会发展的要求，使人尽其才，最终实现人的全面发展。幼儿园人力资源管理的重点是提高教师的能力，最核心的问题是调动教师潜在的积极性、主动性和创造性，每个教师都发挥个人优势，使资源配置最优化，才能实现组织和个人的共同目标。

（3）幼儿园人力资源管理是一个系统工程，贯穿园所发展过程始终。幼儿园的发展与进步离不开人力资源，整个幼儿园人力资源的预测规划、教育培训、配置使用、考核评价、激励维护等，都是幼儿园人力资源管理系统中不可缺少的环节，任何一个管理环节的不足都会影响整个管理的效果，只有严把每道管理关，使管理过程系统化、科学化，才能实现人力资源管理的最优化。

（4）幼儿园人力资源管理的对象是保教人员，是对个人潜能的全面管理。人力资源包括个人的身体素质、心理素质、文化科学素质、能力素质和思想道德素质。幼儿园人力资源管理就是要全面提高保教人员的基本文化素质、教育能力素质（包括教育理念、教育理论、教育思想、教育实践能力等）、身心素质、职业道德等，这是人力资源管理的核心内容，是对幼儿教育专业人士的根本要求，也是优质幼儿教育的保证。

二、幼儿园人力资源管理的内容

幼儿园人力资源管理是为了建设一支高素质的保教队伍，全面提高保教质量，为此，幼儿园要从发展现状和趋势出发，认真分析师资水平和个人的优势，做好发展规划，通过多种途径提高教师的能力，实现人力资源管理的目的。

（一）预测与规划

幼儿园人力资源管理的第一项工作就是做好预测与规划。预测就是根据幼儿园未来的发展战略，确立幼儿园的发展规模和质量要求，制订幼儿园的近期、中长期发展目标，在此目标下做好人力资源的储备并关注其发展态势。规划就是根据幼儿园的发展目标确定保教人员的数量、质量及梯队结构，制订保教队伍发展和人员培训的目标和规划，明确要求与落实措施，这是人力资源管理的方向，决定着后期的各项工作及实效。这个环节的主要内容有以下两个方面。

1. 岗位规划

幼儿园的保教人员配备是与幼儿园的规模相联系的，按照幼儿园工作的实际要求，根据幼儿园发展目标、保教队伍基本素质要求、保教质量状况等，幼儿园人力资源管理要做好定责、定岗、定编、定员的“四定”工作。

一是定责。定责是幼儿园对各类工作人员职责的明确要求和规定，使幼儿园的人力资源管理有章可循，也使各类人员职责分明，各司其职，共同配合，做好幼儿园的各项工作。人力资源管理必须以国家出台的相关法规和文件为依据，以国家对园所各类人员的职责要求为依据，加强师资队伍管理。

二是定岗。幼儿园的岗位是为确保幼儿园各项工作的顺利开展而设置的，一般来讲，幼儿园设立的岗位有：行政管理岗、教育教学岗和后勤管理岗。根据岗位需求配备相应的人员，有园长、副园长（业务副园长和后勤副园长）、教师、保育员、炊事员等。

三是定编。根据岗位需求分配幼儿园的人员编制，编制是反映幼儿园教师稳定性的指标。有正式编制的教师根据《教师法》可以享受教师的各项基本权利，获得相应的薪酬，享受带薪休假，参加相应的培训、学习及晋升职称等，定编会影响到教师个人的职业发展，也会影响幼儿园的发展。

四是定员。幼儿园的工作人员数量与幼儿园的整体规模有关，幼儿园根据工作需要和岗位要求确定员工的数量和定编人员，可以有一部分合同制和临时编制的人员。在幼儿园的工作人员中，保教队伍所占比例最大，按照一个班级的正常配备，必须满足“两教一保”的要求，教师和保育员相互配合，完成日常的班级教育教学活动。

幼儿园人力资源管理的“四定”规划，保证了幼儿园各项工作的顺利进行，幼儿园根据发展的要求，还可以有专门负责教研、教具等的人员和少量机动人员，确保幼儿园教师因病或因事不能工作时的及时补充。

2. 培训规划

扫一扫 看一看

幼儿园教师的专业发展经历了入职、成长、发展和成熟的变化过程，不同的阶段需要不同的培训与指导。人力资源管理中要根据岗位规划要求和幼儿园发展目标，制订年度或跨年度人才发展规划。一方面，逐步引进幼儿园所需的高素质专业人才，弥补某些专业领域人才的不足；另一方面，为每位保教人员提供适宜的培训机会，提高其业务能力和保教水平，促使骨干教师由教学型向学者型转变等。另外，要根据幼儿园的发展做好师资年龄结构的调整，做好梯队建设，储备人力资源，保证幼儿园的可持续发展。

为引领幼儿园教师专业发展，建设高素质幼儿园教师队伍，教育部根据《教师法》制定了《幼儿园教师专业标准（试行）》，该标准以“幼儿为本、师德为先、能力为重、终身学习”为基本理念，从“专业理念与师德、专业知识、专业能力”3 个维度共 14 个领域对幼儿教师的专业素质提出了基本要求，这 14 个领域分别是：专业理念与师德包括职业理解与认识、对幼儿的态度与行为、幼儿保育和教育的态度与行为、个人修养与行为；专业知识包括幼儿发展知识、幼儿保育和教育知识、通识性知识；专业能力包括环境的创设与利用、一日生活的组织与保育、游戏活动的支持与引导、教育活动的计划与实施、激励与评价、沟通与合作、反思与发展。新的《幼儿园教师专业标准（试行）》是幼儿园教师开展保教活动的基本规范，是引领幼儿园教师专业发展的基本准则，是幼儿园教师培养、准入、培训、考核等工作的重要依据。幼儿园要以此作为教师管理的重要依据，制订幼儿园教师发展规划。注重教师职业理想与职业道德教育，增强教师育人的责任感与使命感；开展园本研修，促进教师专业发展；完善教师岗位职责和考核评价制度，健全幼儿园绩效管理机制，这是今后幼儿园人力资源管理的重要依据。

（二）选聘与任用

幼儿园工作人员的选聘与任用是与园所人员的整体规划相适宜的，选聘与任用的根本要求是知人善用，使人尽其才、各尽所能，充分发挥人才的个人特长和团体优势。

1. 根据岗位需求，择优录用

幼儿园人力资源管理的“四定”原则对人才的需求与配置提出了基本要求，选聘人才要以园所的需求为依据，人才的选聘要有利于园所的发展。

（1）因岗选人，各得其所。幼儿园的每个岗位对人的要求是不同的，选聘要服从工作需要，从工作性质、工作内容、工作职责的角度出发来考量任职者应具备的基本条件，使选聘的人能够胜任岗位的要求，能够在所需岗位上发挥自己的特长。

（2）师德为先，德才兼备。幼儿园教职工以培养身心健康、和谐发展的幼儿为己任，必须热爱学前教育事业，履行教师职业道德规范，关爱幼儿，尊重幼儿人格，为人师表，教书育人，自尊自律，做幼儿健康成长的启蒙者和引路人。这样的职业道德体现在日常的教育教学活动中。因此，幼儿园教职工必须具备扎实的保教实践能力，能遵循幼儿成长规律，将学前教育理论与保教实践相结合，提供适宜幼儿的教育。

（3）团队合作，注重绩效。幼儿园各项工作的完成是集体智慧的结晶，每个教职工都要有大局观念、集体意识，懂得在集体中与他人合作。绩效是个人能力的体现，也是评价教职工的标准，注重绩效就是要求教职工在促进幼儿身心健康发展、服务家长、提升园所质量等方面有贡献。幼儿园的整体发展既是教职工个体努力的结果，也是集体共同奋斗的见证，注重绩效有利于激发教职工的工作积极性，有利于保教队伍整体素质的提高。

2. 充分挖掘教职工的个人特长，合理用人

每个教职工的文化水平、业务能力、思想状况、兴趣爱好、个性特点不同，他们在工作中表现出的事业心、责任心、爱心和耐心也是不同的，他们能够获得的来自社会和家庭的支持也不相同，这些方面都会影响教职工的工作质量。作为人力资源管理的重要部分，园所领导要全面了解每个教职工的情况，熟知个人的特长和优势，合理用人，为他们提供适宜的工作空间和发展机会。在人员任用方面要做到以下几点。

（1）知人善任，人尽其才。园所领导不仅要全面细致地了解教职工的优势和劣势，用人之长，避人之短，也要用发展的眼光看待人才的潜能，不拘一格使用人才，秉公用人，把握时机，为他们创造脱颖而出的机会和条件。

（2）任人唯贤，委以重任。在员工任用中，对那些有才能的人，不论其年龄、资历如何，都要充分信任并委以重任，使他们在相应的岗位上最大限度地发挥作用，施展才能。这种做法才能真正摒弃以往的“教龄型”和“资格论”的弊端，能调动青年教师和有能力的教职工的工作热情和积极性，也能对一些抱有“倚老卖老”想法的老教师起到敲警钟的作用，使他们不断反省、进步，这样才能提高全园的整体师资水平。

（3）优势互补，优化组合。幼儿园全体教职工构成了一个大的集体，每个班级的保教人员构成了一个个小的集体，幼儿园整体水平和质量的提升是需要所有人精诚合作的。幼儿园在分

工组班的过程中，要综合考虑教职工的身体强弱、年龄差别、个性特征和业务能力等方面因素，使人员能够合理搭配、优势互补，实现优化组合，从而产生最好的效益。

3. 教育与培训

教育与培训是人力资源管理的重要环节，也是提高幼儿园人力资源质量的主要途径。教师专业发展实践表明，教师在校学习的教育理论和教育技能，在入职五年后必须更新。时代的快速发展，使教育对象的特点也在发生变化，幼儿保教人员也要更新教育观念，学习新的教育技能，才能适应教育实践的挑战。幼儿园人力资源教育与培训的内容主要是职业道德教育和业务培训，可以通过多个途径来进行。

（1）园本培训。园本培训包括：①教研活动。教研活动是指教师通过集体备课等形式，研讨理论、方针，探讨方法、规律，确定研究课题，交流经验，沟通信息，它是教师职业进修的重要手段。教师可以通过“课例研究”的方式加强教师间的研讨活动，运用集体的智慧促进个人的发展。②专题业务学习。幼儿园教育教学实践中经常会遇到一些难以解决的困难和问题，为了解决学习与工作的矛盾，也为了使指导更有针对性，可以聘请专家学者来园讲学和现场指导，既可以解决实际问题，也可以提供切实可行的方法指导，这对于提高教师的素质和提高幼儿园某一方面的质量，具有显著效果。③以老带新。幼儿园工作需要大胆的实践和丰富的经验积累，初入职的新教师往往不能完全胜任，须由富有经验的老教师与之搭配，这是一种行之有效的培训方式，在老教师的言传身教下，新教师能较快地熟悉保教工作，缩短摸索过程，较快地进入角色并胜任工作。④岗位练兵及竞赛。保教工作需要扎实的教育知识和较强的实践技能，在日常的工作中，可以通过展评读书心得、教育笔记、教育计划、总结、外出学习考察报告等活动，提高教师的理论知识和丰富教师的经验；还可以组织故事会、艺术节等活动，提高教师的专业技能技巧，使教师在工作中更加得心应手。

（2）园外培训。园外培训包括：①学历进修。学前教育的要求在提高，对保教人员的学历要求也在提高。对有一定文化基础和受过一定专业训练的保教人员，鼓励他们通过函授、自学等方式提高学前教育学历，让他们到相应的高等院校去学习，不断吸取新知识充实自己，掌握本领域先进的教育理念和教育思想，学习先进的教育教学方法，用新的教育理论来武装自己，使自己不断进步，以适应幼教实践和教学发展的新需要。②观摩考察。外出观摩其他幼儿园的教育教学和管理，获取有益于自己的知识和经验，对于教师个人和幼儿园都是有益的。幼儿园可以根据园所发展和教师个人发展的需要，创造条件让教师外出参观考察，将先进的经验带回来，结合自己的实际情况，寻求发展的新方向。③短期培训。教师要根据需要参加相关的短期培训来提高自己在某方面的能力。幼儿教师个人的特长不同，培训需求也不同。因此要根据工作需要去参加一些专门机构举办的短期培训班，使自己某个方面的能力尽快得到提升，这对于教师的专业发展也是非常有利的。

4. 绩效考核与薪酬

绩效考核与薪酬是人力资源管理的重要组成部分，依据绩效给予相应的薪酬，这是企业管理人力资源的基本方式。幼儿园的人力资源与企业不完全相同，但对员工进行绩效考评，并以此为根据给予适当的薪酬及奖励，对员工具有极大的激励作用，对幼儿园的工作也有明显的推动作用。幼儿园保教人员业绩考核评价的主要内容包括一年一度的年终考核，还有其他形式的创优争先活动，这些活动从不同角度对教职工的工作进行了考评和认可。

扫一扫 看一看

（1）年终考核。可分为四个部分，即德、能、勤、绩。具体内容包括：①思想品德、工作态度（德），指事业心、责任感、积极性、教育思想、对幼儿的态度、个人品德修养等。②知识能力（能），指一般文化知识、教育科学理论、专业知识技能、语言表达能力、组织教育能力、观察了解幼儿的能力、玩教具的制作使用及自学创新能力等。③工作负荷（勤），指个人出勤情况、幼儿出勤情况等。④工作质量与效果（绩），指计划的制订与执行、作息及常规培养、环境的创设与利用、组织开展教育活动、班组人员之间配合协调、教育效果、经验总结及研究成果等。对于这些方面的考评，可以通过个人述职与园内考评相结合的方式，综合考查教师的日常教育教学活动，进行全面评价，给出优、良、合格、不合格的等级评价，特别是对不合格的教职工要提出明确的改进要求。

（2）创优争先。幼儿园经常组织各种与教育教学有关的竞赛活动，鼓励教职工各显其能，对这些活动中涌现出的积极分子和先进个人要给予奖励，以激励教职工不断提高业务水平。

薪酬是个人以自己的劳动获得的报酬，在《中华人民共和国劳动合同法》的指引下，幼儿园与教职工之间的薪酬关系有了法律保障，更重要的是该法律使员工招聘及薪酬管理更科学，使员工队伍的稳定性增强，也使幼儿园人力资源管理更加科学，这对于提高幼儿园教师的整体素质，提高幼儿园的竞争力具有积极作用。

5. 组织文化

每家幼儿园都有其特殊的历史传统和环境条件，并在长期的发展过程中形成了自己独特的价值取向与行为方式，这就是园所文化，也称为园风。园所文化反映的是幼儿园特有的理性价值观，是园内教职工在工作实践和互相交流的基础上形成的共同的理想、独特的价值观和一定的行为准则。园所文化形成之后，将成为幼儿园发展的精神力量，具有约定俗成的约束力，对幼儿园的发展具有重要的导向和促进作用。

幼儿园以育人为己任，工作对象是幼儿，工作目标是促进幼儿身心和谐健康发展，园所文化作为教职工积极工作的精神动力，其价值和功能远远胜过物质资源。园所文化强调以人为本，以个人对幼儿园的认同为起点，以个人目标的实现为根本，能够发挥凝聚作用，从而实现幼儿园的发展目标。

第二节 幼儿园人员配备和管理

在幼儿园人力资源管理中，幼儿园教职工的配备是非常重要的一个环节，它直接关系到幼儿园的办园质量。合理的教职工配备是幼儿在园生活、游戏和学习的需要，是确保幼儿接受基本的、有质量的学前教育，促进幼儿健康成长的重要保证，是促进幼儿园教师队伍建设的重要手段。

一、幼儿园人员配备基本内容

（一）保教人员

1. 教师

幼儿教师需热爱幼教事业，爱岗敬业，爱护、尊重、关心幼儿，教态、着装、言谈举止符合教育要求，忠于职守，为人师表，无体罚和变相体罚幼儿的现象；身体健康，无生理残疾和缺陷，无传染病、精神病；具有专科以上学前教育或相关专业的学历，具有幼儿教师资格证，会讲普通话。

每班配备2人，并相对稳定。

2. 保育员

保育员需身体健康，口齿清楚，会说普通话；动手能力强，细心、耐心；对幼儿和蔼可亲，热爱幼儿；具有初中以上文化程度且具有幼师资格证、育婴师资格证或受过专门的培训。

每班配备1人，并相对稳定。

3. 保健员

保健医生需具备一定的医学专业素质，每天幼儿入园时进行常规检查，平时幼儿意外擦伤或碰伤时，对幼儿进行简单的处理、包扎；指导各班生活老师进行班级消毒工作等；研究调配和改善幼儿膳食，做好食物检验，制订每周食谱，保证幼儿有充足的营养；负责督促各班搞好卫生保健、消毒隔离及环境卫生工作，并定期进行全园的卫生保健、消毒、环境卫生的检查；妥善管理医疗器械，消毒用具的药品，以防事故发生。

小型幼儿园至少配备专职保健医生1名，大型幼儿园至少配备2名。

（二）后勤人员

1. 保安

受聘于幼儿园的保安，每人须配备警用防暴头盔、防刺服、防割手套、橡胶警棍、对讲机和照明设备。在上学前和放学后的1小时内，保安员应穿戴上述设备进行安全巡逻。每次负责巡逻的保安不得少于2名，并要明确责任人和任务分工。

小型幼儿园至少配备专、兼职保安1名，大型幼儿园至少配备2名专职保安。

2. 保洁人员

保洁人员需身体健康，无疾病；热爱幼教事业，热爱教育机构，关心、爱护每一位幼儿；有良好的职业道德，遵纪守法，待人热情、礼貌，遵守幼儿园各项规章制度；熟悉自己的工作范围、工作流程、工作标准，有较强的责任心；工作有热情，尽职尽责，严格按照标准工作，不偷懒；勤俭节约，规范地使用洗涤用品；人际关系和谐，与家长、儿童、教师、行政沟通流畅、融洽，有良好的团队意识。

保洁人员人数可以根据各园需求适当配备。

3. 炊事人员

炊事人员需身体健康、无疾病；个人卫生整洁、干净，无不良卫生习惯；具有初中以上学历，有厨师技术者更佳。

小型幼儿园可配备 2~3 名炊事人员，大型幼儿园可配备 5~6 名炊事人员。

4. 资料保管员

资料保管员需负责幼儿园各种文件、材料、报纸、杂志、图书、挂图、玩教具、录像带、幻灯片、照片等的添置及管理工作；负责各种物品的分类、登记；能根据工作需要和教学需要及时与班主任研究玩教具设备的添置，每日为班里提供教具，为园里活动提供条件；能及时做好教师业务档案的归档工作，收集优秀教案和论文装订成册；能及时向领导、教师提供有关材料和教学信息；每学期末检查各班玩教具情况，做好新学期玩教具配备工作；熟悉幼儿园的教育教学，工作细致、耐心、有条理；能熟练掌握计算机操作；有较强的文字整理能力和手工制作技巧，手写文字工整、漂亮；有较强的协调能力。

小型幼儿园可配备 1 名资料管理员，大型幼儿园可配备 2~3 名。

（三）办公人员

1. 园长

园长需贯彻执行国家的有关法律、法规、方针、政策和上级主管部门的规定；领导教育、卫生保健、安全保卫工作；负责建立并组织执行幼儿园的各种规章制度；负责聘任、调配工作人员；指导、检查和评估教师及其他工作人员的工作，并给予奖惩；负责工作人员的思想工作，组织文化、业务学习，并为他们的政治、文化和业务进修创造必要的条件；关心和逐步改善工作人员的生活、工作条件，维护他们的合法权益；组织管理园舍、设备和经费；组织和指导家长工作；负责与社区的联系和合作。

小型幼儿园可配备 1 名园长，大型幼儿园可配备 1 名园长，3~4 名副园长。

2. 财务人员

幼儿园的财务人员需具备从事会计工作所需要的专业能力；遵纪守法，严格执行本园的各项规章制度；工作认真细心，有提高财务工作质量的责任心；严谨支出，落实财务安全措施，正确核算各项费用。

小型幼儿园可配备 1 名会计和 1 名兼职出纳，大型幼儿园可分别配备 1 名会计和 1 名出纳。

二、幼儿园人员配备比例要求

2013 年 1 月下旬，教育部印发《幼儿园教职工配备标准（暂行）》（以下简称《标准》），各地新设幼儿园教职工配备按照《标准》执行，已设幼儿园在 3 年内逐步达到《标准》要求。

（一）教职工与幼儿的比例

幼儿园教职工包括专任教师、保育员、卫生保健人员、行政人员、教辅人员、工勤人员。幼儿园应当按照一定比例配备教职工，满足保教工作的基本需要。不同服务类型幼儿园教职工与幼儿的配备比例见表 10-1。

表 10-1 不同服务类型幼儿园教职工与幼儿的配备比例

服务类型	全园教职工与幼儿比	全园保教人员与幼儿比
全日制	1:5~1:7	1:7~1:9
半日制	1:8~1:10	1:11~1:13

（二）专任教师与保育员的配比

全日制幼儿园每班配备2名专任教师和1名保育员，或配备3名专任教师；半日制幼儿园每班配备2名专任教师，有条件的可配备1名保育员。寄宿制幼儿园至少应在全日制幼儿园基础上每班增配1名专任教师和1名保育员。单班学前教育机构，如学前教育教学点、幼儿班等，一般应配备2名专任教师，有条件的可配备1名保育员。

招收特殊需要儿童的幼儿园应根据特殊需要儿童的数量、类型及残疾程度，配备相应的特殊教育教师，并增加保教人员的配备数量。

不同服务类型幼儿园各年龄班和混龄班班级规模、专任教师和保育员的配备标准见表10-2。寄宿制幼儿园每班幼儿人数酌减。

表 10-2 幼儿园班级规模及专任教师和保育员配备标准

年龄班	班级规模/人	全日制		半日制	
		专任教师/名	保育员/名	专任教师/名	保育员
小班（3~4岁）	20~25	2	1	2	有条件的应配备1名保育员
中班（4~5岁）	25~30	2	1	2	
大班（5~6岁）	30~35	2	1	2	
混龄班	< 30	2	1	2~3	

三、幼儿园人员配备的原则

幼儿园人员的配备是幼儿园组织建设的重要内容，合理安排人力资源不仅能发挥每个人的职责意识，还能调动其积极性。幼儿园人员配备要按相关规定，并结合幼儿园的实际情况来确定，需要遵循以下原则。

（一）相关可兼任

一般来说，幼儿园每一项任务都应由专人承担，每一项工作都应有专人负责，每一个班级都要配备教师和保育员。现在越来越多的幼儿园在班里不配备专门的保育员，而是由教师轮流做保育教职工作，这样反而可以更好地实施保教结合，受到幼儿园管理者的欢迎和肯定，适用于各种规模的幼儿园。

此外，一些工作相关或能够发挥人员潜力的岗位也可以实行兼任，这对减少幼儿园的开支、精简编制有着重要意义。例如，骨干教师兼任教研组长，小型幼儿园懂医的教师或园领导兼任保健人员等。

（二）保教放首位

保教工作是幼儿园的主要工作，幼儿园管理者要保证把最精锐的人才安排在保教第一线，每班的班主任都应由骨干教师担任。为了不断提高保教质量，各班或各学科应设置教研组，定期开展教研工作。

（三）安排要全面

除教师队伍外，幼儿园还应根据需要设置其他岗位，保证幼儿园工作的正常开展。例如：医务室要配备保健医生和保健人员负责全园幼儿的保健工作；炊事员组设采购员负责采购材料，其余人员负责做饭；勤杂组人员负责卫生、水电、门卫等杂务工作；寄宿制幼儿园要配备夜班的保育员、洗衣员及安保人员等。

综上所述，幼儿园人员的配备应从实际出发，合理统筹、精简岗位、节约开支。

四、幼儿园人员的选聘

做任何事都离不开人，但不是每个人都可以承担任何事。十个手指头不一样长，一个人各方面的能力也并非齐头并进，有的人这方面能力强些，有的人那方面能力强些。幼儿园应根据每个人的特点，充分发挥他们的长处，为每个人的发展创造适宜的条件。园长对教职工应有全面的了解，在此基础上更好地选用人才，使所有教职工能人尽其才、才尽其用。幼儿园人员的选聘要讲究科学、考虑特长，充分发挥每个人的作用。此外，还要讲究一定的程序。

（一）幼儿园人员的选聘原则

人员选聘要讲究科学方法，不可随意搭配。有时我们会发现一些园长在人员的选用上比较随意，不考虑人员的特长，致使其在工作岗位上难以充分发挥作用。为了避免以上情况的出现，在人员的选聘上应该遵守以下原则。

1. 全面了解

幼儿园管理者对选聘的人员应该进行全面了解，如专业知识和技能、工作能力和态度、个性特点和兴趣爱好及家庭情况等。通过对这些方面的了解，概括出选聘人员的特长、优缺点，从而为其安排合适的岗位。

2. 宁缺毋滥

幼儿园管理者要按照相关规定选聘幼儿园工作人员，要严格执行标准，根据本园的建设与发展情况，做好团队建设，对缺岗情况有一定的预测。同时储备一些人才，随时调用。如果幼儿园某岗位临时找不到合适的人选，宁愿暂时缺岗，也不要随便找人滥竽充数。

3. 发现长处

人无完人，每个人都有自己的长处和短处。幼儿园管理者应将应聘人员的优劣势进行比较，要善于发现他们的长处和优势，如果他们的长处和优势是工作中不可缺少的要素，就应该选用。

（二）幼儿园人员的选聘程序

幼儿园人员选聘的程序是由幼儿园的规模、性质以及空缺职位的重要性决定的。一般来说，幼儿园人员的选聘主要有以下程序。

(1)幼儿园管理者要根据幼儿园的实际工作需要，提出选聘的工作人员性质、数量与岗位要求，为下一步的招聘工作厘清思路。

(2)发布招聘信息。将拟招聘的岗位、人数、要求等信息公开发布。公开发布的形式可以是张贴公告、在报刊上刊登招聘启事或在网络上发布招聘信息等。

(3)审查条件、资格。通过应聘人员的简历、介绍信等了解应聘人员的基本信息，如爱好、特长、幼教经验等，初步筛选出符合基本要求的人员，形成候选名单。

(4)测验、考核。为了进一步了解候选人各方面的素质和能力，可对候选人进行测验，如智力测验、业务测验、性格测验、情商测验等。若是幼儿园内部人员的提拔，也可以考核的形式进一步了解其素质与能力，缩小候选人的范围。

(5)面试。安排测验、考核合格的人员进行面试，对候选人员的仪表举止、表达能力、思维敏捷度、亲和力等进行观察和了解。在面试中，可根据拟招岗位的要求对不同候选人进行重点考查，如招聘教师要进行试讲等。面试可进行一次也可进行多次，目的是进一步了解情况并缩小候选人的范围。

(6)体格检查。经测验、面试后，符合条件的候选人要进行体格检查，确认其身体健康、没有传染病史、不携带传染源等。

(7)确定并公示拟聘人员。将符合以上条件的人员公示，并留出一定的时间让群众监督、举报，以确保拟聘人员的能力、素质真实可靠，作风正派，无不良嗜好等。

(8)办理聘用手续。公示一段时间后，如无特殊情况，就可以为拟聘人员办理正式聘用手续。

第三节　幼儿园教师队伍建设

学前教育师资水平是影响学前教育改革与发展的重要因素，加强学前教育师资队伍建设是我国发展学前教育的重要职责与使命。2010 年出台的《国家中长期教育改革和发展规划纲要(2010—2020 年)》明确规定："严格执行幼儿教师资格标准，切实加强幼儿教师培养培训，提高幼儿教师队伍整体素质。"确立了我国幼儿教师队伍建设的目标。2012 年《幼儿园教师专业标准》的颁布，标志着我国幼儿园教师队伍建设进入了专业化发展阶段。

一、我国幼儿园教师队伍建设的历史演变

高水平的幼儿园教师队伍是学前教育事业积极健康发展的基础和前提，所以在学前教育改革的相关政策文件中对幼儿园教师培养方向、专业要求、管理制度等问题都有涉及。

1985 年的教育体制改革是学前教育向前发展的开端，促进了学前教育的办学规模、办学形式、办学质量等方面的发展。1989 年 9 月 11 日颁布的《幼儿园管理条例》对幼儿教师的资格提出了明确规定："幼儿园园长、教师应当具有幼儿师范学校(包括职业学校幼儿教育专业)毕业程度，或经教育行政部门考核合格。"20 世纪 90 年代初《中国教育改革和发展纲要》出台之后，为了进一步明确幼儿园教师的培养目标，适应当代幼儿教育发展和改革需要，颁布了《三年制中等师范学校教学方案(试行)》，为幼儿园教师课程设置、培养方案指明了方向。

随着社会的进步和发展，为迎合新世纪学前教育发展和人才培养的需求，2001 年 7 月 2

日教育部颁布的《幼儿园教育指导纲要（试行）》对幼儿园教师角色进行了重新定位，强调幼儿园教师在作为教育者的同时更应成为幼儿学习活动的支持者、合作者和引导者。为保障幼儿教师的权益，2003 年 3 月 4 日教育部等部门颁布的《关于幼儿教育改革与发展指导意见》指出："幼儿教师享受与中小学教师同等的地位和待遇，依法保障幼儿教师在进修培训、评选先进、专业技术职务评聘、工资、社会保险等方面的合法权益，稳定教师队伍。"这一要求为幼儿教师权益保障提供了政策法律参照，也明确了幼儿教师职后培训的规划和建设。

而 2012 年 2 月 10 日教育部颁布的《幼儿园教师专业标准（试行）》更是从幼儿园教师职业专业化的角度对其所应具备的专业理念与师德、专业知识、专业能力等方面提出了具体要求，为幼儿园教师培养、准入、培训、考核等工作提供了重要的参考依据。自 2016 年 3 月 1 日起施行的《幼儿园工作规程》对幼儿园教职工配备、管理、任命资格、职责要求等做了明确规定。2018 年 11 月颁布的《中共中央 国务院关于学前教育深化改革规范发展的若干意见》中进一步提出：严禁"有编不补"，依照标准配备教职工；确保"同工同酬"，合理提高教职工的收入；扩大师资来源，有效引导师范院校积极参与幼儿教师的培养；健全培训制度，实行全员轮训制度；强化队伍管理，认真落实教师资格准入与定期注册制度。享受高质量的学前教育是幼儿的基本权利，而这需要高质量的幼儿教师队伍作为保障。所以，在深化学前教育改革的大背景下，认清现实障碍、攻坚克难，建设一支稳定、高质量的幼儿教师队伍是学前教育发展的根本。

二、幼儿园教师的含义

（一）幼儿园教师的定义

幼儿园教师是指在学前教育机构中履行教育教学职责、受社会委托对学前儿童身心全面和谐发展施行特定影响的专业保育和教育工作者。

幼儿园教师职业产生于 19 世纪中叶。在这之前，学前儿童在家庭中接受教育，家长是学前儿童的老师。到了 19 世纪，随着专门化的社会学前教育机构的建立和发展，才有了专门从事学前教育的教师和保教人员。福禄贝尔于 1840 年创办幼儿园后，开始了幼儿园教师的培训工作。随着世界各国托幼社会教育机构的建立和发展，幼儿园教师逐渐成为一支专门的教师队伍。

不同历史时期，幼儿园教师有不同的称谓。自 1903 年湖北幼稚园创办开始，我国有了第一批幼儿园教师，当时被称为"保姆"。20 世纪 50 年代，我国幼儿园教师开始被称为"教养员""保育员"，但社会上习惯称呼"阿姨"。20 世纪 80 年代，幼儿园教育者开始被称为"幼儿园教师"，到 1995 年《教师资格条例》颁布后，"幼儿园教师"这个名称开始被广泛、正式地使用。

（二）幼儿园教师角色的内涵

幼儿园教师的角色是指幼儿园教师在学前教育过程中所扮演的社会身份，反映出自身的儿童观、教育观。幼儿园教师具有教育者、合作者和研究者三种基本角色。

1．作为教育者的幼儿园教师

《幼儿园教育指导纲要（试行）》要求：幼儿园教师应成为幼儿学习活动的支持者、合作者、引导者。在履行这一角色时，幼儿园教师要与幼儿建立良好的师幼关系。

（1）幼儿园教师是幼儿发展的指导者。在教育过程中，幼儿园教师对幼儿的发展起着指导作用。幼儿园教师的指导者角色具体表现为：

第一，引导。对幼儿遇到的障碍和困惑，教师应引导他们找到最佳的解决办法。

第二，指导。指导幼儿学习初步的生活技能，养成良好的生活习惯、卫生习惯。

第三，诱导。创设丰富的教学情景，激发幼儿的动机、兴趣，充分调动其积极性。

第四，教导。教给幼儿粗浅的知识、技能与行为规范。

（2）幼儿园教师是幼儿活动的参与者和伙伴。幼儿发展的主体性要求幼儿园教师在扮演教育者的角色时，充分尊重并发挥他们的主动性，与他们平等互动，成为幼儿活动的参与者和伙伴。这要求幼儿园教师从三个方面入手：

第一，将幼儿视为主动发展的平等主体。幼儿的发展是主动积极的，成人不是幼儿各种活动的指挥者，而是参与者。幼儿和成人是平等主体，幼儿园教师是他们平等的伙伴。

第二，参与幼儿的活动。尽量减少对幼儿的过度控制与命令，学会倾听幼儿，在活动中和他们一起探索、讨论。

第三，成为幼儿的伙伴。在参与活动中，和幼儿建立伙伴关系，以便更好地履行教育者的角色。

（3）幼儿园教师是幼儿的榜样和示范者。幼儿园教师是幼儿成长的榜样和示范者，其原因在于幼儿的发展特点：首先，幼儿好奇心强，喜欢模仿，易受别人的暗示和感染，也非常崇拜、信任教师；其次，幼儿处于经验、知识、品德形成的初期，需要学习和借鉴成人的经验，因此，幼儿园教师的言行必然成为幼儿在幼儿园的主要模仿对象，是幼儿发展的榜样和示范者。榜样和示范者对幼儿的作用是潜移默化的，这要求：

第一，幼儿园教师要注意自己的言行，给幼儿做好榜样。

第二，幼儿园教师要多从正面示范，给幼儿展示正确的操作方法、行为技巧、言语方式等，以减少负面言行的消极影响。

2. 作为合作者的幼儿园教师

（1）其他教师工作的合作伙伴。幼儿园教师的专业活动和专业成长离不开与其他教师、幼儿园管理人员、保育人员、后勤人员及家长的合作交流，他只有成为其他教师的合作伙伴，才能充分发挥保教工作的作用。幼儿园教师应该注意以下问题。

第一，尊重其他教职工。幼儿园每位教职工都有自己不可替代的职责与作用，只有充分尊重其他教师、管理者、保育员等员工的工作，才能有良好的合作关系。

第二，善于发现并学习其他教职工的优点。肯定其他教师的优点是建立良好合作关系的基础，也是幼儿园教师个人专业成长的有效方法。

第三，掌握合作、交往的方法。合作就是一种交往，人际交往有一些特殊的方法。具备一定的人际交往的知识与方法，有助于和幼儿园其他教职工建立合作伙伴关系。

（2）家园合作的联系者。家庭和幼儿园合作是搞好学前教育的关键。陈鹤琴先生曾指出："幼稚教育是一种很复杂的事情，不是家庭一方面可以单独胜任的，也不是幼稚园一方面可以单独胜任的，必定要两方面共同合作方能得到充分的发展。"因此，家园合作成为当代幼儿园工作的重要内容，幼儿园教师也成为家园合作的联系者。这要求：

第一，与家长保持平等的关系。幼儿园教师要视家长为朋友，尊重家长的意见，虚心听取家长的建议，乐意与家长交谈，和家长建立融洽的合作关系。

第二，是家园合作的指导者。幼儿园教师以其专业化的知识，支持和帮助家长更新教育理念，改善教育行为，提高教育能力，共同促进幼儿全面、健康的发展。

第三，是家园合作的创设者。幼儿园教师在家园合作的过程中，为家长沟通和合作创设条件，确保家园合作的成功开展。

3. 作为研究者的幼儿园教师

在幼儿园的保教工作中，幼儿园教师常常要使用观察、记录、统计、归纳、推理等方法对其保教工作进行分析、反思，以得出概括性的结论，提升专业水平。从这个角度来说，幼儿园教师也是一位研究者。当然，幼儿园教师的研究更多体现在对自身的保教实践活动进行科学、理性的反思上面，是一种教研活动。主要表现为三个层次：第一个层次是反思保教情境中各种技能与技术的有效性；第二个层次主要针对保教实践中出现的问题，把学前教育理论应用于保教实践，以便作出决策；第三个层次主要针对幼儿园教育活动中的师生关系、人际交往等方面，反省保教实践中的价值、伦理和道德等问题。这要求教师：

第一，具备研究意识。那种认为自己只要能上好课就可以了，搞教研是专家们的事的观点是不正确的。

第二，紧贴保教实践，积极开展教研活动。幼儿园教师的研究应主要围绕保教工作展开，以改进保教方法、推动保教质量提升为主要目的。

第三，加强专业理论和研究方法的学习，掌握开展研究的基本方法。

拓展阅读

幼儿园教师的类型和特点见表 10-3。

表 10-3　幼儿园教师的类型和特点

类型	群体	特点
新手型幼儿园教师	教龄 1~3 年见习阶段新教师	教学经验不足；教育教学理念和方法尚需继续提高；需要通过多种形式提升
成熟型幼儿园教师	教龄 3~5 年及 5 年以上的青年教师	具有一定的教学经验；能初步运用心理学、教育学的理论指导保教实践；还需要通过多种形式提升
骨干型幼儿园教师	教龄 6~12 年的青年教师	有丰富的教学和管理经验；初步形成了自己的教育教学特色；有较强的教研、科研能力；还需要在理论学习、教育科研、专业发展等方面提升自己
专家型幼儿园教师	已获得各类“名师”“学科带头人”等称号的教师	形成了自己独特的教学风格和教育理念；在专业研究方面有一定成果；在一定区域内的学前教育界有一定的知名度

三、幼儿园教师的素质

幼儿教师是实现幼儿园育人目标的重要保证，根据我国学前教育的特点和师资情况的现状，幼儿教师应具备的素质主要包括以下几个方面。

（一）热爱幼教事业，热爱孩子

幼儿教师以教育工作作为自己的职业，必须热爱幼教事业，具有高度的责任感，才有可能做好自己的工作。热爱孩子是热爱教育事业的具体体现。只有热爱孩子，才能与孩子建立起亲密无间的师生关系，这种关系是连接师生心灵的桥梁，是一种巨大的教育力量；只有热爱孩子，才能得到孩子的尊敬和爱戴。

（二）知识丰富

幼儿教师必须具有幼儿师范学校（包括职业学校幼儿教育专业）毕业程度，或取得幼儿教师专业合格证书，具备丰富的专业知识。

幼儿教师应精通幼儿教育学、幼儿心理学、幼儿卫生学和教育教学法的基本理论和基本知识，具备广泛的教育学专业理论知识，熟练掌握和运用各种教学技能技巧，善于组织“教与学相互影响”的学习活动，以促进幼儿理解力的发展。

幼儿教师还应掌握幼儿园教育工作的基本原则和方法。根据幼儿兴趣来组织幼儿园的课程，使各学科教学内容和技能组织与幼儿日常生活，幼儿与客观环境、伙伴和成人之间的相互影响等成为一个有机的整体。

（三）教育能力

1．理论结合实践的能力

幼儿教师应该很好地掌握幼儿发展的理论并懂得如何将这些理论付诸实践。在幼儿阶段，社会道德、情绪和个性的发展与认知和智力的发展是不可分割的。教师应懂得如何在保教实践中促进幼儿的身体和心理发育，采用各种措施，使幼儿形成强健的体魄、健全的人格和健康的心理。

2．组织游戏和活动的能力

幼儿教师必须懂得游戏在幼儿身心发展中的重要意义，必须掌握组织丰富多彩的游戏活动所需要的技能技巧。游戏是幼儿教育活动中的一个关键组成部分，组织游戏应被看作是教师的综合性、基础性的能力。游戏可以发展儿童的社会道德判断力，提高其社会适应能力和语言技能，促进其理解能力由简单向复杂发展，学会承担个人的学习责任等。

3．与家长沟通配合的能力

幼儿教师必须懂得家庭教育是幼儿学习和发展的一个基本环节，注意研究家庭的不同结构和价值观，具备与家长沟通配合的各种技能，在家长的配合下提高幼儿教育的质量。家长是极为重要的教育合作伙伴。幼儿教师应认识到没有家长的合作，教育的目标是无法全面实现的。家庭教育应被看作是幼儿教育系统的一个重要组成部分。幼儿教师必须具备与家长合作的能力。要提高教育的效果，就必须理解和尊重家庭的文化背景和特殊性。

4. 与幼儿沟通协调的能力

幼儿教师与幼儿之间的沟通受到幼儿社会性发展、语言发展等方面的制约，需要教师有意识地进行帮助。

一是协调幼儿之间的口语沟通。幼儿之间的交谈能极大地促进幼儿社会性、智力、语言的发展。促进幼儿之间的交谈需要发展他们自我表达和理解他人的能力以及听和说的能力，这方面的技能是非常必要的。这是教师的一个重要任务，但常见的问题是教师不了解幼儿之间交谈的发展价值，因此不太重视幼儿的交谈，很少注意幼儿口语沟通的特点。

二是解决幼儿之间的冲突。幼儿的冲突是其沟通不畅的最激烈的表现形式，多发生在物的分配或活动机会的选择时。正确地认识和对待幼儿的冲突是教师的基本技能之一。教师应当看到，幼儿冲突并不一定是坏事，冲突本身及其解决是幼儿之间沟通的重要途径，也是幼儿社会性发展、认知发展的重要途径。帮助幼儿正确地对待冲突，习得解决冲突的策略，通过冲突理解人际交往的规则，认识自己和别人的权利，克服以自我为中心等，是幼儿园教育的重要内容。

5. 团结协作的能力

幼儿教师需要掌握指导和协调其他成人一起进行教学工作的能力。幼儿教师除了要学会同他人协商合作，制订教育计划外，还要善于不断学习别人的长处，提高自己的专业水平。

6. 观察、应变能力

幼儿教师要能够根据幼儿的外部表现，洞察幼儿的内心世界，在与幼儿相处的复杂多变的环境中，对幼儿的状况准确判断，对偶发事件机智处理；要能够随机应变、因势利导、掌握分寸、恰当处理。

（四）健康的人格和品德

幼儿园教师应当具有健康的体魄，宽广的心胸，稳定的情绪，丰富的感情，活泼开朗的性格，良好的行为习惯等。

幼儿园教师的心理素质是幼儿园教师职业素质的综合体现，是在长期的幼儿教育工作实践中形成的心理品质和行为模式。它在很大程度上取决于幼儿园教师的职业特点，也是在长期的幼儿教育工作实践中逐渐形成的。

幼儿园教师必须具有的最重要的个性特征包括：(1)广阔而浓厚的求知兴趣；(2)积极而稳定的情绪；(3)坚强的意志；(4)健全的性格。

四、幼儿园教师队伍的建设方法

幼儿园提高园所保教质量的关键在于良好的师资队伍建设。在幼儿园师资队伍管理中充分利用“蚂蚁效应”“鲶鱼效应”“羊群效应”“登门槛效应”等，可以加强幼儿教师队伍建设，增强团队的凝聚力，提高整体的保教质量。

（一）利用“蚂蚁效应”，细化教师职责，促进团队协作

蚂蚁是自然界最为团结的动物之一，它们虽然体积较小，但是分工明确、各尽职责，在共同完成一件事情时能凸显出惊人的智慧与力量，这就是所谓的“蚂蚁效应”。心理学研究表明，

当一个人独自面对任务时往往会清醒地认识到自己的责任，而当许多人共同面对时，责任意识往往会变得淡薄，还会产生一种“我不去做，有别人去做”或“我先不做，先看看别人怎么做”的观望心理，使得个人变成旁观者，甚至无法意识到自身的职责。在园所管理中，我们要借鉴“蚂蚁效应”，明确、规范、细化教师工作职责，增强责任意识。同时，还要深入了解每位教师的长处与不足，合理安排工作，用其所长，人事相宜，发挥每一位教师的最大价值。

（二）明确各自职责

为了更加明确幼儿教师的职责，幼儿园可以在开学初采取分层定责的管理办法，即园级干部“职责制”，中层干部“承包制”，全园教师“ 聘任制”。例如，在业务园长指导下，教研组长分别对各班组一日生活进行管理，骨干教师和高级教师实行“帮扶制”。同时，还可制定各岗职责，定期进行评价考核，使教师工作有章可循。这样，不仅避免了教师职业角色的混乱，还有助于提高工作效率，激发工作积极性。

（三）团结协作，树立集体观念

幼儿园所的发展，如果只靠个人的力量将举步维艰、寸步难行，必须依靠团队的共同努力、共同智慧。这就需要每位教职工相互依赖、团结协作，以集体的力量来解决错综复杂的问题，依靠团队的力量促进园所与教师的可持续发展。例如，为了提高教师的整体素质，可以在党员教师中开展“一帮一,一对红”活动，以党员教师的优良品德带动其他教师；在骨干教师中开展“师徒结对子”活动，让骨干教师帮助能力较弱的年轻教师，正所谓“同心山成玉，协力土变金”，在园所形成你困我帮、你帮我赶、相互学习、相互促进的良好氛围。

（四）利用“鲶鱼效应”，激发教师内在动力

沙丁鱼捕捞后如果没有刺激和活动就会很快死去。挪威渔民每次从海上归来，为了不让沙丁鱼在途中死去，就在鱼槽里放几条鲶鱼，使大量的沙丁鱼在紧张中不断地游动，结果不但避免了沙丁鱼因窒息而死亡，还能保证它们活蹦乱跳地抵达港口。这种现象后来被人们称为“鲶鱼效应”。

1．合理竞争，科学考核，激发“沙丁鱼”的工作活力

众所周知，有压力才会有动力，人们只有在适度的紧张中才能更好地发挥能力。正如沙丁鱼在捕捞后没有刺激与活动就会死去一样，一个团队如果没有目标与竞争，就容易导致教师产生安于现状、懒惰散漫的心理。基于此，幼儿园可采取教职工岗位聘任制，明确每个人的职责与工作规范，通过述职、竞争的方式使教师优先上岗。此外，开展技能技巧比赛、制订个人成长目标、开展教师综合评价等多种内外力多元驱动的活动可以激发教师不断学习、不断努力、不断进取。

2．要充分利用好园所中的“鲶鱼”

在每个团队中都有发挥“鲶鱼”价值的个体，园所管理者要知人善用，充分发挥“鲶鱼”的作用。在幼儿园，“鲶鱼”式的教师不但性格活跃，而且“能量”很大，很有号召力。为了展现他们的优势，发挥他们的能量，引导他们担任工会组长、教研组长，班级组长等，用他们的活力感染其他教师、带动其他教师，以师促师，使幼儿园的各项活动得以顺利开展。

（五）利用“羊群效应”，发挥专家、骨干教师的引领作用

在羊群中，你会发现这样一个有意思的现象：头羊往哪里走，后面的羊就跟着往哪里走。这种学习与模仿的现象被人们称为“羊群效应”。它最早是股票投资中的术语，主要指投资者在交易过程中存在学习与模仿的现象，后来被引申为一种从众、盲从的现象。然而，换个角度想一想，我们面对的是一群有思想有智慧的社会人，他们有着较强的辨别是非善恶的能力。教育专家、幼儿园的领导干部、优秀教师等不正是幼教界这个“羊群”里的“领头羊”吗？何不正确发挥他们的示范引领作用，促使全园教师形成共同学习、你追我赶、互学互帮的良好态势呢？

1．注重专家专业引领

注重专家专业引领不仅是有效提升幼儿园教研质量、提升教师理论素养的重要路径，更是提升幼儿园师资队伍建设的重要路径。专家的“一个提示，几点建议”，是促进教师成长的“催熟剂”。为此，幼儿园可定期聘请教育专家来园指导，通过专家们对教育活动、区域活动、卫生保健等多方面的观察、指导，对教师的答疑解惑，提升教师的教育理念，理顺教育教学方法。

2．注重优秀教师的示范辐射

为了提升教师们的业务能力，幼儿园可以采取优秀骨干教师带徒弟的“师徒一帮一”方法，并制订师徒学习计划。师傅要每周给徒弟上一次展示课、指导一次教育活动，每周检查徒弟的备课情况，以自己先进的教育理念影响徒弟，促进其快速发展。此外，还可以结合幼儿园教师普遍感到困惑的如组织区域活动、组织体育活动等教育教学问题，请骨干教师进行展示，其他教师观摩学习。

师无德不立，园无德不强，师德建设一直是教师队伍建设的重中之重。为了加强师德建设，幼儿园除了可以开展法律法规学习、师德评价等活动外，还要注重引领教师向师德楷模学习。用榜样爱岗敬业、爱生如子、无私奉献的情怀深深感染着每一位教师。

（六）利用“登门槛效应”，促使青年教师不断进步

“登门槛效应”是美国社会心理学家弗里德曼与弗雷瑟于1966年做“无压力屈从——登门槛技术”的现场实验时提出来的，指的是一个人接受了低层次的要求后，适当引导，往往会更容易接受更高层次的要求。

1．分解整体目标，制订“最近发展区”的阶段性目标

“登门槛效应”启发我们，在幼儿园中，尤其对新毕业的教师和部分能力较弱的教师，我们对其专业成长的要求不宜定得太高，以免形成逆反心理。应该依据反映人们认知心理的“登门槛效应”给这些教师制订一个发展总目标，在此基础上还要帮助教师从他们个人实际出发建立起切实可行的阶段性目标，即最近发展区。一旦教师实现了第一级子目标，就通过了门槛，再加上幼儿园管理者的鼓励与引导，使教师体会到成功的喜悦；然后，逐步提高目标的层次，就如上台阶一样，一级一级地，最终达到预期的教育教学总目标。尤其是对待新任职教师，我们更不能急躁，要给他们一个缓冲、自我调整、自我提升的时间与空间。

2. 小步骤、阶段性培训，引导青年教师的专业发展

为了提高青年教师的专业技能，减少他们的畏难情绪，幼儿园可以采取小步骤的培训模式，即每月有重点地逐一对不同技能进行培训、考核。青年教师根据自身特点，分析自身优势，制订自身发展目标，设计优势领域活动，并定期进行展示汇报。在这种阶梯式培训中，青年教师逐渐掌握了相应的教育方法和技能技巧，教育教学能力不断提升。这样，青年教师在轻松的氛围中不断进步，自身素质不断提高。

心理学研究指出，一个人只要体验一次成功的快乐，便会产生喜出望外的激奋心理，从而增强自信心，而这种自信心又能促使他不断努力，追求更高层次的成功，形成“成功—自信—努力—又成功—更自信”的良性循环。

随着社会日新月异的发展和人们自我意识的提升，作为新时代的幼儿园园长，只有树立科学的管理理念，正确灵活地利用各种效应，充分调动教师的积极性，才能建设一支高素质的教师队伍，创设一流的幼儿园所。

拓展阅读

教育部 中央编办 财政部 人力资源和社会保障部 关于加强幼儿园教师队伍建设的意见

教师〔2012〕11号

各省、自治区、直辖市教育厅（教委）、编办、财政厅（局）、人力资源和社会保障厅（局），新疆生产建设兵团教育局、编办、财务局、人事局、劳动和社会保障局：

幼儿园教师承担着保育和教育的双重职能，关系到亿万儿童的健康成长，关系到学前教育事业的健康发展。为贯彻落实《国家中长期教育改革和发展规划纲要（2010—2020年）》《国务院关于当前发展学前教育的若干意见》（国发〔2010〕41号）和《国务院关于加强教师队伍建设的意见》（国发〔2012〕41号），大力加强幼儿园教师队伍建设，现提出以下意见：

一、明确幼儿园教师队伍建设的目标。各地要按照构建覆盖城乡、布局合理的学前教育公共服务体系的要求，结合本地实际，科学确定幼儿园教师队伍建设的目标。到2015年，幼儿园教师数量基本满足办园需要，专任教师达到国家学历标准要求，取得职务（职称）的教师比例明显提高。到2020年，形成一支热爱儿童、师德高尚、业务精良、结构合理的幼儿园教师队伍。

二、补足配齐幼儿园教师。国家出台幼儿园教师配备标准，满足正常教育教学需求。各地结合实际合理确定公办幼儿园教职工编制，具备条件的省（区、市）可制定公办幼儿园教职工编制标准，严禁挤占、挪用幼儿园教职工编制。企事业单位办、集体办、民办幼儿园按照配备标准，配足配齐教师。采用派驻公办教师等方式对企事业单位办、集体办幼儿园和普惠性民办幼儿园进行扶持。

各地根据学前教育事业发展和幼儿园实际工作需要，建立幼儿园教师长效补充机制。公办幼儿园教师实行公开招聘制度。加强对各类幼儿园教职工配备情况的动态监管，把教职工资质及流动情况作为幼儿园保教质量评估监测的重要内容。启动实施支持中西部农村

边远地区开展学前教育巡回支教试点工作，吸引优秀人才到农村边远贫困地区幼儿园任教。

三、完善幼儿园教师资格制度。全面实施幼儿园教师资格考试制度，印发幼儿园教师资格考试标准，深化教师资格考试内容改革。幼儿园教师须取得相应教师资格证书。具有其他学段教师资格证书的教师到幼儿园工作，应在上岗前接受教育部门组织的学前教育专业培训。

四、建立幼儿园园长任职资格制度。国家制订幼儿园园长专业标准和任职资格标准，提高园长专业化水平。省级教育行政部门制定幼儿园园长任职资格制度实施办法。教育部门办幼儿园园长由县级及以上教育行政部门聘任。企事业单位办、集体办、民办幼儿园园长由举办者按国家和地方相关规定聘任，报当地教育行政部门审核。

五、完善幼儿园教师职务（职称）评聘制度。合理确定幼儿园教师岗位结构比例。完善符合幼儿园教师工作特点的评价标准，重点突出幼儿园教师的师德、工作业绩和保教能力。结合事业发展和人才发展规划，合理确定幼儿园高级、中级、初级岗位之间的结构比例。对长期在农村基层和艰苦边远地区工作的幼儿园教师，在职务（职称）方面实行倾斜政策。确保民办和公办幼儿园教师公平参与职务（职称）评聘。

六、提高幼儿园教师培养培训质量。全面落实幼儿园教师专业标准，提高教师专业化水平。办好中等幼儿师范学校。重点建设一批幼儿师范高等专科学校。办好高等师范院校学前教育专业。依托高等师范院校重点建设一批幼儿园教师培养培训基地。积极探索初中毕业起点5年制学前教育专科学历教师培养模式。实行幼儿园教师5年一周期不少于360学时的全员培训制度，培训经费纳入同级财政预算。幼儿园按照年度公用经费总额的5%安排教师培训经费。扩大实施幼儿园教师国家级培训计划。加大面向农村的幼儿园教师培养培训力度。

七、建立幼儿园教师待遇保障机制。公办幼儿园教师执行统一的岗位绩效工资制度，享受规定的工资倾斜政策，企事业单位办、集体办、民办幼儿园教师工资和社会保险由举办者依法保障。幼儿园教师按国家有关规定参加社会保险并依法享受社会保险待遇。对长期在农村基层和艰苦边远地区工作的幼儿园教师，实行工资倾斜政策。鼓励地方政府将符合条件的农村幼儿园教师住房纳入保障性安居工程统筹予以解决，改善农村幼儿园教师工作和生活条件。

八、确保各项政策措施落实到位。地方各级教育、编制、财政、人力资源社会保障等有关部门要充分认识加强幼儿园教师队伍建设的重要性和紧迫性，健全工作机制，加强统筹协调，建立督促检查、考核奖惩和问责机制，确保加强幼儿园教师队伍建设的各项措施落到实处、取得实效。

教育部　中央编办

财政部 人力资源和社会保障部

2012年9月20日

第四节　幼儿园领导职能建设

一、幼儿园园长领导力

“领导中有管理，管理中有领导”。管理就是管理人员领导和组织人们去完成一定的任务和实现共同目标的活动。幼儿园园长的领导行为是园长在幼儿园的教育教学活动中行使领导职能而具有积极内在动机和领导意义的激励、组织、决策、沟通的行为，是领导力的外在表现。

案例分析

大一班的杨老师是园里“做中学”科学活动教研组的成员，大班幼儿对科学活动很感兴趣，这次杨老师以“寻找丢失的小陀螺”为切入点，准备进行科学探索活动。她的设计思路是，以陀螺为切入点，探索有关陀螺的基本知识，然后制作陀螺。当陀螺表面有颜色，旋转时就发生了变化——混色现象，进而联系牛顿色盘。

杨老师在逐步开展活动的同时布置了墙面，与幼儿进行互动。分了四个版块：(1)发现陀螺；(2)分享资料；(3)制作陀螺；(4)奇妙的色盘。园长在检查教师工作时对此项活动进行了认真的分析。

园长首先肯定了该教师的想法，以陀螺作为科学素材符合大班幼儿的年龄和兴趣特点。陀螺本身蕴含很多科学元素，如它的旋转与普通的旋转不同，为什么陀螺旋转的时候不会倒？以及陀螺的操作杆与重心的关系等。幼儿通过制作陀螺学会如何找重心，怎样调节操作杆的长度和位置等，能够激发幼儿对科学的热爱和探索精神。

同时，园长也指出了这个活动的不足，问题出在最后的版块“奇妙的色盘”。园长认为：首先，光和色的知识比较抽象，对大班幼儿来说有些难度；其次，从陀螺引到光和色的知识有些牵强，陀螺本身就已具备很多的知识点和探索点，如果引到光和色的知识，就会使整个活动目标中心不明确，色盘与混色现象可以另外开设科学探索活动；最后，园长建议教师把重点放在制作陀螺的过程中，注意观察与指导幼儿，尽量不要明确地提出“重心”“旋转”等科学概念，而要引导幼儿自己提出来。让幼儿自己选择材料，小组制作与个人制作相结合，探索成败的原因，做好科学记录与分析：第一次成功与否，原因是什么；第二次成功与否，原因是什么……教师还应该将失败原因差不多的小朋友组织成一组，让他们讨论、思考解决的办法。

经园长指导后，杨老师深受启发，她说：“本来我的出发点是色盘和混色现象，想借助于陀螺，但是没有仔细思考陀螺本身的教育价值，而是简单地将这两者连到了一起。我以前更多的是组织主题活动，对科学活动尤其是‘做中学’不了解，还是有主题的影子。园长这样的一番话，虽然让我觉得挺惭愧的，但是确实很有启发，有很多东西都是我没有想到的。我从园长身上学到了不少东西，她特别有经验，对很多问题的分析很透彻，我真挺佩服她的！”

后来，杨老师重新调整了活动的方案，把重点放在动手制作陀螺上，让幼儿自己探索有关知识，活动进行得非常成功，幼儿不仅对陀螺有了全面的认识，而且非常感兴趣，小朋友们还成立了科学探索小组。

分析与思考： 园长的公正评价和善意指导是影响教师行为的主要因素之一，它能激发教师产生积极的教育行为，如主动思考、不断改进和完善工作。

案例中的园长就是这样做的。园长首先了解教师的设计思路，肯定了教师的选材，然后与教师一起分析问题，并提出良好的建议，为教师改进方案引路，使教师工作有方向，并愿意主动改进，同时也使教师对“做中学”有了深刻的认识。这是一个成功的指导教师转变教育行为的案例。

这一案例也反映出园长的领导能力和方式的重要性，领导影响力中的非权力影响力在这里体现得尤为明显。具有这类影响力的领导使人产生敬爱，觉得亲切和值得信赖，自然而然地愿意接受其建议和劝告，心悦诚服地服从其领导。

案例中，园长的工作作风客观、实事求是，并且园长本人具有扎实的专业知识和教育经验，在业务上给了教师很大的帮助。园长非权力影响力中的知识因素的科学性、才能因素的实践性让教师产生信赖感和敬佩感，为今后的工作奠定了良好的基础。

（一）园长领导力

所谓园长领导力，是指园长调动他人并与他人一起工作以实现共同目标的能力，是以园长具有有效地影响或改变被领导者的心理和行为的能力为基础，能为幼儿园发展的远景目标服务的能力，包括权力性领导力和非权力性领导力。权力性领导力来自三种主要因素：传统的因素，即对权力的传统认识导致对园长的服从、跟随；职位的因素，即园长职位本身及园长接受上级授予的权力导致被领导者的敬畏和服从；资历的因素，即在幼儿园里工作时间长短等带来的经验、阅历方面对领导活动的影响。非权力性领导力来自品德、才能、知识及情感等因素。

调查显示，园长们普遍认为成为一名优秀园长的重要因素表现在领导能力、人格品质等方面，而对于领导行为中专业素养的认知程度明显不足。实际上，园长要进行有效的领导，非权力性影响力相当重要，包括与个人专业素养密切相关的专家权（expert power），即拥有别人所渴望的知识，诱使他们遵守执权者的指示，从而学到某种知识并从中得益；参照权（referent power），即来自权力持有者个人的魅力、思想及能折服大家的信念。对园长来讲，这两种权力不是法定拥有的，而是要靠不断提高自身的专业修养才可能实现。根据加里·尤克的研究，运用参照权和专家权可以极大地提升下属对工作的自觉接受程度，从而提高领导行为的有效性。可见，如果对领导行为中的专业素养认知不足，有可能会极大地制约领导行为的实效。

在实际工作中，园长的领导行为侧重管理。在幼儿园管理实践中，园长们更多扮演的是管理者的角色，主要的管理行为有两种：一是权威式管理；二是经验式管理。大部分园长对于管理和领导的理论了解不多，在实际工作中做的决策大多只是依据经验和直观进行的判断。

（二）作为管理者的园长

管理，就是幼儿园管理者通过发挥各种管理职能，充分调动教职工积极性，提高组织效能，实现组织共同目标的过程。园长作为幼儿园的领导者，全面负责幼儿园的各项工作，包括保育、教学、财务、人事、园本研究、行政等。园长对幼儿园的管理向上必须严格执行国家及上级主管部门相关的教育方针、政策、法规、精神，向下要运用现代管理理念和管理方法，科学调控园内各部门，管理好幼儿园的人、事、物、财等工作。因此，想要成为一个优秀的管理者，园长需积累教育管理理论和专业知识，不断提升业务管理能力和专业水平。在这一过程中：园长是决策者，管理的任何一个环节和每一项管理职能的发挥，都离不开园长的决策；园长是评价者，应监控和评价各部门对幼儿园制度及园长决策的执行；园长是协调者，需妥善协调园内外各方关系，如管理团队、教师、社区、家长、上级主管部门等，以优化管理效果；园长是课程管理者，课程是幼儿园建设与发展的核心，园长应管理好幼儿园的课程设计、开发、实施、评价，提高教育教学质量。

（三）作为经营者的园长

随着学前教育的发展，尤其是在公办民办并举的办园体制下，园长应由传统的行政管理者角色向现代的经营管理者角色转变，既是幼儿园管理的执行官，也是幼儿园的经营者。经营就是要借鉴企业运作的理念和策略来管理幼儿园。在这一过程中：园长是资源经营者，幼儿园园长最头痛的问题就是办园经费不足，如何筹措经费及最大化经费的效用，是资源经营的核心问题，园长对资源的经营包括对人力资源、教学资源、社区资源等的筹措、调配和利用；园长是品牌经营者，通过提高教育教学质量，凝练幼儿园特色，树立良好的品牌，增强幼儿园的核心竞争力，也是园长经营的重要内容；园长是文化经营者，幼儿园文化是幼儿园发展的软实力，园长应重视塑造积极向上的文化，建立全体人员认同的愿景，凝聚人心，共同奋斗。

二、幼儿园园长的岗位职责与典型任务分析

（一）岗位职责

遵循现代学校制度的基本规律，按照园长能力的基本要求，明确园长的岗位职责如下：

（1）贯彻执行国家及上级主管部门的有关法律、法规、方针、政策。

（2）负责制定并组织执行园所管理的各种规章制度。

（3）全面负责幼儿园的各项工作，包括保育、教学、财务、人事、园本研究、行政等事务的管理。

（4）筹措并调配幼儿园的各部门各种资源，包括人、财、物等。

（5）监控和评价幼儿园各项工作。

（6）组织和指导家长工作，负责与社区的联系和合作。

（7）引领幼儿园的课程设计、开发、实施、评价。

（二）典型任务

结合园长的岗位职责，可以列出园长的典型工作任务（表 10-4）。

表 10-4　幼儿园园长典型工作任务分析

典型工作任务	职业能力
1. 确立共同愿景 2. 制订幼儿园发展规划，合理定位、凝练特色、树立品牌 3. 引领实施幼儿园发展规划 4. 建设积极的园所文化 5. 激励、调动教职工工作积极性 6. 协调处理各种人际关系	园长角色定位与文化力

续表

典型工作任务	职业能力
7. 执行国家的有关法律、法规、方针、政策及上级主管部门的规定 8. 制定并执行各种规章制度 9. 筹措并调配各种资源，安排人、财、物、时、事，明确各部门、人员的职责、权限、关系 10. 组织管理一日活动 11. 组织管理幼儿园的保育活动 12. 对日常事务进行科学合理决策 13. 对行政、财务、后勤等事务的管理 14. 构建质量监控体系 15. 组织协调各岗位、各部门的关系 16. 组织和指导家长工作 17. 负责与社区的联系和合作	园长经营与管理力
18. 幼儿园课程规划 19. 领导幼儿园课程设计、开发 20. 领导幼儿园课程实施 21. 领导幼儿园课程评价	园长课程领导力
22. 开展园本研究 23. 反思、总结日常管理 24. 组织各种教研活动	园长园本研究领导力
25. 对教师的日常教学进行监控 26. 引进优秀师资 27. 有目的、有计划地安排各类人员培训 28. 组织园本培训，提升教师专业素养 29. 指导、检查和评估教师的工作，并予以奖惩	园长教师队伍建设力

三、幼儿园园长的素质

园长是幼儿园的最高领导者，其素质在很大程度上决定着幼儿园的办园方向、工作绩效及园所氛围。所谓领导者素质，是指领导者在一定先天禀赋的生理素质的基础上，通过后天的锻炼和学习所形成的、在领导活动中经常发挥作用的本质要素。

结合幼儿园的工作特点和要求，对园长的基本素质从思想修养、知识结构、工作能力与身体素质四个方面提出以下具体要求。

（一）思想修养

1. 认识和理解教育方针

园长要特别深刻地认识和理解党和国家的教育方针，坚持正确的办园方向和指导思想，敏锐觉察方针执行中的错误倾向，迅速予以纠正。

2．事业心和责任感

园长要充分认识自己所从事工作的重大社会意义，热爱幼教事业，热爱幼儿，关心教师，能把全部心血倾注到工作中去，不怕困难，勇于探索，始终对工作有浓厚兴趣和饱满的热情，勤勤恳恳，任劳任怨，尽最大努力为幼儿、教师服务，认真做好各项工作。

3．道德修养和工作作风

园长应具有良好的道德修养和工作作风，应忠诚坦白、光明磊落，能实事求是、坚持真理、纠正错误、严以律己、勇于承担责任；能妥善处理各种矛盾，处理各种人际关系，要善于调动群众积极性；能深入实际，吸取群众智慧，改进领导工作。

（二）知识结构

园长要有真才实学，要有基本的科学文化知识，掌握教育知识，要熟悉幼儿园的业务，实行内行领导。

1．文化知识

园长要具备一定的语言表达能力。园长应有较强的求知欲，要有更新知识的紧迫感，要不断学习和吸取现代科学知识，培养较广泛的兴趣爱好，丰富自己的精神世界。

2．学前教育方面的专业知识

园长应具备幼儿师范学校（包括职业学校幼儿教育专业）毕业及其以上学历，应加强自己的业务素养，掌握学前教育的理论知识，了解教育科学知识和有关卫生保健方面的知识，了解幼儿年龄特点和身心发展的规律。园长要注意加强教育理论修养，并能结合教育形势发展的需要，针对本园教育工作中的问题能认真研究解决。

（三）工作能力

1．较强的科研能力

园长应当是一名出色的教师，具有丰富的教学经验，能够指导和改进其他教师的教学。只有在自己教学经验丰富、知识积淀多、教学理念新的基础上，园长才能有目的、有计划、有步骤地去实施自己在教学上的设想并通过教学科研，促使教师认真钻研教材、探究教学方法、更新教学观念、形成自己独特的教学理念，实现自己的教学目标。

2．组织指挥能力

园长要具备统领全局的能力，能在整体上进行组织决策和指挥，善于合理调配人力、物力和财力，调动各方面的积极性；能协调好人际关系，包括妥善处理与上级、同事和下属的关系，同时要协调好幼儿园与外界的关系。

3．创新进取精神

园长作为一个组织的领导，要有远见卓识，能了解社会发展和教育改革动向，能按照教育发展趋向规划园所的未来；要思维敏捷，头脑清晰，能够清楚地意识到工作中的问题和不足，并及时改进；要积极进取，立足本园实际，吸取切实可行的成功办园经验，不断调整和开拓新的发展领域。

4. 表达与沟通能力

园长要具备较好的口语表达能力及撰写文稿的能力。此外，园长还应具备较强的沟通交流能力，能妥善处理与上级、同事、下属和幼儿家长的关系。

（四）身体素质

由于园长承担着整个幼儿园的复杂工作，因此园长需要具备良好的身体素质。身体健康、精力旺盛、态度乐观、反应敏捷等身体素质是一个园长所必须具备的，这样才能带领园所保持生机勃勃的状态，不断前进。

四、幼儿园园长的领导艺术

幼儿园园长的领导艺术是指幼儿园园长运用自己的科学知识、实践经验、聪明才智和胆识魄力去做好领导工作，并为达到促进全园发展这一目的而采取的手段和途径。幼儿园园长掌握适当的工作方法和具有独特的领导艺术，是在长期实践工作中不断探索和总结出来的，他（她）需要有丰富的工作经验和领导经验，也要具备较高的个人素质。以下将从四个方面来展现幼儿园园长独特的领导艺术。

（一）立足全园

（1）幼儿园的管理应该有章可循、有法可依，幼儿园制定的所有制度都必须立足全园，从实际情况出发，这样有利于制度的有效实施。

（2）幼儿园园长在做出重大决策前，要先在全园调查研究，掌握全园教职工的心态和想法，并及时和他们沟通，把上级的指导思想传达给全园的工作人员。幼儿园要定期召开全园大会（包括家长委员会），结合当前的社会发展形势，分析本园的优势和劣势，听取全园教职工和部分家长的意见，然后提出总体改革目标和操作思路。

（二）关注教师

教师是园长与幼儿之间的桥梁，是所有信息的传达者与载体。因此，领导好幼儿教师是办好幼儿园的关键。

1. 以情动人

园长在管理教师时讲究一个“情”字，以情动人，调动教师的积极情绪，使教师能更充分地发挥自己的主动性、积极性和创造性。园长在处理问题时，要讲究情感因素，要分析问题的事因，处理得合情合理。因为教师在工作时需要宽松和谐的心理环境，因此，园长在执行制度的同时更要做好教师们的思想工作，既要讲究方法，又要通情达理，才能取得良好的效果。

2. 关心教师的实际生活

作为园长，要设身处地为教师们排忧解难，尤其是家庭比较困难的教师。在园里条件允许的情况下，帮助教师解决一些困难，解决他们的后顾之忧，使他们能够全身心地投入到工作中。

3．重视教师素质的提高和专业成长

园长应采用多样化的策略培养教师的综合能力：加强师资队伍建设，除了采用分层带教、业务学习、参加职后培训和鼓励自学进修外，还要采用各种方法和形式培养教师的综合能力；应大胆起用、培养骨干教师；组织科研小组，选拔学科带头人。

（三）重视幼儿

作为园长，要把保护幼儿的安全和健康放在工作的首位，对每个幼儿的各项发展都要重视。

1．重视幼儿的健康

健康对于幼儿来说无疑是最重要的，身体和心理都健康才是真正的健康。园长要高度重视并带领全园教职工重视幼儿的健康。

2．重视幼儿的教育

园长应重视幼儿的各项教育活动，而不仅仅是智育，幼儿接受的各种教育要平衡发展。园长摆正教学理念和教学目标，才能领导职工的工作。

（四）以理论为指导，在实践中创新

世界在变革，教育也在变革，要抢占竞争的制高点，人才、信息、创新是关键。这是社会经济发展的规律，教育的规律也同样如此。作为园长，应如何把握机遇，迎接竞争和挑战呢？

1．博览，勤思，以敏锐的眼光捕捉和教育相关的各种信息

宏观上，要关注国内外社会发展的形势，把握中外幼儿教育改革的动态和新思路，思考我国新时期对人才的需求及人才自身发展的需求，寻找改革的切入口。作为园长，开会、学习、参观交流的机会比较多，要利用每个外出机会，努力发现和挖掘对教育、管理有用的信息和经验。微观上，要注重实地调查，随时捕捉典型教育事例，分析研究，发现问题的症结，寻找教改实践的规律性。

园长是先行者，要带动大家一起干。教育活动的组织与实施过程是教师创造性开展工作的过程，作为园长要起到“领头羊”的作用，发挥教职工的主观能动性，将每个人的内在潜力与幼儿园的总体目标有机结合，形成整体力量，才能完成幼儿园的总目标。教师的积极性调动起来了，幼儿园就有了活力，教育活动才能生动活泼。

2．学习更新观念，做一个理性的思考者和勇于开拓创新的实践者

在推进素质教育中，园长必须从转变教育观念着手，必须从自身做起。园长对办园的理性思考最终应付诸实践，落实在教育改革中，使幼儿真正受益。

领导艺术的魅力是无限的，但它需要领导者在自己的工作中不断探索方法与追求创新，不断完善自我与发展自我。幼儿园园长，作为特殊的领导者与教育者，更需要有敏锐的眼光和分析判断能力，永远站在幼儿教育的最前沿，促进幼儿园的全面发展，为孩子的发展奠定最坚实的基础。

第五节 园长负责制

一、园长负责制的依据

1985 年 5 月颁布的《中共中央关于教育体制改革的决定》第一次提出："学校逐步实行校长负责制，有条件的学校要设立由校长主持的、人数不多的、有威信的校务委员会，作为审议机构，要建立和健全以教师为主体的教职工代表大会制度，加强民主管理和民主监督。"在我国，幼儿教育是我国学制的基础阶段，是基础教育的重要组成部分，发展幼儿教育对于促进儿童身心全面健康发展，普及义务教育，提高国民整体素质，实现全面建设小康社会的奋斗目标具有重要意义。

1989 年 8 月 20 日，经国务院批准由国家教委颁布的《幼儿园管理条例》在第四章第二十三条中提出："幼儿园园长负责幼儿园的工作。"2016 年 3 月 1 日起正式实施的《幼儿园工作规程》又一次提出："幼儿园要实行园长负责制。"这就以法规的形式进一步明确了幼儿园的内部领导体制是园长负责制。实行园长负责制给园长以充分的人、财、物自主权，调动园长管理幼儿园的积极性、主动性，有利于加强幼儿园的管理工作，增加办园活力。

二、园长负责制的含义

园长负责制是幼儿园内部的一种领导体制。幼儿园在上级主管部门的宏观领导下，以园长全面负责为核心，并与党组织的保证监督、教职工的民主管理相结合，为实现幼儿园工作目标，充分发挥行政领导职能的三位一体管理新格局的作用，这是我国幼教体制改革的核心。

《幼儿园工作规程》明确指出："幼儿园实行园长负责制。"这就规定了园长是幼儿园的最高行政负责人，是幼儿园的法人代表，在幼儿园处于中心地位。幼儿园实行园长负责制，加强园长的职责和权限，有利于发挥行政管理系统的作用，实行集中统一领导，提高管理效益，可保证对幼儿园保教工作的业务领导，确保幼儿园双重任务的顺利完成。实行园长负责制以后，应加强党的领导，充分发挥党组织的监督与支持作用；应设立园务委员会，协助园长进行科学决策；应建立教职工代表大会制度，使广大教职工民主参与管理和监督，从而保证园长负责制的实施。

在园长负责制体制下，园长要对幼儿园的工作全面负责，园长是幼儿园的法人代表，对内负责全部工作，对外代表幼儿园，承担幼儿园管理的全部责任。园长拥有幼儿园的最高行政权，具体包括以下几个方面。

（一）决策指挥权

园长有权在《幼儿园工作规程》和《幼儿园教育指导纲要（试行）》的指导下，决定自己幼儿园的具体发展规划和教育目标，并统筹幼儿园的全面工作。

（二）人事管理权

园长有权向上级提出"组阁"意见，改变幼儿园机构组织的权限关系，有权聘用、考核和奖励工作人员，有权在符合国家要求的范围内制定规章制度。

（三）财政管理权

园长有权在国家规定的范围内支配幼儿园财政费用，规划和使用幼儿园的财产设备。

三、园长负责制的形式

（一）董事会监督下的园长负责制

教育投资公司创办的幼儿园园长由公司聘任，园长对董事会负责，每年度完成与董事会签订的责任目标书。起监督作用的是董事会或教育投资管理公司的相应机构。在某些管理比较规范的幼儿教育机构内部设置相应的工会组织、党团组织起保障和监督作用。

（二）独立经营性质的园长负责制

这类幼儿园的创办者即园长和法人代表。一般情况下，此类幼儿园的规模相对比较小，尤其是在起步阶段，因此在机构的设置上不太完整。在此背景下实行的园长负责制缺乏必要的监督，容易出现园长大权独揽的现象，这不利于幼儿园良性发展。

（三）合伙人领办再聘任园长背景下实行的园长负责制

部分幼儿园为多方出资领办或合作办园，由出资者再聘任园长。虽然名义上实施的是园长负责制，但园长非法人代表，其职责更多是负责幼儿园的教养业务、保健工作等，其余财务和部分总务工作由领办合伙人监督。

（四）外资主导的园长负责制

此类幼儿园大都聘用中方和外方园长共同管理。多参照国外管理模式，园长对投资方负责。

（五）公办民助性质下的园长负责制

为了让更多的幼儿享受到高质量的教育，目前国内一些城市的优质公立幼儿园利用自身的品牌资源、教师资源与不同的投资方合作开办了公办民助性质的幼儿园。这类幼儿园由于资金投入比例、责权利划分不同，形成了比较复杂的园长负责制。一般情况下，它保留了传统的园长负责制中的三级管理架构，但接受的是合作双方的共同管理。

以上列举了新形势下的五种园长负责制。其实在幼儿园实践与管理中还有更多具体的表现。这些幼儿园从宏观管理角度看都要接受当地地方教育行政主管部门的监督管理，其存在有合理的一面，但往往忽略了传统园长负责制中的民主管理作用。《幼儿园工作规程》规定：“幼儿园应当建立教职工大会制度，或者教职工代表大会制度，依法加强民主管理和监督。”但在这五种园长负责制下的幼儿园在建立相应的民主管理和监督机制上却常有这样或那样的偏颇。

四、实施园长负责制的必要条件

实施园长负责制，园长负责建立起一整套科学的领导管理体系制度。幼儿园改制是为了进一步激发内部活力，增强自主权，它涉及用人、奖励、考评等幼儿园内部的一系列改革，从而建立起完整科学的领导管理体系和制度。应建立和完善相应的法规制度，使园长办园有自主权，也使上级主管部门督导有依据。如实行园长任期目标责任制，确定园长任职期限一般3~4年，园长任期内，有责任对幼儿园制定目标规划，并付诸实施，以任期目标完成情况作为考核园长工作和业绩的主要依据，园长要接受上级的检查，党支部的监督并及时听取教代会的意见。

实施园长负责制，幼儿园体制的改革须取得上级有关部门的支持，创设良好的外部条件。上级教育行政部门要做相应的改革。主管部门对幼儿园的领导和管理应侧重宏观管理，不干涉和代替园长的工作，这要求上级部门要理顺关系，简政放权，改变以往园长忙于应付、无自主权的弊端，使幼儿园成为一个相对独立的实体。要制定相应的考核奖惩制度，对园长的工作考核奖励和处罚要有具体规则。

要进行教师任用制度、教师劳动报酬分配制度的配套改革，使园长职、权、责统一。实施园长负责制关键就是园长职、权、责统一，如改革用人制度，教职工采用聘任制，实行双向选择，高职低聘，低职高聘，有利于教职工队伍的优化组合。

教师劳动报酬分配实行结构工资制，依据对教职工的全面工作质量检查考核，将报酬与用人和工作质量挂钩，做到多劳多得、优劳多得、责重多得。

幼儿园的上级部门应以园长的任职条件和职责为依据选好园长，好园长是实行园长责任制的前提，应根据《幼儿园管理条例》和《幼儿园工作规程》明确园长的任职资格，不断提高园长的思想文化水平和专业素质。

案例分析

某单位所属幼儿园的陈老师，在日常工作中不能很好地遵守劳动纪律，时有迟到、早退、串班聊天等违纪情况发生。在年底奖金发放时，园长根据奖罚制度从其年终奖金中扣除 1 500 元作为处罚，并奖给出满勤、工作积极认真负责的李老师，以起到奖优罚劣、奖勤罚懒、调动职工积极性的作用。陈老师心理很不平衡，认为幼儿园工作量大，放松一下没什么了不起，况且又没出现什么意外情况，要求园长退还扣发的奖金。园长认为，既然制定了规章制度，就该认真贯彻执行，否则会挫伤本园职工的积极性，拒绝了陈老师的要求。陈老师很愤怒，认为园长对自己有看法，这样做是打击报复她，还对园长进行人身攻击，并让家里人和她一起到园里大吵大闹。看到园长没有让步的意思，又找到主管幼儿园单位的上级领导哭闹，歪曲事实。而此领导在没有调查清楚的情况下，轻率地表态，认为批评一下就可以了，让园长把扣发的奖金还给陈老师，这样就使园长处于被动地位和两难境地。但该园长并没有盲从上级领导，而是写材料呈报上级，讲明情况：如果不能贯彻执行幼儿园的规章制度，那么自己就无法胜任园长的工作，况且自己的做法是正确的。上级领导对此很重视，经反复调查研究，做出决定：①给陈老师记处分一次，扣发奖金不必退还。②表扬了该园园长对工作认真负责、能把制定的方针政策贯彻执行到底的做法。

分析：案例中的园长按制度办事显然是对的。如果制定了制度却不去执行，那么园长就成为一个没有原则性的领导，失去了信用，就不能再领导全园的职工和园内事务了。俗话说："没有规矩，不成方圆。"有了制度不执行，就比没有制度还要可怕。目前我国还有相当一部分幼儿园属于单位承办，在这样的幼儿园中，实行园长负责制出现了很多困难。在这种情况下，园长能否得到上级的支持、理解与信任就直接决定了自己管理行为是否有效。

实行园长负责制，园长首先要处理好园内事务，具有正确领导和管理全园事务的才能。凡事由园长负责，全园教职工服从园长的领导，这样才能充分体现出园长的作用。同时，园长应处理好和上级主管部门的关系。因为，当前我国有许多幼儿园属于单位自办，园长由单位直接任免，而处理好与上级的关系是园长负责制在园内顺利实施的关键。在本案例中，上级领导在没有调查实情的情况下，轻率地表态是错误的。但是该园长并没有完全被动地接受上级领导的意见，而是积极地与上级协调，这表明实行园长负责制并非意味着园长就完全说了算，他还应接受上级的领导。要使上级支持幼儿园，首先得先让上级了解幼儿园。因此，需要幼儿园做好沟通协调工作，多汇报多请示，让上级领导了解幼儿园的所有制度、措施及存在的困难，这样上级对幼儿园事务心中有数，谁是谁非自然明朗。

本章小结

1. 幼儿园人力资源管理指根据人力资源现状而做出人力需求计划，选聘人员并进行有效管理，考核绩效并进行合理的培训，支付报酬并进行有效激励，结合幼儿园与个人需要进行有效开发以便实现最优绩效的一系列组织和决策活动。幼儿园的人力资源管理包括求才、用才、育才、激才、留才五大方面。

2. 幼儿园人力资源管理的特点：幼儿园人力资源管理是园所组织和个人共同发展的过程；幼儿园人力资源管理的重点是提高保教人员的能力，核心是开发教职工的潜能；幼儿园人力资源管理是一个系统工程，贯穿园所发展过程的始终；幼儿园人力资源管理的对象是保教人员，是对个人潜能的全面管理。

3. 幼儿园教职工包括专任教师、保育员、保健员、行政人员、教辅人员、工勤人员等。幼儿园保教人员包括专任教师、保健员和保育员。幼儿园应当按照服务类型、教职工与幼儿及保教人员与幼儿的一定比例配备教职工。

4. 幼儿园教师应具备的素质包括：热爱幼教事业；热爱孩子；知识丰富；教育能力；健康的人格和品德。

5. 园长领导力是指园长调动他人并与他人一起工作以实现共同目标的能力，是以园长具有有效地影响或改变被领导者的心理和行为的能力为基础，能为幼儿园发展的远景目标服务的能力，包括权力性领导力和非权力性领导力。

思考与练习

一、单项选择题

1. 幼儿园的人力资源管理包括求才、用才、育才、(　　)、留才五大方面。

A. 评才　　B. 激才　　C. 争才　　D. 养才

2. 幼儿园人力资源管理的核心是(　　)。

A. 提供充分的条件　　B. 制造各种培训机会

C. 制定好规章制度　　D. 开发教职工的潜能

3. 幼儿教师组织开展教学活动时，必须懂得(　　)技能技巧。

A. 幽默　　B. 游戏　　C. 唱歌　　D. 微笑

二、多项选择题

1. 园长们普遍认为成为一名优秀园长的重要因素表现在(　　)。

A. 领导能力　　B. 说话技巧　　C. 人格品质　　D. 察言观色

2. 幼儿教师必须懂得家庭是儿童学习和发展的一个基本环节，注意研究家庭的(　　)。

A. 工作　　B. 结构　　C. 价值观　　D. 成员数量

三、课堂实践

王老师，50 岁，有 31 年教龄。她对待工作一直很认真，但自从生了一场病后，心情就非常低落。虽然园长多次找她谈话，但她依然郁郁寡欢。为此，园长和年轻教师们商量了一下，准备为包括王老师在内的满 50 岁的老教师们开一个集体生日会。大家每人录了一段视频，园长讲述了老教师们勤勤恳恳认真工作的小事，年轻教师们列举了老教师们帮助自己的点滴，诉说了自己的感动和感激。“人一辈子认真做事不难，难在认真对待每一件事，而你们就是我们的榜样，也是我们离不开的力量。”听到这句话，许多老教师都被感动了。

事后，王老师说：“我一直觉得自己没用了，幼儿园不需要我了，没想到我做的每件小事，大家都记得。”这次生日会极大地缓和了包括王老师在内的老教师与集体的关系。此后，他们经常主动帮年轻教师带班，让年轻教师有时间去研课磨课。

一点儿小感动带来的不仅是小欢喜，更是一种集体的温暖，它让老教师们感受到自己的价值，在集体中找回了归属感。

结合案例，你认为应如何避免老教师的职业倦怠感？

四、思考与应用

谈一谈你认为幼儿园园长应该具备哪些新观念以更好地适应时代的发展。

参考答案　　真题解析

近年来，不少幼儿园试图跳出自己的小天地放眼于世界与未来，参考借鉴企业组织文化的有益经验，把先进的管理理念导入幼儿园的管理之中。幼儿园应如何根据自身特点，建设有鲜明特色的组织文化呢？如何利用文化的管理功效优化幼儿园的组织管理呢？

第十一章　幼儿园组织文化建设

学习目标

1. 了解幼儿园组织文化的含义及特点。
2. 正确认识幼儿园组织文化的结构及建设原则。
3. 理解幼儿园物质文化和精神文化建设的含义。
4. 了解幼儿园品牌建设。

课程思政目标

1. 重视幼儿园物质环境和精神环境的作用，能够创设富有教育意义的环境氛围。
2. 重视园本研修，积极创设富有特色的园本文化。

思维导图

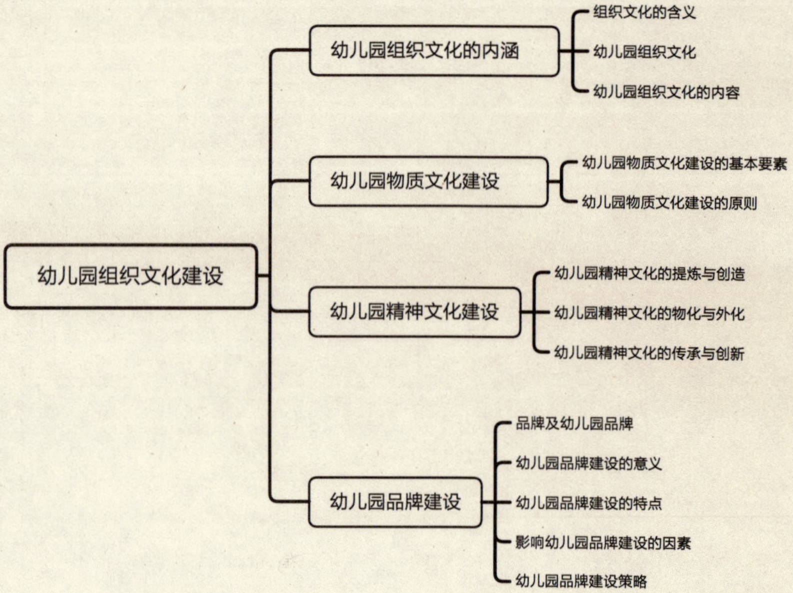

案例导入

走在通往新闸路幼儿园的弄堂中，就能感受到童趣，两旁的墙面是幼儿园孩子的涂鸦创作。这所创建于1951年的老园所，曾经是家长申请示范园落空后的无奈选择。而如今在家长圈中却已有口皆碑，幼儿就近入园率达到100%。

幼儿园的户外运动场地虽然不足1 000平方米，却把运动游戏活动作为特色，角角落落都充分利用起来：走廊上拉起挂满铃铛的彩条，孩子们快乐地玩着“穿越封锁线”游戏；教室里桌椅板凳搭建起“教室里的迪士尼”；老师正和孩子一起连通“神秘”隧道……难怪园长李玮颇为自豪地说：“孩子从上午7：30入园，直到4：30离开，场地每一分钟都是用足的。”

幼儿园还有一大特色，那就是“小眼睛大世界”社会性体验课程实践活动，每个月孩子们都要到户外去三四次，“走出”老弄堂，把幼儿园、家庭、社区、城市和大自然都变成快乐成长的天地。

思考：以上案例讲述的是上海静安区的一所幼儿园。幼儿园的教师们用心办好园，为孩子创设良好的成长环境，培育聪慧自信的快乐儿童。这些措施，是否是组织文化建设呢？

第一节　幼儿园组织文化的内涵

一所幼儿园的发展究竟靠什么？是一位负责任的好园长，一套切实可行的管理制度，还是一支素质优良的教师队伍？兼而有之，这些都是幼儿园组织文化建设的一部分。幼儿园文化是领导者的理念，是教职工的精神，是长期实践与创新过程中形成的价值观念、信仰追求、道德规范、行为准则、经营特色、管理风格和传统习惯。幼儿园要加强文化建设，使幼儿园的物质文化、制度文化、精神文化形成一个完整的思想体系，并形成独特的教育教学风格。

一所拥有良好组织文化的幼儿园不仅有助于为幼儿、教职工创造一个和谐的生活环境，而且有助于提升幼儿园的办园质量，增强幼儿园的核心竞争力。

一、组织文化的含义

组织文化是组织的灵魂，是组织发展的动力和成功的关键。组织文化的定义有广义和狭义之分。广义的组织文化是指企业在建设和发展过程中形成的物质文明和精神文明的总和，包括组织管理中的硬件和软件，外显文化和内隐文化两部分。狭义的组织文化是指组织在长期的生存和发展过程中所形成的为组织所特有的且为组织多数成员共同遵循的最高目标价值标准、基本信念和行为规范等的总和及其在组织中的反映。具体地说，组织文化是指组织全体成员共同接受的价值观念、行为准则、团队意识、思维方式、工作作风、心理预期和团体归属感等群体意识的总称。组织文化的内容分显性和隐性两大类。

（一）显性组织文化

所谓显性组织文化就是指那些以精神的物化产品和精神行为为表现形式的，人通过直观的视听器官能感受到的、符合组织文化实质的内容。它包括组织标志、工作环境、规章制度和经营管理行为等部分。

（1）组织标志是指以标志性的外化形态来表示本组织的组织文化特色，并且和其他组织明显地区别开来的内容，包括厂牌、厂服、厂徽、厂旗、厂歌、商标、组织的标志性建筑等。

（2）工作环境是指职工在组织中办公、生产、休息的场所，包括办公楼、厂房、俱乐部、图书馆等。

（3）规章制度。并非所有的规章制度都是组织文化的内容，只有那些以激发职工积极性和自觉性的规章制度，才是组织文化的内容，其中最主要的就是民主管理制度。

（4）经营管理行为。再好的组织哲学或价值观念，如果不能有效地付诸实施，就无法被职工所接受，也就无法成为组织文化。组织在生产中以"质量第一"为核心的生产活动、在销售中以"顾客至上"为宗旨的推销活动、组织内部以"建立良好的人际关系"为目标的公共关系活动等，这些行为都是组织哲学、价值观念、道德规范的具体实施，是它们的直接体现，也是这些精神活动取得成果的桥梁。

（二）隐性组织文化

隐性组织文化是组织文化的根本，是最重要的部分。隐性组织文化包括组织哲学、价值观念、道德规范、组织精神几个方面。

（1）组织哲学是一个组织全体职工所共有的对世界事物的一般看法。组织哲学是组织最高层次的文化，它主导、制约着组织文化其他内容的发展方向。从组织管理史角度看，组织哲学已经经历了"以物为中心"到"以人为中心"的转变。

（2）价值观念是人们对客观事物和个人进行的评价活动在头脑中的反映，是对客观事物和人是否具有价值及价值大小的总的看法和根本观点，包括组织存在的意义和目的，组织各项规章制度的价值和作用，组织中人的各种行为和组织利益的关系等。

（3）道德规范是组织在长期的生产经营活动中形成的，人们自觉遵守的道德风气和习俗，包括是非的界限、善恶的标准和荣辱的观念等。

（4）组织精神是指组织群体的共同心理定势和价值取向。它是组织的组织哲学、价值观念、道德观念的综合体现和高度概括，反映了全体职工的共同追求和共同认识。组织精神是组织职工在长期的生产经营活动中，在组织哲学、价值观念和道德规范的影响下形成的。

二、幼儿园组织文化

任何一个组织在发展过程中都会形成自己独特的文化，如企业文化、校园文化等，同样，幼儿园也有幼儿园文化。幼儿园文化建设作为幼儿园管理的一项重要任务，不仅是优化管理的一项重要策略，也是创立品牌幼儿园的重要战略之一。可以说，幼儿园组织文化的建设是办园理念的主要表现载体，是幼儿园最具竞争优势的要素。加强幼儿园组织文化建设可以彰显幼儿园的办园理念，展示幼儿园的独特个性，树立有特色的品牌形象，从而提高幼儿园的综合竞争力。

（一）幼儿园组织文化的定义

幼儿园是个人接受正规教育的第一个学校组织，其组织文化建设必然应当受到重视。它不仅是幼儿园具有的影响其成员行为的个性，也是推动幼儿园不断向前发展的不竭动力。一所幼儿园特有的标语口号、教职工的工作作风、集体的行为风格、园内的各种规章制度等，无不体现着这所幼儿园的组织文化。

幼儿园组织文化是指在一定背景条件下，经过长期的发展而逐步形成的，全体组织成员普遍认同并且遵循的共同价值观念、精神信仰、行为准则、工作作风等精神力量的总和。从概念上看，幼儿园组织文化包含以下两层含义。

（1）组织文化的形成与建设是一项长期的工程。组织文化不是一蹴而就的，它需要在实践中不断地摸索与修正。因为价值观念、集体意识、精神信仰等的形成在短期内不可能完成，它涉及组织内部各个成员之间、组织与外界环境之间相互适应的问题，需要不断地调节、充实与完善，最终才能达成较为稳定的共识。

（2）价值观念是幼儿园组织文化的核心要素。组织文化不同于机构设施等“硬性”因素，它是幼儿园“软性”因素的精神支柱，通过形成教职工普遍认可和遵守的价值观念、行为准则、团体意识、工作态度和思维模式等，对幼儿园成员产生影响。其中，最核心的是价值观。价值观是整个组织追求的最高目标和最高理想，一旦形成就能够整合组织内部强烈的凝聚力，激发集体意识和集体荣誉感，可以使成员自觉规范行为等。因此，幼儿园组织的价值观制约和支配着幼儿园的信念、行为规范等其他方面，是幼儿园组织文化的核心。

（二）幼儿园组织文化的结构

幼儿园组织文化作为一种特殊的文化形态，其主体是人，体现着人的价值观念、行为方式和精神风貌。在构成幼儿园组织文化的要素中，有的是看得见、摸得着的，如园徽、园服、园容、园貌；有的则相反，如价值观念、精神风貌等。因此，从人体感受性的角度出发，对幼儿园组织文化由浅入深地进行分析，可以将其结构大致分为四个层次，即物质层、行为层、制度层、精神层，如图 11-1 所示。

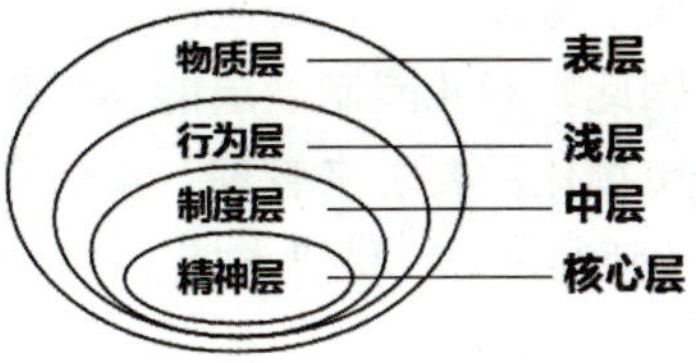

图 11-1　幼儿园组织文化的结构

1.物质层

物质层是表露于外的物质环境，处于幼儿园组织文化的表层，是人们最先接触、最先感受到的部分，包括办园条件、建筑设计、造型布局、社区环境、教育教学设施设备、园风园貌、园徽园服、成员形象等。它是组织文化中最直观、最表象的部分，具体可见又最容易进行设计和更改。同时，它也是组织文化中精神层的物质载体，是组织文化抽象内容层的外在物质显现。比如，某幼儿园在幼儿园的门和墙等环境的造型布局上，巧妙地使用中国十二生肖的图案，凸显出幼儿园的办园特色，传递了该园重视传统文化的组织文化。

拓展阅读

散发幸福温馨气息的校园环境文化

走进深圳实验幼儿园，扑面而来的是一缕清新、一丝温暖，空气里洋溢着祥和亲切的氛围，绿色从外围栏杆开始弥漫整个园区。带着一颗童心拾级而上，你会发现美好从这里开始："不露一寸黄土"的管理理念，使绿色遍布幼儿园每个角落。杜鹃花墙、绿荫小径、花圃盆景、果香鸟鸣。数十种热带瓜果树木，如龙眼、芒果等，一年之中果实不断；数百盆植物花卉，如蔷薇、文竹、绿萝等，四季飘着花香。

幼儿园文化，是一所幼儿园成熟的标志。它是一所幼儿园最为宝贵的精神财富，是幼儿园的核心竞争力所在。精神的力量是无穷的。只有拥有优秀的主流文化，才能创造出许多奇迹与辉煌，才有一个又一个承载梦想的品牌优势。

2. 行为层

幼儿园组织文化的第二层，即行为层。行为层是幼儿园组织文化的浅层，主要是指组织文化在组织活动和组织成员行为中的体现。如上下级之间及教职工之间的关系是否融洽，各部门能否团结协作，教职工面对幼儿和家长时的表现，对幼儿照料是否周到，对家长服务是否热情等。行为层是幼儿园园风园貌、人际关系、成员行为的动态集中体现，也折射出幼儿园的整体精神面貌和价值观念。

3. 制度层

幼儿园教职工的任何行为，其背后都应该有制度作为支撑，如按时上班应有作息制度，教师的衣着打扮、言谈举止应有职业行为准则等。制度层是组织文化的中层，是组织成员在共同的组织活动中应当遵守的各种规章制度、道德规范和行为准则等的总和，如园规园纪、作息时间、教学常规、保育措施、伙食要求等。同时，还应剖析其中蕴藏的人文精神、科学态度，以及执行中的坚定性、公正性等。因此，幼儿园制度层能够反映出一所幼儿园特有的管理思想和管理风格。例如，有的幼儿园以市场化的要求来管理，崇尚竞争和淘汰，坚持刚性的规章制度和职责规范；有的幼儿园重视对教师的进修、科研支持、各种奖励，在规章制度中力图体现"以人为本"的人文关怀精神。

4. 精神层

精神层在整个组织文化的结构中处于最深层，是组织文化的核心和灵魂。精神层主要包括组织成员在长期活动中逐步形成的，且为组织成员所认同的思想意识活动，如价值观念、组织哲学、精神风貌、道德习俗、思维方式等。它是一所幼儿园本质的、个性的精神风貌的集中反映，是幼儿园发展的不竭动力。它保证了保教工作的正常运转和育人目标的实现。组织文化形成与否的衡量标准，就是看组织文化的精神层是否形成。

物质层、行为层、制度层和精神层由外到内的分布形成了幼儿园组织文化的结构，它们密不可分、相互影响、相互作用，共同构成组织文化的完整体系。其中，精神层决定了制度层、行为层和物质层；制度层是精神层、行为层和物质层的中介；物质层和行为层是精神层的基础与体现。如果说物质层和行为层的文化是幼儿园的"外表"，那么制度层的文化就是幼儿园的"骨架"，而精神层的文化则是幼儿园的"灵魂"。

三、幼儿园组织文化的内容

组织文化是一个内涵丰富、全面的系统，不仅包括了那些可以通过视听器官感受到的显性内容，也包含了组织精神、价值观、组织风气等在内的隐性内容。显性内容符合幼儿园组织文化的实质，并将精神的隐性内容以物化的产品和具体行为表现出来。隐性内容则是幼儿园组织文化的本质，是最为核心的部分，直接表现为各种精神意识活动。虽然它没有直观的呈现方式，也难以用文字进行精确描述，但却对幼儿园组织的群体观念和组织成员的行为产生潜在的决定性影响。幼儿园环境的一项设计、成员的一种行为、遵循的一项制度、整体的一种氛围都是幼儿园组织隐性文化的渗透和彰显。隐性文化与显性文化的汇集，才构成整个幼儿园的组织文化。具体而言，幼儿园组织文化应包括以下内容：物质文化、行为文化、制度文化、精神文化。物质文化、行为文化、制度文化属于幼儿园组织文化的显性内容，而精神文化则是起决定作用的隐性内容。

（一）物质文化

物质文化是组织文化的外表层次，是指由幼儿园的教职工、幼儿和家长通过各种活动所创造的、体现精神价值取向的物质群或器物文化。例如，幼儿园的园服园徽、建筑群的风格与设计、环境的装饰、教学仪器设备等，实质上就是在幼儿园保教活动的场所中各种以物质形态存在的设施。物质文化透过直观存在的事物给人留下表层印象，并借助这种印象体现和传递出幼儿园自身的价值追求和办园理念。管理者在组织文化建设的时候，要对幼儿园物质材料进行选择、组织、布局和调控。由于每个幼儿园所处的环境不同、办园的理念有所差异，因而对材料挑选和投放也不一样，从而有助于形成本组织独特的物质文化。具体而言，物质文化包含以下三个方面。

1. 幼儿园组织形象

幼儿园组织形象主要是指通过幼儿园表层的外部特征和深层的教育质量所表现出来的，在社会公众心目中所留下的总体印象。外部特征如幼儿园名称、园标园训、园歌园服、幼儿园广告网站等，所呈现出来的具体形象称表层形象；教育质量如教职工的能力素质、领导者的管理水平、幼儿在幼儿园的成长和进步等，所表现出来的形象称深层形象。表层形象是幼儿园物质文化的基础，深层形象才是幼儿园的实力体现，理应受到重视且不断追求。在竞争日趋激烈的现代社会中，人们对生活质量水平的要求越来越高。家长在选择幼儿园的时候，往往也倾向于将幼儿园的组织形象，尤其是深层形象中的教育质量作为其择园的标准。因此，在这样的现实背景下，幼儿园若想得以生存和发展，就一定要重视组织成员的形象塑造与行为引导，要求教师以敬业、乐业、专业的职业形象，幼儿以遵守公德、团结乐群的积极形象，向社会展示幼儿园的组织形象。

2. 幼儿园组织环境

幼儿园组织环境主要是指与幼儿园保教活动相关的各种物质设施、园舍建筑、环境布局及教职工的学习娱乐条件等。例如，某地一所农村幼儿园，整个幼儿园环境创设所使用的材料均是当地的一些农作物，黄豆粘拼而成的世界地图、稻草编织而成的各种木偶、荷叶制成的月亮船等，如此独特的物质环境布局无不折射出该园追求自然生态教育的文化内涵。

3．幼儿园组织目标

幼儿园组织目标主要是指幼儿园全体组织成员共同追求的、期望达成的成果。它是组织成员共同价值观念的集中表现，也反映了幼儿园领导和教职工的追求层次与抱负。组织目标是幼儿园组织文化建设的出发点和归宿。确立了具体而崇高的组织目标，有助于减少组织行为的盲目性，激起组织成员的主动性与积极性，增强目标感和成就感。

拓展阅读

感悟瑞吉欧的环境创设

2005 年 4 月，我有幸随江苏学前教育考察团赴欧洲考察，来到了风靡全球的意大利北部小镇——瑞吉欧·艾米利亚。零距离地接触瑞吉欧，我完全陶醉于浓郁的人文氛围之中，它独特的环境创设给我留下了极其深刻的印象。

走近瑞吉欧，幼儿园掩映在绿荫丛中。外观建筑风格与社区浑然一体，没有亮丽炫目的色彩，也没有豪华气派的园门。朴实而不张扬，与普通的居家没有多大区别，甚至连园名、标牌都找不到，只有一个小小的门牌号。它崇尚的是朴实无华、和谐统一，幼儿园是社会的一部分，是社区的一角，两者力求自然融合。

大片绿意盎然的草地，高低起伏的土坡、小山，参差不齐的木桩，弯曲有致的鹅卵石小径，自由置放、安全性强的大型木质、绳编玩具，以自然材料建造的小木屋，数量虽不多，但功能齐全，足以满足孩子们的需求。置身此境，我们这些成年人也不禁放慢脚步，自由地呼吸清新的空气，略感疲惫的身心顿时放松下来，忘情地感受自然、体验自然，融入其中，仿佛回到了久违的童年时代，每个人脸上都绽放着灿烂的笑容。

草地边缘醒目地并排放置着三个小巧别致、色彩淡雅的分类垃圾箱，它们既潜移默化地暗示着孩子们从小要养成良好的习惯，增强环保意识，也起到了美化环境、装扮点缀的作用，很值得我们借鉴。

瑞吉欧的结构设计科学、合理，充分满足了孩子们快乐成长的需要。如何有效利用幼儿园的空间资源，使幼儿更好地参与其中，也许能从瑞吉欧环境理论中有所启发。瑞吉欧学前教育工作者认为环境是教育的重要组成部分，特别强调幼儿园里没有一处无用的环境，应赋予环境丰富而深刻的教育内涵，使一切活动都以环境的创设为基础，把环境的教育价值摆在十分重要的位置。

走进瑞吉欧，就能“阅读”到环境中蕴含的各种教育信息。例如，门厅、走道被设计成一个“会说话”的长廊，有工作安排，教师训练课程，各种接待、会议，户外参观和庆祝活动等。墙上展示着幼儿活动的照片、幼儿稚嫩的美术作品、幼儿收集的有关某个主题的各种图片等，相片下还挂着富有个性的幼儿自画像。每一个精心的布置都向各位来访者（友人、同行、家长）传达着他们的办学理念、孩子发展的动态等，一目了然，鲜活生动。

瑞吉欧的设计者尽量减少无用的空间，尽可能利用所有的空间资源，大到多功能活动区域、游戏场所、小剧场、生活体验室，小到门厅、拐角、盥洗室的水龙头、台盆等都能吸引幼儿注意力，孩子们走到哪里，哪里就成为激发他们潜力的资源。

幼儿活动室被分隔成大小不同的空间。用屏风、布帘、玩具柜等把教室分成几个小空间，各种工具、材料均摆放在幼儿伸手可及的地方。幼儿可以自由地选择他们喜欢的空间，选择他们喜欢的材料，用他们喜欢的姿势，或卧或坐，或立或走，自由自在地、全神贯注地投入到活动中。这样的空间便于幼儿在人数不同的小组中进行合作学习，使他们的沟通、竞争与合作更容易一些，同时也便于教师进行倾听、记录和引导。

活动室的家具设计充分考虑幼儿的年龄特点，色调素雅、美观协调、做工精细、质量上乘、安全无毒、简约实用、便于取放且具有储藏功能。

活动室中还设有展示台，上面陈列着许多造型各异、不同材质、五颜六色的由幼儿、教师、家长共同完成的雕塑品，孩子们常常边欣赏边评论，自信心、成就感油然而生。厨房、餐厅和盥洗室都有水槽，除了洗涤物品外还放置了一些小桶、小勺等，幼儿可以在这里进行他们喜爱的玩水活动。

在通向所有教室的中心地带有一个非常宽敞的开放式活动场所。有的安放着大、中型钻爬玩具、软质积木等；有的设置成小剧场，有舞台、屏风等，供孩子们表演他们喜爱的剧目。说来也巧，我们那天正好赶上十几个孩子在戏剧教师的指导下认真地排练准备参加社区庆祝活动的剧目。孩子们专注的神情、稚气的动作、天使般天真悦耳的嗓音深深地吸引了我们。这个空间给孩子们提供了极为良好的学习、游戏、交流的平台，让他们能够在自由自在的氛围中健康成长。

努力为幼儿营造舒适、温馨的环境，创设“家”的氛围，有助于年幼的孩子获得幸福感和安全感，有助于他们在群体中学会与他人交往，让幼儿园成为幼儿生活与学习的“快乐之家”。值得一提的是，为了满足幼儿独处的情感需要，瑞吉欧的设计者特意为一至两人活动设置了非常温馨、精巧的私密空间，当幼儿疲劳时，或与同伴发生冲突心情不佳时，可以到这个安静的小天地里休息，或与人谈心，使内心得到释放或安慰。

另一个让我印象较深的情景是几个有智力障碍的孩子均按各自不同的情况被安排在不同的年龄班上随班就读，针对这些孩子配备了专业人员及相应的康复训练的器具，这是瑞吉欧的独特之处。我们观察发现这些孩子神态自然、情绪愉悦。这种随班就读的做法让这些特殊的孩子融入普通同龄孩子中，对消除自卑、培养自信心、形成良好性格非常有益。

幼儿园的环境除了以上所谈到的物质环境中的一小部分外，同时还包括社会环境、心理环境等，值得我们学习、借鉴、研究的方面还有很多。

（徐蓓，镇江市京口区教育局）

（二）行为文化

行为文化是幼儿园组织活动和组织成员在管理、工作、人际交往、分配等方面表现出来的社会行为及行为规范程度的体现。比如，教职工在工作上是否积极，是否能够建立和谐、融洽的人际关系，教学行为是否科学恰当，分配行为是否公平，教职工是否经常主动学习，等等。行为文化是以动态形式存在的一种组织文化，反映出整个幼儿园的园风、管理风格及组织成员的精神面貌、人际关系等。行为文化具体表现为以下两个方面。

1. 组织活动方面

组织活动一方面是针对幼儿和家长的各种活动，如升旗、早操、家长开放日、亲子活动、游园活动、户外郊游活动、社区活动等。这些形式多样的常规活动是行为文化的载体，也为幼儿园组织文化开辟了更加宽广的空间，促使活动保存和传承文化的社会意义更加凸显。另一方面是关于教职工的活动，如教学研讨、相互观摩、参观交流、技能竞赛、文体活动、学习进修活动等。在幼儿园组织文化建设过程中，开展此类活动可以让组织的发展与教职工的成长同步，并达到相互补充、相互促进的双赢效果。因此，幼儿园可以通过各种活动形式强化和巩固幼儿园的组织精神与价值观念，让所有组织成员（教职工、幼儿、家长）在文化建设的过程中逐步拓宽视野、不断成长。

2. 社会行为方面

在幼儿园行为文化的建设过程中，管理者要注意及时将组织内部已经确立和形成的价值观念有效地转换为组织的自觉行为。管理者要为教职工提供充分的行为实践机会，为他们搭建各种锻炼的平台，并且要注意计划的落实和行为的评价与考核，确保行为实践取得实际的工作效果，这是管理行为的体现；管理者在安排人事工作时，要注意合理分配人员和工作量，提供合理的薪酬、福利待遇和适当的激励机制，鼓励教职工在自己的岗位上发挥积极作用，这是分配行为的体现；作为教育服务机构中的一员，幼儿园的教职工还应该有正确的教育理念和科学的教育方法，知道如何照料幼儿，开展与幼儿身心特点相符的教育活动，提供幼儿所需的教育内容，采用适合幼儿健康成长的现代教育方式，同时，幼儿园要为家长和社会提供主动、便捷、周到的服务，如家庭教育指导、专家讲座咨询、社区育儿知识普及等，这是工作行为的体现；组织内部、组织成员间在工作、生活上能相互帮助、互相支持、彼此分享、共同学习，形成团结向上、民主和谐的集体氛围，这是交往行为的体现。

幼儿园组织的行为文化非常多样，但一定要建立在与社会法律、社会道德相一致的基础上，然后进一步追求与本组织的特色相一致的文化形式。在建设的过程中，要重视具体行为的落实和行为实践后的效果，这是组织文化从观念向行为转换的巨大动力，是组织行为表达与提升的有效方法。

（三）制度文化

制度，一般而言是要求组织成员共同遵守的行动准则或规程。幼儿园的制度文化是在教育与管理过程中逐渐形成的，在生成和执行各类制度时折射出来的价值取向与行为准则。

制度文化是幼儿园组织文化的硬件内容，是处于核心精神文化和浅层物质文化之间的中间层文化。它利用外力来约束和规范组织成员的行为，给他们提供优质的文化心理氛围和正确的行为模式。同时，它为了保证组织文化的贯彻执行而显现出的强制性，有助于整合幼儿园组织体系，促进幼儿园协调有序地运转，使组织的效率最大化。因此，制度文化不仅是维系幼儿园正常秩序的保障机制，也是组织文化建设和发展的保障系统。

制度文化是规章制度、纪律、规定、奖励、惩罚等组织内一切制度形态的总和。幼儿园的制度文化则是与本组织文化特色相关的，包括各种行政管理体制、人才培养选拔制度、工作标准、职工的行为规范和礼仪俗规等内容，对组织成员的行为起规范和约束的作用。例如，园长负责制、岗位责任制属于行政管理制度；行政园长任职标准、教师资格制度属于人才选拔制度；幼儿园教育指导纲要属于工作中的课程标准；各组织成员的行为准则属于教职工的行为规范制度等，这些都属于一般的管理制度范畴。除此之外，还有一些组织独有的、具有个性特色的制度，如民主评议干部制度、同行评教制度等。总体上，一般制度与特殊制度都有明确的条文规定，需要强制执行。而幼儿园的礼仪俗规方面却是例外，它是约定俗成的，并没有加以条文的框定，也不需强制执行，一旦被组织成员所接受并沿袭下来，就成为幼儿园的一种风俗，如幼儿园节日庆祝活动、风俗习惯等。幼儿园制度文化建设，主要应做好以下三个方面的工作。

1．正确认识制度文化的作用

制度文化不仅能保证组织的有序发展，还能使组织的效率更加高效。它不是束缚和限制组织成员行为的枷锁，而是引导组织有序化、规范化的保障条件。

2．确保制度的优质生成

此项工作主要是进行制度文本的制定和完善，打造的是静态的“文本化”制度文化。在幼儿园通常要制定：教职工职业规范、考勤等全园性规章制度；幼儿园生活作息、体格锻炼、健康检查、伙食营养等卫生制度；学籍管理、备课听课、教研活动等工作制度；财务和财产管理、档案资料管理、安全保卫制度等部门性规章制度；各级人员的岗位责任制、考核奖惩制度等。在制度文化制定的过程中，要坚持以人为本、开放民主、与时俱进的原则，首先在组织内广泛征求意见，其次结合本园实际，整体构思，形成制度的全面体系框架，最后对已有制度进行考量和审查，进一步改良和完善，并结合实际的反馈再修正，才可以组织实施。在整个制度的制定过程中，一定要注意根据自己的实际情况来制定科学且切实可操作的规章制度，避免流于形式，并积极通过后续实践不断改进提升，以使幼儿园制度更加完善、有效。

3．确保制度的高效执行

制度的生成是制度文化建设的基础和前提，制度的执行才是重点和难点。制度的执行，是将静态的“文本化”制度文化向动态的“人化”制度文化迁移的关键环节。幼儿园制度文化建设能否到位，主要取决于制度的执行是否落到实处。只有在实践中公正、合理地运用制度和执行制度，并通过实践的检验和反馈，不断修正和完善制度，才能真正体现出制度的效力。

在制度文化的建设过程中，要注意刚性执行与柔性执行相结合、约束与激励相结合、执行与教育相结合，以达到提升执行实效，提高组织成员自我执行、自我管理的效果。有的幼儿园领导一味地采取严格的管理方式，实际就是生硬地执行制度，往往收不到应有的效果。而有的领导崇尚严管的同时积极倡导以人为本、尊重人的权利、满足人的需要、促进人的发展的新理念。在制定规章制度的条文中突出价值观念、态度作风等精神文化方面的条款，给制度以灵魂，强调人的理想信念、做人准则等，把精神要求与明文规定有机结合起来，把“软文化”和“硬制度”融为一体。同时，变过去的外控式管理为自主式管理，奖惩结合，一方面以惩罚来强化刚性约束，另一方面又以奖励来强化柔性激励，形成刚柔相济、软硬皆融的制度文化，使其既能起强制作用，又能起激励规范作用。这种坚持人本与科学的融合，以发展人的主体性，促进人的全面和谐发展，提升人的生命价值为根本目的的制度文化体系，才是组织成员所认同并遵循的，具有生命力的，能够真正实现成员自我价值的科学制度文化。

（四）精神文化

精神文化是幼儿园组织文化最重要的内核。它是指幼儿园全体组织成员所信奉的价值观和组织精神，以及在这种精神信念的引领下所形成的组织风气。它不仅是组织成员信仰的集体意识，还指引着他们的具体行动。

1. 幼儿园的组织价值观

幼儿园的组织价值观是幼儿园全体组织成员（包括内部管理层和教职工）对教育教学、管理、服务等活动及指导这些活动的看法或基本观点。它包括幼儿园组织存在的意义和目的、组织中各项规章制度的必要性和作用、组织中不同岗位人员的行为规范等所投射出来的价值要求。幼儿园的组织价值观不同，会形成不同的组织文化内容、形式和愿景，也会引起其层次上的差别。因此，管理者应特别注意对组织核心价值的选择与培育。

2. 幼儿园的组织精神

幼儿园的组织精神是指幼儿园组织为谋求生存和发展，为实现自己的价值和社会责任，经过长期培育形成的一系列反映群体意识的信念，是幼儿园组织的精神支柱和精神动力。它是幼儿园组织文化发展到一定阶段的产物，是幼儿园组织文化的集中体现，反映了幼儿园组织成员对组织的特征、形象、地位等的理解和认同，也涵盖了对组织未来的发展和命运所抱有的理想与希望。

幼儿园组织精神是现代意识与幼儿园个性相结合的一种群体意识，通过简洁而富有哲理的语言形式来概括，通常以园训、园歌、园规、园徽等形式表现出来。这些形式是通过全体组织成员有意识的实践活动而产生的，因而它又是全体组织成员观念意识和内在心理的外化，是指导和支配成员行为的内在力量。所以，组织精神是组织文化的核心，在整个组织文化中起着决定与支配的作用。

3. 幼儿园的组织风气

幼儿园的组织风气是指幼儿园组织及其教职工在长期的教育教学活动及共同生活中逐步形成的一种精神状态和精神风貌。幼儿园的组织风气是约定俗成的行为规范，是幼儿园组织文化在教职工的思想作风、传统习惯、工作方法、生活方式等方面的综合反映，是幼儿园组织文化的外在表现。幼儿园组织风气一旦形成，就会在幼儿园组织内部造成一定的氛围，并形成集体的心理定式，成为影响组织全体成员的无形的巨大力量。人们总是通过教职工的言行举止来感受幼儿园组织风气的存在，同时又透过幼儿园组织风气体会全体教职工共同遵循的价值观念，从而深刻地感受到该幼儿园的组织文化，如开拓进取之风、团结友爱之风、艰苦朴素之风、顽强拼搏之风等。

第二节　幼儿园物质文化建设

良好的物质文化环境是幼儿园可持续发展的基础。《幼儿园教育指导纲要（试行）》指出："环境是重要的教育资源，应通过环境的创设和利用，有效地促进幼儿的发展。"一个好的幼儿园环境就像是一本立体的、多彩的、具有吸引力的无声教科书。

幼儿园物质文化主要指园所的教学设施、校园环境、生活设施等，这是幼儿园的硬件，属于幼儿园显性文化。这些以物质形态存在的文化设施，既是幼儿园教育教学活动的场所，又是幼儿园独有的文化特征。

物质文化建设是幼儿园校园精神理念建设、制度文化建设和行为文化建设的视觉表现形式，与校园精神理念建设、制度文化建设、行为文化建设相辅相成，缺一不可。幼儿园物质文化建设首先考虑幼儿园地域文化和幼儿园自身的文化，其次再考虑物质文化的环境显现，力求做到儿童化、艺术化，突出寓教于乐和人性化的设计原则。

幼儿园物质文化的建设，要遵循幼儿园整体工作理念，要充分体现对师生的尊重和关怀，本着安全性、教育性与艺术性相结合的原则，站在园所总体建设的高度，整体策划、精细安排、统筹协调。幼儿园物质文化建设的基本理念是“为儿童建造支持性的物质环境，让其能够在环境中获得快乐与发展”。

一、幼儿园物质文化建设的基本要素

（1）园所整体设施、格局、环境的创设，包括幼儿园的建筑物、地面、大门、造型、主体色彩等园本特色定位和统一规划。

（2）幼儿活动区域的设施及环境创设，包括班级活动室、午睡室、各功能室及各区角的设施和环境创设。在创设中，要充分遵循幼儿的成长规律，从幼儿身心健康发展出发，突出园本特色理念。

（3）教职工办公区域的设施及环境创设，包括办公区域的划分，办公设施、物品的摆放，墙饰的布置等，都要体现园本特色理念。

（4）其他设施及环境创设，包括楼道、食堂、警务室等环境的创设。在园舍物质文化建设中，要本着让幼儿园的每一面墙壁，每一个角落，每一件物品，甚至幼儿园的每一棵花草树木都能“开口说话”的宗旨，对幼儿园巧妙构思、精心布局。要让教学楼整体色彩、楼道墙饰、园门造型、幼儿活动室、幼儿午睡室、教师办公室等每一个细微之处既富有美感，又蕴含教育，还能凸显园所的个性。

二、幼儿园物质文化建设的原则

（一）以儿童为本，营造适宜的育人环境

“创造支持性的学习环境，让幼儿与环境对话”是目前幼儿园发展的一大趋势。支持性环境的一个重要特征是它的自由性，即幼儿能够自由选择物质材料探索，也能够自主选择同伴去合作探索。支持性环境的另一个重要特点是可理解性，即环境中材料的设置都是适宜的，都在儿童能理解的范畴之中。只有真正让幼儿共同参与环境创设，才能使其在自由的环境中去理解、学习。例如，墙壁、草坪应该怎样“说话”是我们创设环境时所要思考的。

在某所幼儿园班级中的幼儿活动区域，教师根据幼儿的年龄特征和发展水平提供了大量可操作的材料。除了一份份可独立操作的区域材料，给予幼儿自由选择的权利之外，同时也提供丰富的适宜公共操作的材料，例如，各种工具、文具、学习材料、纸张、颜料、收纳盒等，幼儿可根据自己的需要随机取用，也可和同伴商议合作共同完成学习目标，还可协助收集材料提供给集体使用。幼儿完成的作品可以立即展示在其视线范围内的展板上，幼儿因此极有成就感。在户外，充分开发设计利用好幼儿园的每一处场地及边边角角。例如：自建小山坡并依山坡地势在山腰处挖掘出“隧道”，成为幼儿捉迷藏的好去处；普通的小走廊一经改造装饰，成为幼儿休憩聊天的休闲茶吧；夏天，孩子们在游泳池里戏水玩耍，冬天游泳池则变成一个小型游乐场。幼儿园赋予环境教育功能，实现儿童与环境对话，使幼儿成为环境的主人。

（二）以课程为基础，建设系统、生态的室内外环境

幼儿园的视觉识别系统、环境布置、设施设备等各种物质材料都应承载一定的教育功能，拥有教育内涵，才能体现幼儿园独特的物质文化氛围。因此，幼儿园文化领导者在物质环境创设时一定要从幼儿园课程体系出发，集思广益，系统地进行物质文化建设。例如，某所幼儿园在环境色彩运用上，采用浅灰、白色为主色调，配合幼儿园精心的绿化，不易造成视觉疲劳，幼儿的作品五彩斑斓，点缀其中，整个幼儿园生机盎然、充满童趣。

（三）以符号标志为载体，营造内涵丰富的教育氛围

幼儿园里随处可见各种各样的标语和图画，这些都是幼儿园最具有象征意义的符号标志，也是物质文化最外在的表现。适宜的符号标志可以营造积极向上的文化氛围，而空洞无意义的符号标志，则会让幼儿园物质环境沦为形式主义的场所。例如，富有隐喻或个性鲜明的幼儿园园徽，朗朗上口、彰显幼儿园特色的园歌，幼儿园的特色展示墙，等等，都在物质文化建设上凸显出幼儿园的教育内涵。

拓展阅读

物质环境：以儿童发展为中心画圆

（周兢　华东师范大学教授）

近两年，在中国学前教育大发展的形势下，幼儿园建设成为热点话题，出现“超大”“超级”“超标准”的攀比走势。而国际学前教育的研究告诉我们，一个学前教育机构的物质环境质量，核心是关乎儿童的学习与发展，最终无关于园舍占地面积多大、楼层多高或园舍的豪华程度如何。

学前教育质量的内涵提升，是近年国际学前教育界共同关注的一个大话题。尽管已有研究告诉我们，学前教育质量是一个与国家民族、社会文化和经济情境密切相关联的词语，不同的社会经济文化环境对于质量的要求有着不同定义。但是，研究者一致认为，在不同的社会经济文化环境中，存在着学前教育的共同质量范畴。

学前教育物质环境质量，已经被公认为任何一个国家发展学前教育事业首先需要面对的问题。高质量的幼儿园教育物质环境评价，重点关注和考察三个方面的问题：保护儿童健康与安全的质量建设，促进儿童学习与发展的质量提升，营造积极人际交往关系的质量要求。

1. 保护儿童健康与安全

为什么要加强幼儿园物质环境在保护儿童健康与安全方面的质量建设？事实上，国际学前教育事业近年的大发展，与全球化计算机时代的社会生活变化及女性就业范畴拓展比例大大增长密切相关。伴随着家长对早期儿童发展和教育的日益重视，特别是越来越多的0至3岁儿童进入学前教育机构接受早期教育，很多国家和地区在幼儿教育质量标准中，着重纳入保护儿童健康与安全的标准条款，并在学前教育质量评价过程中予以重点考核评量。

观察国际范围有关幼儿园的物质环境质量建设，加强对保护儿童健康和安全的关注和

评价，的确引发了各国幼儿园采纳各种措施，也更好地建立起为孩子及家长服务的观念。

幼儿园物质环境建设新措施有几个方面值得关注。第一，增加门禁安全监测系统。从家长送幼儿入园开始，便将幼儿纳入监测范畴。例如，美国的达拉斯“儿童啊儿童”幼儿园，采用高科技的数字化监测系统，儿童入园时家长刷卡并将儿童在园信息纳入管理范畴；挪威的郊区幼儿园，每一位教师离校时必须签署姓名、时间，提醒每一位教职人员确保对园内情况的把握。第二，重视幼儿在园午睡和餐饮环节。从服务于职业家长出发，欧美国家幼儿园纷纷延长幼儿在园时间，有的幼儿园甚至出现早7点到晚7点的值班制度。与此同时，幼儿园打破传统作息时间表，增加幼儿午睡的软垫设施，提供幼儿两餐两点，确保幼儿健康发展。第三，添置预防传染病的设备。为有效预防红眼病和手足口病等流行性疾病，许多幼儿园不再采用中央空调，转而采用独体单列的空调，同时，添置可供全园消毒各种用品的消毒设备。每天孩子离园后，各个班级用品可以轮流进行消毒。第四，购买符合标准、具备安全参数的玩教具。在国际学前教育发展的大局上，各个国家都在提高玩教具生产、采购和使用的标准，杜绝一切可能危害儿童健康安全的教学游戏材料。

2. 促进儿童学习与发展

注重促进儿童学习与发展的物质材料质量，是另外一个有关幼儿园物质环境质量提升的发展取向。什么样的物质环境因素最应受到幼儿园教育工作者重视呢？第一，充足的区域空间和游戏玩具、材料。这意味着活动室里至少有五个特定的区角，有足够的玩具、材料，真正实现在游戏中学习和发展的目的。第二，玩具和学具不是一成不变地放置在区域中，而是由教师有目的地进行策划，围绕幼儿近阶段学习需要适度更换，以帮助幼儿学习经验的形成与拓展。第三，活动室配备充足适宜的图画书资源，既要选择适合儿童语言、认知和社会性发展水平的图画书给幼儿阅读，又要考虑当前课程主题内容和儿童阅读兴趣等。有条件的幼儿园，往往由图书馆资料室进行全园图画书资源的管理和调配，并帮助幼儿建立经常借阅图画书的行为习惯。

3. 营造积极人际交往关系

高质量幼儿园物质环境评价的取向，还需要关注营造积极人际交往关系的质量要求。幼儿园物质环境的质量构建，与积极人际交往关系存在什么样的关系呢？从人际交往关系的角度分析，每一个幼儿园都存在着至少三种关系：儿童与儿童的关系，儿童与教师的关系，教师与家长的关系。审视我们的幼儿园物质环境，无论是公共场所，还是不同班级的活动室，如何营造有利于建立积极人际交往关系的环境，是我们中国学前教育工作者有必要正视的质量评价元素。

观察国际学前教育，可以看到一些引人注目的变化：第一，所有的活动区布置整洁合理，方便幼儿拿取东西，培养幼儿的信任感和安全感。第二，让幼儿带着“家庭”关系来幼儿园。通过在活动室里放置家庭照片等手段，帮助幼儿连接家庭和幼儿园，从而获得温暖安全的感觉。第三，通过玩具材料的充分提供和有效调节，让幼儿在园期间积极参与各项活动，尽量避免儿童纷争和缩短等待时间。第四，从接纳多样性的角度出发，在日常活动及儿童游戏时，允许儿童自己寻找或创造私人空间，并给予材料、玩具的支持。第五，建立家长参与活动区，设立时段满足教师与家长、家长与家长之间进行交流的需求。

学前教育机构的物质环境质量，是一个国家学前教育质量的有效组成部分。在中国学前教育快速发展的时候，需要认真思考和检视我们的幼儿园物质环境建设，真正从保护儿童健康与安全、促进儿童学习与发展、营造积极人际交往关系三个角度出发，不断提升物质环境质量。

第三节 幼儿园精神文化建设

幼儿园精神文化主要凝聚在幼儿园所拥有的园风、班风、文化传统、价值观念、特色定位等深厚底蕴之中，能够促进良好的教育氛围和综合力量的形成，能够为幼儿园和个人提供可持续发展的原动力和支持力。幼儿园精神文化是指幼儿园的历史传统和被大多数人认同的文化观念、价值观念、生活信念等，它是幼儿园精神风貌的集中反映。

一、幼儿园精神文化的提炼与创造

幼儿园精神文化涵盖很多内容，主要有以下几个方面。

（一）园风

1. 园风的意义与特点

园风就是幼儿园的风气，它是幼儿园文化在幼儿园物质和精神领域的投影。其要素包括领导的工作作风、教师的教风、幼儿的学风及幼儿园积淀的传统文化精神、学术探索所形成的风气和氛围。这样的风气是一种无形的心理环境，它的形成需要一个认同理解、相互教育、坚持成习的过程。

2. 营造良好园风的方法

（1）制定、学习办园理念与教育方针，并可悬挂在幼儿园显著位置，起到宣传和提示作用。

（2）重视幼儿园的环境创设、采光、布局、色彩等因素，因为它们最能够给人以感知觉的刺激。

（3）还教师一个温馨的“小屋”——属于他们自己的独立空间，这样的空间既有利于他们进行各自的教研工作，又使他们有放松宣泄的地方，有利于幼儿园良好精神环境的创设。

（4）教职工共同制定《教职工行为规范》《家长行为规范》《幼儿行为规范》等，构建行为文化。

（5）定期开展演讲、比赛、文艺演出、座谈等活动，将“爱”“勤”“诚”等师德风范深入到幼儿园的各个角落。

（二）班风

1. 班风的内涵

班风，即一个班级的风气，是由班级成员（教师、幼儿与家长）共同营造的一种集体氛围，反映了班级成员的整体精神风貌与个性特点，体现出班级的内在品格与外部形象。班风包括人际关系、学风、舆论、思想品德、活动、教室环境、意志、情感等要素。

2. 班风建设的灵魂人物——班主任

（1）班主任应具备的能力与素养包括人格魅力、学识魅力、管理能力、引领能力等。

（2）称职班主任的标准包括具有爱心、耐心、责任心，严于律己，为人师表，处事公平、公正，具有良好的品德形象。

（3）适时开展丰富的班级活动，弘扬和团结班内的积极力量，激发和培养幼儿与家长的集体荣誉感。

3. 树立良好班风的策略

通过班级家长会、小黑板、网站、QQ群等多种途径，利用幼儿在园时间或节假日组织文娱表演、体育竞赛、社会实践、志愿者服务队、义务劳动等多种活动，宣传、表扬热心于班级工作的家长及表现突出、有点滴进步的幼儿，要注重面向全体，公平、公正。当品德良好的幼儿、家长成为班级主流力量，团结友爱，互相关心，互相帮助的道德追求，成为班级的主流舆论即形成了纯正的班风。

以良好的班风带动和影响幼儿的行为，让幼儿成为规则的制定者和参与者。可以在每周的固定时间和孩子一起围绕某个方面的工作或问题讨论的要求和规则。如课间不大声喧哗，自由结伴游戏，喝水时自觉排队，等等。随着幼儿年龄的增长和各方面的发展，其愿意承担责任并为集体服务的意识会逐渐增强。如每天选择不同的幼儿轮流担任值日生，让每个幼儿都有机会为集体服务。出现纠纷时引导幼儿共同讨论解决，充分调动幼儿的主动性和积极性。

（三）文化传统

1. 幼儿园进行文化传统教育的意义

优秀传统文化是我们民族文化的根系，凝聚了民族的全部智慧和精神财富。从小进行这方面的启蒙教育，让幼儿在刻意营造的传统文化氛围中成长，汲取中国传统文化的精髓，对其健康成长具有十分重要的意义。

2. 文化传统教育的内容

（1）节日包括传统节日（春节、端午节、中秋节、重阳节等）、重大节日（国庆节、妇女节、儿童节等）、本土节日及有关风俗（民间庙会、乞巧节、划龙舟等）。

（2）民俗文化艺术包括地方戏曲，名胜古迹，传统音乐、美术、诗词作品，民间游戏，等等。

（3）园本文化包括本园的建立、发展史，办园理念以及园风、园标、园徽等。

3. 文化传统教育的方法

（1）创设有特色的环境。结合本园特色，统一幼儿园建筑的风格、色彩，从大处考虑，从小处着眼，使幼儿园处处散发浓郁的历史文化、艺术气息。例如，西安市第一保育院是一所有着丰厚历史积淀的幼儿园，在户外环境设计中充分体现其历史与文化：大门口两幅今昔对照的巨大浮雕，院内设有历史长廊，一幅幅浮雕壁画介绍了革命时期的代表性物品；以宝塔山、延河水和窑洞为主题的攀岩墙诉说了第一保育院的历史……该园设置了具有中国特色的教育内容，如民间游戏、剪纸、陶艺、国画、书法等，并制以相适应的墙饰、窗饰来进一步烘托中华文化的璀璨。

（2）组织专项教育活动。选择具有中国特色的寓言、传说故事、古诗等渲染中国传统文化，开展“古诗吟诵赛”“民间剪纸”“捏泥人”“蜡染创作画”“编中国结”“画中国画”等实践操作活动，让孩子通过多种材料、多种艺术表现形式，进一步认识中国传统文化，感受中国传统文化的精髓。

（四）价值观念

1. 价值观念的意义

价值观是对如何做人做事及看待物质与精神现象有意义与无意义、得与失的观念、态度与行为的选择，包括价值标准、价值判断、价值取向等。价值观是幼儿园师生员工在教育实践过程中所推崇的基本信念和奉行的目标，是本园与他园的差异性特质，是幼儿园发展的精神支持。

2. 价值观念的形成

（1）价值取向的选择。既要考虑园所人员、幼儿及其家庭、地理位置等有关因素，又要体现现代社会及幼儿园发展的规律、要求及个性。这样的价值取向选择才有生命力，才能在园所中生根、发芽、壮大，才能成为奠定幼儿园整体发展的基石。私立幼儿园常以盈利为主要目的，而公办园则体现公益性、普惠性。因此二者的价值取向有明显的差异。

（2）价值观念的认同。领导、教师的价值观与幼儿园的精神文化保持一致时，会激发自我奉献、实现自我价值的愿望，对整个幼儿园绩效的提升有很强的正面影响。出现冲突时，园长应该发动幼儿园的各个层面的力量，积极行动，共同解决问题，弥合价值冲突。另外，有效的说服、专注的倾听、及时的沟通、情感的关怀等都可以有效地解决冲突，甚至可以以此为契机，转化为构建幼儿园共享价值观。

（3）价值观念的强化。可以通过制定战略、制度、形象标志等方式使其制度化、普及化，引发教师内心的强烈认同感。幼儿园的保教与管理制度、教师评价与激励制度、经费及后勤管理制度等都应以此价值观念为导向，使之符合幼儿园的发展。

（4）价值观念的内化。通过教育培训将价值观念根植于教师心灵。可就日常学习和工作中有争议的问题及价值观展开讨论，相互交换意见，并达成共识。只有实现价值观念内化，园所才能形成友善、宽容、尊重、合作的教风与师风。

（五）特色定位

1. 特色定位的意义

幼儿园特色就是一所幼儿园特有的、优于其他园所并得到社会公认的教育教学个性风貌和风格。它是幼儿园发展的生长点、精神的支撑点、形象的闪光点。鲜明办学特色的树立是实施品牌战略的重要保证，特色已经成为幼儿园求得生存与发展的关键。

2. 如何进行特色定位

（1）将幼儿园特色与幼儿园教育教研工作紧密联系起来。

（2）将幼儿园特色与幼儿学习、生活、做人结合起来。

（3）结合幼儿园特色开发园本课程。

（4）建立评价激励机制，促进幼儿园特色的形成。

（5）营造浓郁的特色氛围。

二、幼儿园精神文化的物化与外化

（一）幼儿园精神文化的物化与外化的含义

物化，就是精神的有体化，即将人的精神、思想用有形的物质予以表现。然而，德国哲学家黑格尔指出："外化指内在的东西转化为外在的东西，主要指物质由绝对精神外化而来。"理念到物质世界的转化就是"外化"。

精神文化是抽象的，但它可以物化为一种可见的物质形态，使其成为承载、传播精神文化的载体和平台。而通过物化之后的精神文化，又会推动幼儿园精神文化的培育和发展。

（二）幼儿园精神文化物化与外化的方法与途径

幼儿园精神文化是指幼儿园的历史传统和被大多数人认同的文化观念、价值观念、生活信念等，它是一所幼儿园本质的、个性的、精神风貌的集中反映。幼儿园精神文化的物化与外化不仅表现在园所的环境建设，更体现在幼儿园的办园理念、特色定位、园风班风、科学管理等因素的物化表现。

1．物化的环境建设

精神文化是目的，物质环境是载体。幼儿园的物质环境不应仅仅追求"美化"，更应追求"文化"。在建设中要深挖教育资源，包括园容园貌、园舍建筑、校园绿化及各类教学设施等，充分融入本园的精神文化，丰富校园物质环境的审美功能，营造"让每一块墙壁能说话，让每一寸土地能育人"的校园文化气息。例如，西安市第一保育院诞生于革命根据地延安，有着80多年的光荣革命历史，延安精神是该院精神文化建设的主题。在该院的院史展室里，以时间为主线展示了"一保"的建设与发展历程。每年的新教师入职培训，幼儿园会组织新教师参观院史展览，让教师们了解西安市第一保育院厚重而长远的历史，激励教师继承光荣传统，弘扬延安精神，使院史展室成为开展新教师师德教育的起点。

2．外化的器物文化

幼儿园精神文化通过物质形态向外折射，这就是精神文化的外化过程。幼儿园精神文化外化的结果则构成了物质文化最重要的组成部分——器物文化。器物文化是幼儿园文化"裸露"在外的部分，是最容易被师生、家长、社会感知的部分，它在幼儿园的各个物质层面上都可以得到体现。包括幼儿园的园标、园徽、园旗、园歌等因素，是幼儿园精神文化的静态表现，是幼儿园管理理念的直观反映，是园长和教职工对幼儿园办园目标、办园理念战略思考的结果。

总之，使用恰当的方法与途径，将抽象的幼儿园精神文化物化与外化成为看得见、摸得着的环境与器物，将对促进幼儿园的建设和发展起到积极有效的作用。

三、幼儿园精神文化的传承与创新

（一）幼儿园精神文化传承的意义与方法

1．幼儿园精神文化传承的意义

幼儿园精神文化不仅是幼儿园文化的核心，也是幼儿园文化建设的关键，更是其发展的不竭动力。由此可见，传承幼儿园文化中最高层的精神文化，对于推进幼儿园的可持续发展，使幼儿园在激烈的竞争中占据优势，培养出身心健康和谐发展的幼儿具有不可替代的作用，在幼儿园各项工作中也有着重要的意义。精神文化是幼儿园的历史遗存，是幼儿园赖以生存、得以繁荣的根，传承幼儿园精神文化就是要"把根留住"。

2. 幼儿园精神文化传承的方法

（1）文化积淀的传承。幼儿园要始终坚持和发扬自己的优秀文化传统，经过历史的积淀、选择、凝聚，形成幼儿园特有的精神文化。幼儿园在创建精神文化环境之前需对本园的历史、现状、目标和理念进行充分论证，提出本园教育品牌建设的构想，在此基础上确定精神文化主题。

（2）团队精神的传承。在幼儿园这个团队中，教职工虽然岗位不同，任务不同，但是大家有共同的目标，所有的行动都是为实现共同目标而服务的，在工作中应表现出高度的一致性。传承优秀的团队精神，有利于营造亲密融洽的人际环境，有利于打造具有优秀师德与专业教育教学水平的教职工队伍。

首先，要尊重教师的个性特点，理解教师的需求，在教师的工作环境和心理空间上给予一定的自由度，以利于教师心情舒畅地工作，使其工作的积极性和创造性得到充分发挥。其次，要关注教师的生活和需要。管理者要关心教师的生活，给予他们有效的帮助，解决他们的后顾之忧。再次，实施互动式管理。进一步加大教学调研力度，制定相应的互动听课管理制度，达到领导与教师互相取长补短和共同进步的效果。

（3）教育理念的传承。优秀的教育理念是在实际工作中一点一滴积累起来的，是对一项项扎实有效工作的总结，是幼儿园精神文化的重要组成部分。传承优秀的教育理念，不仅可以彰显幼儿园的教育教学特色，而且能使幼儿园文化的内涵更加丰富。幼儿园应以国家教育部颁发的《幼儿园教育指导纲要（试行）》为准则，吸纳国内外先进的幼儿教育理念，开设多种形式的课程。以最适合幼儿身心发展规律的教学为主线，渗透各类先进的教学方法，多层面建构孩子的发展平台，促进幼儿身心健康和谐发展。

传承幼儿园精神文化，使幼儿园文化在传承中发展，在传承中创新。让幼儿园成为陶冶幼儿情操、规范幼儿行为、净化幼儿心灵、带给幼儿真善美感受的乐园。

（二）幼儿园精神文化创新的意义与方法

1. 幼儿园精神文化创新的意义

幼儿园精神文化是幼儿园办园思想、办园历史、育人环境、特色等的综合体现，是幼儿园文化的核心内容，也是幼儿园文化深层次的、隐性的表现形式。对内是幼儿园存在与发展的精神支柱，对外是幼儿园园风的具体表现，也是物质文化建设的出发点。

2. 幼儿园精神文化创新的方法

（1）在思考中创新。人文精神的创新可结合"办园目标""园歌""园训""师训"等共同的理念和价值观上的要求来提高幼儿园教职工的人文素养，得到全体教职工普遍认同，并发展成为一种自发的需要，成为一种言行举止的精神力量，努力把外在的文化表现转化成为内在的发展动力。

（2）在实践中创新。不是所有的改革都能取得成功，但如果因为害怕失败而不去实践，便永远与成功无缘。

①办园理念的创新。北京二中倡导的“空气养人”办学理念就是一种创新形式。该校将校园文化比作“空气”，把学校领导的任务定位在创设这样的环境氛围上，充分体现了尊重每个人的生命价值、尊重每个人的发展潜能的办学理念。这是一种具有无限想象空间的学校文化发展理念，幼儿园的办园理念也应根据自身发展的需要而不断创新。

②园所文化的创新。幼儿园应找准发展方向，在灵活办园、特色办园方面大胆实践，力争取得新的突破，营造良好的园所文化氛围，推动幼儿园的各项发展。

③教师发展的创新。幼儿园教师的发展，应该确立以尊重教师、理解教师、关心教师、激励教师、教育教师为出发点和归宿点的人文管理思想，使教师真切地感受到做人的尊严和从教的幸福。如西安市第一保育院为了促进教师专业化发展，将原来规定的每学期每人一节观摩课程，改成“自我挂牌”进行观摩教学或讲座的形式，让教师自由选择观摩课程的时间及内容，鼓励教师勇于挑战自我、增强自信，对教师的专业化发展起到很好的促进作用。

(3)在和谐中创新。每所幼儿园都有自己经过尝试和探索取得成功的经验，各园之间分享交流，经验互补，在相互交流中，不断开发新思路、研究新方法、寻求新突破，激发再创造的热情。例如，幼儿园为了有效减少孩子和家长的入园焦虑，可以让刚入园的孩子第一周只来半天，第二周过渡到下午四点放学，第三周则正常。

总之，幼儿园精神文化的传承与创新，让教职工们更加团结向上，让孩子们更加享受来自幼儿园的快乐，让家长们更加信任支持幼儿园，让幼儿园具有可持续发展的能力。

第四节　幼儿园品牌建设

品牌是一种无形资产，幼儿园品牌建设对幼儿园整体水平的提高有着关键性的作用，同时，对提高幼儿园的竞争力也有重要作用。

案例分析

非常可乐上市的时候，有人做过测试，把非常可乐倒进可口可乐的罐子里面，再把可口可乐倒进非常可乐的罐子里面，在大街上拦住一个人问他，“你有没有喝过非常可乐？你喝一下试一试。”一百个人喝完了以后，有95个人反映不太好喝，为什么呢？主要是味道不地道。而让他们喝可口可乐罐子里面装的可乐并把可乐倒出来了以后，马上有很多人由衷地赞美，“你看人家的可乐，颜色也不一样呀！”

这就是品牌的魔力。品牌就是知名度，有了知名度就有凝聚力和扩散力，也就有发展的动力。

一、品牌及幼儿园品牌

（一）品牌的定义

品牌一词来源于古挪威文字“brandr”，它的中文意思是“烙印”。其最初目的是识别和声明权利，即通过商标代表产品的所有权。在国际上得到广泛认可的代表看法可以大致分为两类：一类是基于符号区分的市场。例如，美国市场营销协会（AMA）将品牌定义为“标识一个或一组产品或服务及其组合以将它们与其他竞争产品或服务区分开的名称、术语、符号或设计”。另一类是基于产品或文化差异与消费者之间的独特关系。唐·舒尔茨认为“品牌是为买卖双方所识别并能够为双方带来价值的东西，品牌不只是名称或符号，它还与消费者有联系”。这就意味着品牌能全方位地架构出消费者与商家沟通的各个方面。

品牌不仅是产品本身，也不仅是注册徽标或商标。它是一个集成的主体，一个品牌属性、产品、符号系统、消费者群体、消费者协会、消费者含义与个性，以及渠道特征、价格系统和沟通系统等因素的集成。

人们对品牌概念的理解是一个动态的发展过程。品牌的原始含义是识别的标志。这就是品牌定义的由来。品牌是企业管理的自然品，这一点成为品牌概念的转折点。现代品牌的概念蕴含着丰富的内涵。品牌概念被运用到更广更深的领域，被不同行业的专家和研究者所借用。例如，在政治学领域形成“国家品牌”的概念，于是品牌的内涵就被不断地扩大。因此，广义上的“品牌”不单单是商品或产品所特有的，所有需要被宣传、被推广并进而要创造差异的，无论是有形的还是无形的“物品”，都可以拥有品牌，这些“物品”可以是一种商品，也可以是一个组织、一个城市或一个国家。

（二）品牌的特点

1. 独特性

领袖品牌的核心思想应该是独一无二的，具有可明显察觉与识别的鲜明特征，以与竞争品牌形成区别。为品牌构建一个独特、清新的视觉符号，是在品牌与家长之间建立品牌独特性的很好方式，例如，洞头幼儿园的标志是用DT字母组成的娃娃笑脸，简单易懂。

2. 执行力

品牌的核心思想应该与幼儿园的核心竞争力及幼儿园未来的长远发展目标相一致。也就是说，对品牌所提出的核心思想，幼儿园应该有充分的执行力，否则就难以贯彻始终。如果一个品牌将核心思想定位为“创新”，那它就必须有足够且持续的技术优势来支撑这一定位，否则这一定位只会越来越弱。

3. 感召力

品牌的核心思想应具备强大的精神感召力，体现对人类的终极关怀，震撼人的内心深处，只有这样，才能与人产生共鸣，拉近品牌与人的距离。

4. 兼容性

品牌核心思想的兼容性体现在两个方面：一是空间的兼容，品牌的核心思想应该是对其所有产品的包容，并且今后有可能跨越多个行业，所以要具有广泛的内涵；二是时间的兼容，品牌核心价值一经设定，便要长久坚持，其内涵可延续百年而不落伍，这样品牌才可能成为百年“不倒翁”。

（三）幼儿园品牌的定义及内涵

幼儿园品牌不仅是幼儿园的标志，而且是幼儿园教育质量、办学特色、课程创新及保障教育服务的全面体现。幼儿园品牌可以描述为幼儿园的内在价值、认可、水平和质量的标志性符号，可以与其他幼儿园区分开。幼儿园品牌既是代表着幼儿园教育价值取向的一种无形资产，同时又是一种有力的竞争手段和武器。幼儿园品牌应当包括以下内涵。

1．现代化的办园理念

幼儿园的日常事务、环境设施、家长服务、目标定位、办园宗旨及课程设置等诸多方面均可体现其自身所具备的现代化办园理念。现代化的办园理念有着非常先进的前瞻性，并且能够为幼儿园今后的发展指明正确的前进方向。现代化的办园理念是幼儿园塑造品牌效应的一个重要的核心因素，对幼儿园的各项工作都有着促进作用和指导作用。

2．良好的教育环境

幼儿成长不可或缺的摇篮便是环境，而要想实现儿童的发展，就需要良好的环境互动。在幼儿的成长及发展过程中，良好的教育环境能够起到很好的感染及熏陶作用。与此同时，优质社区幼儿园建设的基础和前提也是良好的幼儿园教育环境。

3．优质的保教质量

绝大多数家长在选择幼儿园时，首先考虑的就是保教质量，幼儿园优质的保教质量是社会与家长评价幼儿园的终极标准，它不仅充分体现了幼儿园的办园特色，并且也是幼儿园独特的品牌名片。

4．鲜明的园本特色

幼儿园要在激烈的市场竞争中得以生存和发展，就必须具备自身独特鲜明的园本特色。通过对国内外一些知名幼教机构进行分析和调查可以发现，所有的知名幼教机构基本上是凭借着自身鲜明的园本特色而获得社会及家长的良好赞誉与评价的。

二、幼儿园品牌建设的意义

幼儿园品牌建设是幼儿园构建或塑造自身品牌形象的过程与结果。它是家长与社会这两个群体对幼儿园特点与水平的认可与综合评价。其中囊括了办学特点、办学方向、教育研究问题、改善幼儿园形象、教学和管理、办学理念、校园文化、资源重组等。对于幼儿园来说，品牌建设有重要的意义，品牌建设是幼儿园的鲜明旗帜，它体现了高质量的幼儿园管理，并且也是对社会、家长和幼儿的质量保证。对于家长来说，选择一个幼儿园品牌与选择高质量的产品意义相当。而从社会的角度看，幼儿园品牌会影响社会主流文化的发展趋势。

有学者认为容易被社会认可的幼儿园是综合条件良好的幼儿园。政策的倾斜、老师与幼儿之间关系的良好发展、家长的绝对信任等这些因素，为扩大与优化幼儿园的存在和发展空间提供了可能性，与此同时还提供了许多机会。无论是在精神上还是在实践上，幼儿园品牌都给社会及自身创造了巨大的财富。

实践表明，幼儿园的品牌不仅可以不断提高幼儿园的办学质量，还能够带来更多的其他的社会效益。在现代信息社会中，机遇与竞争并存，在这种情况下，要想在市场中脱颖而出，就需要考虑品牌建设。让品牌知名度引领幼儿园建立属于自己的品牌形象，以良好的品牌理念为指导，去打造一条与自身的品牌形象相协调的品牌之路。做到这一点，幼儿园就可以极大地增强社会竞争力，达到可持续发展的目的。

三、幼儿园品牌建设的特点

品牌已成为现代幼儿园经营与竞争过程中的核心问题，许多幼儿园都有了相应的品牌管理部门，品牌管家和品牌至上成了一些中高档幼儿园人常挂在嘴边的口号。如何创建品牌？可能是每个幼儿园举办者必定要面临且需解决好的一个课题。作为幼儿园的品牌管理者，首先，需要在理论高度上对其有一定的认识和积累，加上实践经验，然后再结合幼教行业特点在市场中执行探索。

（一）品牌是一个发展的系统过程

正因为品牌是不断发展的，才会有一系列具有可操作性的品牌运作手段的产生。许多幼儿园管理者尽管口口声声说要做品牌，但他们经常孤立而静止地看待品牌运作，只把品牌当作其追求的目标，而没有认识到做品牌还需要对许多操作性环节认真把握并精心维护，没有在时间和空间上对品牌进行延伸。这些环节包括：品牌自身的检讨与反思、品牌系统规划、品牌运行发展和品牌的维护与延伸等，并且每一个环节又有系列性的策略手段来辅佐和配合。

幼儿园品牌管理者或广告公司需要解决的不单纯是CI（企业形象设计）或广告问题，他们面对的可能是对一个品牌全面的梳理与整合，清楚当今品牌所处的发展阶段，并应知道采取何种手段，这是一个战略与战术技巧思维与企划的过程。在理论上，品牌管理和运作者应对幼儿园宏观经营管理和微观品牌对策要有一定的认识。

（二）品牌是一个不断互动的过程

从系统品牌运营来看，品牌的不断发展不仅表现为一个持续性的时间过程，空间上也有相应的展开，这就是品牌运行所表现的互动性。幼儿园品牌塑造的最后落脚点是家长和幼儿的认同，员工和社会的认同，认同是构筑一个品牌资产的基础。幼儿园品牌的发展与维护需要不断与家长、幼儿、社会产生互动，不断与内部员工互动，与媒体和广告商互动。在这些互动过程中，幼儿园应该把握好双向平衡式的信息传播管理，所以幼儿园对家长需求层面的信息反映应是极端灵敏的，并在品牌创立和发展中去利用它，以之来确定或修正自己的品牌行为，让品牌形象真正打动家长，使品牌与家长之间构成对话与沟通。另外，员工对品牌意义的理解也至关重要，有了这一层面的互动，员工才会理解发展品牌目的之所在，同时能够明确自己的行为规范。还有外脑机构，如广告公司也是与幼儿园达成互动的关键对象，他们只有及时、准确地了解幼儿园的品牌行为，才能制订出符合品牌运行的广告策略。这种动态信息传播管理的思想体现在以品牌经营为核心的幼儿园管理与幼儿园行为中，并在幼儿园组织结构和人事管理上都有所反映。

（三）品牌是营销和传播的整合

可以说，品牌是在营销和传播中诞生的。营销和传播就像幼儿园品牌发展的两个车轮，驱动着品牌识别系统的前进和发展，从而不断积累品牌价值、提高品牌资产、塑造品牌形象，并且品牌的维护与提升也是品牌运作者在平常的营销和传播行为中努力完成的。营销与传播在市场运动中创造着“推”“拉”力，正是“推”“拉”的结合才为品牌在竞争环境中创造了强势与张力。广告只是一种品牌传播手段，而它又取决于幼儿园的营销战略，所以，品牌运营者很有必要在营销战略层面上得以扩展。有了这种提升，他们才会在品牌推广中注意到：不仅要对传播手段进行整合，还应对幼儿园营销组合的整合有所思考。例如，一个以艺术为特色的幼儿园，它如果不对其营销渠道进行规范和统一，一边在对家长说“我园美术、音乐如何如何”，一边又在说“蒙氏或双语如何如何”，结果导致家长对该幼儿园到底是做什么的感觉混乱而模糊。久而久之，家长未对该品牌建立一个鲜明而统一的强势印象，于是便会对该幼儿园失去信任。

（四）品牌是近期与长远利益的统一

在过剩经济时代，品牌是家长做出购买决定的重要因素。没有品牌要做销量，只会在市场竞争中显得步履蹒跚。同时，只做幼儿园品牌投资而又不见幼儿人数上升，是幼儿园管理者难以承受的局面，毕竟保教费等收入是幼儿园生存和发展的源泉。如何二者都做？是幼儿园与品牌管理者共同关心的问题，也是他们想要追求的目标。

营销与传播的组合和品牌在市场中的各种细致行为是否到位是解决这一问题的核心所在。有了品牌传播推广来扩大知名度和美誉度，广告传播、营销上也应作相应部署，如渠道的安排、营销的配合、合适的定价、教学科目的调整等。广告传播“拉”过家长的注意力，营销组合将产品“推”向家长面前。

四、影响幼儿园品牌建设的因素

（一）幼儿园的教育理念对幼儿园品牌建设的影响

不同幼儿园之间的区别在于办园理念不同，根据自身条件创建有独特价值的园所风格，是幼儿园品牌建设最基本的特征。如何找准方向，科学定位办园理念，无疑成为推进幼儿园品牌发展的灵魂。

很多人照搬其他园所的办园理念，常常因为实际情况不同，对指导具体工作没有什么价值，同时也缺乏特色，没有生命力。只有在符合园本实际、富有个性、有特色的办园理念的指引下，才能打造出真正属于自己的幼儿园品牌。“蒙台梭利”“华福德”等这些“舶来”的教育理念只有放在具体文化中研究，才能让我国幼儿真正从先进的教育理念中受益。

（二）幼儿园的教师队伍对幼儿园品牌建设的影响

幼儿园品牌的建设离不开教师，教师的力量可以支撑起幼儿园的品牌建设，提高教师的整体水平已经成为品牌建设必不可少的要求。幼儿园如要把品牌建设起来，教师是关键因素，一定要加强对这个群体的制度管理。当然，在幼儿园品牌建设中，教师的专业理念与师德处于核心地位。因此，幼儿园应加强幼儿教师对职业的理解与认识、幼儿的态度和行为、幼儿保育和教育的态度与行为、自身修养等方面的重视，要通过理论学习、实践反思、合作研究和榜样模仿等途径进行师德教育。

（三）幼儿园的园本特色对幼儿园品牌建设的影响

品牌是一种标识，代表一种以文化底蕴为内涵的无形资产，幼儿园只有具备独一无二的特色才能跻身社会，形成鲜明的幼儿园品牌。在幼儿园品牌建设中，应以寻求特色为突破口，在办园理念、课程服务中形成属于自己的特色，使园本特色成为幼儿园品牌建设的强有力手段和武器。

（四）管理体制对幼儿园品牌建设的影响

幼儿园的品牌建设离不开健全的管理体制，只有优化幼儿园内部管理，提高认识，转变观念，完善健全内部管理机制，增强服务意识和目标意识，才能办出质量。

科学的管理制度需在人性化的基础上由优秀的园长和管理团队共同践行，形成独特的管理文化。一个优质的品牌幼儿园必须要有改革精神、创新精神，所以其管理特色有三个主题词——“计划、执行、反思”，在此基础上还要再凝练三个主题词——“创新、开放、研究”，这是管理理念的内涵所在。

五、幼儿园品牌建设策略

现代幼儿园正经历着从幼儿园管理到幼儿园经营、再到品牌经营的过程。所谓“品牌经营”，其实就是研究怎样把幼儿园精心打造成为社会公认的品牌，利用高知名度的品牌效应，进一步扩大幼儿园的影响力，提高幼儿园的美誉度，进而提高幼儿园的办学效益。

幼儿园要想在竞争中赢得一席之地，既要有非常高的教育质量和良好的教育服务，又要有鲜明的办学特色、历史积淀，要在社会上有自己的形象和地位，在家长中树立良好的信誉度，在幼儿中形成巨大的吸引力。

由此可见，打造品牌幼儿园是幼儿园市场化运作、优化教育资源配置的必然选择。因此，如何打造品牌幼儿园，提升品牌幼儿园价值，用品牌推动幼儿园持续健康地发展，是值得幼教工作者积极思考和探索的问题。

（一）打造品牌幼儿园，需要幼儿园有准确的自身定位优势

幼儿园品牌建设的定位，是指幼儿园为自身确定一个适当的市场位置，建立自己的核心竞争力，使幼儿园在社会、家长、幼儿的心中占领一个有利的位置。它是幼儿园之间智慧的较量，是一所幼儿园生存和发展的基础。

幼儿园发展的第一要务是定位。在教育产品越来越同质化的今天，要成功打造一个品牌幼儿园，品牌定位举足轻重。定位包括理念定位、目标定位、规模定位、特色定位、文化定位等。定位不可过高，也不可过低，更不能混乱和模糊。“找准位置，鲜明个性，彰显特色”是一所普通幼儿园成长为一流名园的必经之路。

幼儿园自身的优势在哪里，特色就在哪里，幼儿园个性就在哪里。只有充分发掘出幼儿园的办园优势，才能找到办园特色的立足点和出发点，才能形成幼儿园的个性文化。

同时，张扬幼儿园个性，熔炼品牌精髓，打造品牌幼儿园，就要在“创新”上求发展，在“特色”上做文章。重视教育创新，其实并不仅仅是提高保教质量，更重要的是在家长心目中建立幼儿园保教“高质量”的印象。这就需要不断变化的思维。幼儿在变化，时代会迈步向前，家长需求也在不断改变，幼儿园就要不断迎合变化的时代潮流，不断用新理念、新知识、新活动增加品牌的时代感，让幼儿园教育与小学教育有机衔接，让人才培养满足时代需要。

（二）教育科研是打造品牌幼儿园的助推器

在品牌幼儿园建设的过程中，教育科研是最重要的支撑力量。创建品牌幼儿园不是最后的结果，而是不断自我超越的永远追求。幼儿园如何发展？怎样实施品牌战略？本身就是一个科研课题，需要进行充分地论证。品牌有大有小，价值有高有低。幼儿园品牌的价值体现在品牌幼儿园所代表的影响力、辐射力、引领力上。

品牌幼儿园不但要出成绩，更要出科研成果、办学经验、教育思想。幼儿园的精神文化和办园理念不是天生的，也不是某个园长或专家杜撰出来的，它源自幼儿园深刻的教育实践，源自孜孜不倦的探索创新，源自真实体验的感悟把握。正是在这种科研活动中，幼儿园的教育智慧得到释放，教育创意不断涌现，教育思想日趋成熟，教育精神不断丰富，教育境界不断提升，教师从研究中成为名师，园长从研究中成为专家，幼儿园从研究中成为品牌。

实践证明，教育科研是幼儿园品牌的最大“看点”，教育科研是幼儿园展示和提升自己形象的最佳平台，还是一种最实惠的免费宣传和最深入人心的广告。用教育科研打响幼儿园的品牌，是最优的路径。依靠并通过教育科研，使幼儿园长期稳定保持较高的教育水平，总结提炼出幼儿园独特的教育理念，是幼儿园快速崛起的最好办法。只有坚定地依靠教育科研，幼儿园品牌才能站得住、立得稳、走得远。

（三）建设品牌幼儿园的关键是广泛的社会参与

教育是一个系统工程，需要社会各界的广泛参与和支持。品牌幼儿园的打造，同样需要社会各界及幼儿家长的鼎力相助。品牌不是“验”出来的，品牌是伴随幼儿园成长与发展的产物，它不需要惊天动地的举措，也无需豪言壮语般的承诺，只要实实在在地运作好每一个细微之处即可。打造品牌的过程就是建立和维护与家长、幼儿、员工和社会关系的全过程。

品牌幼儿园的存在与否，不是由我们自己说了算的，而是存在于家长和幼儿心目中的。因此，我们要成立并搞好诸如“家长委员会”“骨干教师沙龙”等组织载体。还可以通过编印幼儿园刊物、召开家长会议、幼儿园网站、各种培训等形式，向家长、社会广泛宣传品牌幼儿园的打造方向、目标和阶段性的进展。让社会、家长了解办园有特色、幼儿有特长与潜能的重要意义，也取得他们在精神上、物质上的支持和认同，同时便于在家长和社会中树立起幼儿园良好的形象。

（四）品牌幼儿园发展的目标是提高保教质量

保教质量是幼儿园的生命线，是彰显品牌幼儿园的窗口，是品牌幼儿园发展与生存的永恒主题，是衡量一个幼儿园办园水平的重要标志。教育的目的在于促进人的发展，幼儿园发展的目的在于为幼儿提供更好的受教育机会。幼儿园在发展中创品牌、创特色，必须首先建立在受教育对象的发展上。因此，幼儿园的保教质量、办园水平才是支撑品牌幼儿园的基础和核心。

（五）品牌幼儿园的构建需要一流的师资队伍

提升师资的实力与水平，是实现幼儿园教育目标的核心和关键。品牌幼儿园离不开一流的师资队伍。赢得教师，才能赢得 21 世纪的教育。素质教育呼唤教师素质水平的提高。建设一流的师资队伍，是幼儿园立足的基石、前进的动力，是幼儿园品牌的重要内容。幼儿园要把建设高水平师资队伍作为立园之本。坚持引进、培养、聘用并举，大力加强师资队伍的建设，打造一支专家型、学者型的"个体素质较高，群体结构合理，富有创新精神"的师资队伍，为打造品牌幼儿园提供智力支持。

（六）品牌幼儿园的提升需要校园文化的支撑

校园文化是幼儿园师生员工创造的。幼儿园应致力于建设亲善的校园文化环境。品牌幼儿园实质上就是一种整体性的校园文化模式，它是在独特的文化环境内逐步发展形成的。可以说，独特的幼儿园文化环境，为特色幼儿园提供了生长的基础。一定的文化环境，孕育了一定的校园文化。优秀的校园文化与品牌密不可分，传统积淀、文化氛围、办园理念、学风、教风等要素构建起幼儿园品牌的根基。

在建设校园文化时，要重视对物质环境的改善，增强校园的感染力，让校园建筑设施布局合理，园容园貌整洁、优美、充满生机与活力，使师幼生活在安全、舒心、优雅的学习、工作环境中。同时还应致力于精神环境的建设，让校园文化氛围健康有益、积极向上、丰富多彩；让人际关系民主、平等、和谐，使生活在这里的人自由、协调地发展，让校园成为环境美、心灵美、语言美、行为美的教育圣地和师生的精神家园，并积极地影响家长和周围的人，进而扩展到社会和家长对品牌幼儿园的参与、打造、共建。

品牌幼儿园的打造是一个漫长的过程。幼儿园要想长久地赢得社会和家长的信任和忠诚，需要走的路还十分漫长。这就意味着幼儿园、社会和家长对品牌幼儿园，都需要有更深刻、更理性的关注。只要我们把握好创建品牌幼儿园的初衷与方向，以实事求是的态度去适应外界客观条件的变化，营造良好的教育环境，一定会完成创建目标。

拓展阅读

逐步形成"一园一品"形式多样的办园格局

《幼儿园教育指导纲要（试行）》指出："充分利用社会资源，引导幼儿实际感受祖国文化的丰富与优秀，感受家乡的变化和发展，激发幼儿爱家乡、爱祖国的情感。"上海的金山区地处远郊，有着得天独厚的自然资源，且蕴含着历史悠久的、具有地方特色的民间资源。金山区巧用乡土资源，开展具有乡土特色的各类教学活动，整个区域逐步形成"一园一品"形式多样的办园格局。

以情景性阅读为特色的东礁幼儿园创设了园本活动"东礁里"，带领孩子们沉浸式体验弄堂文化。在新华印刷厂，经过丝网印刷、裁剪装订等工序，连环画便跃然纸上；在红星书店，孩子们可以参观各式各样、各种年代的书籍，还可以挑选不同材料创作属于自己的书。

干巷幼儿园位于吕巷镇，土布纺织技艺是当地的传统文化之一，幼儿园将其融入课程，针对各年龄段创设不同的活动。在和土布的一场场"约会"中，孩子们感受美、创造美，在自己动手、自主表达中激发出热爱家乡的美好情怀。孩子们对幼儿园更是充满喜爱。

"非遗"项目田山歌，是金蔷薇幼儿园所处的金山卫镇的传统民间文艺形式。幼儿园组织家长和幼儿一起走进乡村采风，听老一辈田山歌传承人现场演绎；携手田山歌传承者共同搜集符合幼儿年龄特点的金山童谣，重新谱曲，建立课程资源包。如今，金蔷薇幼儿园已经成为田山歌社区“非遗”传承点，曾经面临失传窘境的田山歌再度萌发新芽，重启生命。孩子们唱着悠扬动听的山歌，舞出优美欢快的步伐，身心愉悦，家长们看在眼里，乐在心中。

金山区教育局局长郑瑛说：“因为老师对教育的满腔热忱与专业上的快速成长，所以才能真正创设出让每一个孩子在家门口就能获得健康成长的机会。”

本章小结

1. 幼儿园组织文化是指在一定背景条件下，经过长期的发展而逐步形成的，全体组织成员普遍认同并且遵循的共同价值观念、精神信仰、行为准则、工作作风等精神力量的总和。

2. 幼儿园组织文化结构大致分为四个层次，即物质层、行为层、制度层、精神层。

3. 物质文化建设是幼儿园校园精神理念建设、制度文化建设和行为文化建设的视觉表现形式，与校园精神理念建设、制度文化建设、行为文化建设相辅相成、缺一不可。

4. 幼儿园精神文化主要是指幼儿园的历史传统和被大多数人认同的文化观念、价值观念、生活信念等，它是一所幼儿园本质的、个性的、精神风貌的集中反映。

5. 幼儿园品牌可以描述为幼儿园的内在价值、认可、水平和质量的标志性符号，可以与其他幼儿园区分开。幼儿园的品牌既是代表着幼儿园教育价值取向的一种无形资产，同时又是一种有力的竞争手段和武器。

思考与练习

一、单项选择题

1. 下列属于显性组织文化的是（　　）。

A. 教育理念　　B. 园服　　C. 园风　　D. 工作原则

2. 幼儿园园名属于幼儿园组织文化中（　　）现象。

A. 表层　　B. 深层　　C. 实力　　D. 精神

二、多项选择题

1. 幼儿园组织文化的结构包括（　　）。

A. 物质层　　B. 行为层　　C. 制度层　　D. 精神层

2. 一个幼儿园的价值观是如何形成的（　　）？

A. 价值取向的选择　　B. 价值观念的认同　　C. 价值观念的强化　　D. 价值观念的内化

三、课堂实践

某实验幼儿园在组织文化的建设中取得了很多骄人的成绩，如重视幼儿园物质文化的创设，重视教育教学行为的科学化，重视建立良好的内外部交往氛围等。但是，其组织文化也存在一些不足，例如，忽略了创设富有较高人文内涵的物质设施，忽略了幼儿园精神文化的内化。

请结合本章所学内容，谈一谈该幼儿园应如何发挥自己的优势，弥补自身的不足，完善园所的组织文化建设。

四、思考与应用

请你创设一个幼儿园，包括幼儿园名称、LOGO、教育理念，并用自己的话进行说明。

参考答案　　真题解析

幼儿园工作评价是幼儿园管理不可缺少的重要内容和重要环节，也是教育评价的重要组成部分，那么幼儿园工作评价包括哪些方面？幼儿园工作评价的类型有哪些？在实施过程中需要注意些什么？

第十二章　幼儿园工作评价

学习目标

1. 理解幼儿园工作评价的含义和作用。
2. 熟悉幼儿园工作评价的对象、范围、内容。
3. 熟悉幼儿园工作评价的过程和意义。

课程思政目标

1. 掌握幼儿园改革和发展状况，整改评价要求。
2. 学会评价体系内涵，分析幼儿园整体管理需要改进的问题。
3. 掌握评价目的，提出幼儿园管理思路。

思维导图

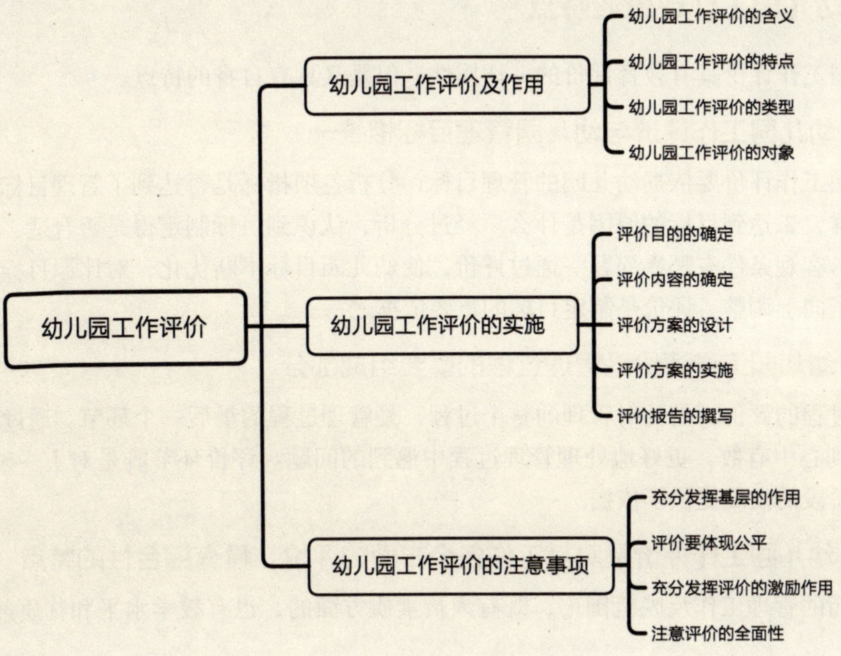

案例导入

某一级一类幼儿园即将迎来教委及相关专家的评级考核，全园都处于一种紧张状态。由于初次接待如此重要的考核，新上任的业务园长带领教师们全身心投入到环境布置、一日生活流程的细节调整等工作中，甚至在考核前夕多次加班。然而不少班级环境调了又调、改了又改，总是通不过业务园长的检查。有的老师有意无意地开始抱怨："花这么长时间改来改去，你觉得这样好，可是我觉得这样不好啊！"业务园长听到老师的抱怨，陷入了对幼儿园工作评价的思考。

思考：幼儿园工作评价的作用何在？

第一节　幼儿园工作评价及作用

一、幼儿园工作评价的含义

"评价"一词最早出现在我国北宋时期。《宋史·戚文同传》中说："市场不评价，世人知而不欺。"这里评价是讨价还价之意。因此，"评价"在古代汉语里是指评定货物的价格，当今则指衡量事物、人物的价值和作用。其实，我们所说的评价是一个价值判断的过程，而幼儿园属于教育机构，也要遵循其规律。教育评价的对象涉及教育的所有方面。

幼儿园工作评价是指依据一定的标准和程序，有目的、有计划、有组织地对幼儿园各方面工作进行深入调查，并做出价值判断的过程。幼儿园评价是幼儿园管理中不可缺少的内容和工作环节，也是教育评价的重要组成部分。幼儿园的工作繁杂多样，若管理者不能对幼儿园工作情况有效把控，就不利于各项工作的推进和落实。

二、幼儿园工作评价的特点

幼儿园工作评价具有教育评价的一切属性，但是又具有自身的特点。

（一）幼儿园工作评价与幼儿园管理目标相统一

幼儿园工作评价要依据幼儿园的管理目标，分析各项指标是否达到了管理目标，达到目标的程度怎样，未达到目标的原因是什么。经过分析，认识到目标制定得是否合适、主观的努力是否达标、客观条件有哪些问题。通过评价，使幼儿园目标不断优化，对比原目标，高了向下调整，低了向上调整。评价是制定目标的重要依据之一。

（二）幼儿园工作评价是管理过程的重要组成部分

管理过程的评价，是针对管理的整个过程，是管理过程的最后一个环节。通过评价，管理者可以做到心中有数，更好地处理管理过程中遇到的问题。评价环节既是对上一阶段的总结，又为下一阶段的发展提供了依据。

（三）幼儿园工作评价是对其工作各个方面的评价，具有综合性的特点

幼儿园的管理工作反映范围广，既有人员素质方面的，也有教学水平和物质条件方面的，

它是全方面、多层次的评价。所以要对幼儿园工作的各方面进行综合性考量，才能得出比较全面的、客观的评价。

（四）幼儿园工作评价具有导向性

评价的好坏对教职工的发展具有鲜明的导向性。大家会主动了解评价的结果并依据评价的结果对标自己的行为。评价对人的行为可以起到控制和调节的作用，促使人的行为健康有序地发展。

三、幼儿园工作评价的类型

按照不同的标准，幼儿园工作评价可以分为不同的类型，常用的有以下几种。

（一）按评价功能的不同分类

根据评价的功能不同，幼儿园工作评价可分为以下三类。

1. 诊断性评价

诊断性评价又称发展性评价，是指教育活动或某项工作开始前，为使计划更有效地实施而进行的预测性评价。该评价侧重于发现不足和问题，目的在于了解评价对象的基本情况，为制订教育计划或解决问题搜集资料、做好准备。例如，幼儿园在开发新的课程内容时，对教师和幼儿的知识、技能状况进行预测等。

2. 形成性评价

形成性评价又称过程性评价或即时评价，是指在教育计划、教育工作方案实施过程中，经常性地评价活动本身的效果。该评价的目的在于及时了解教育活动过程中的情况，及时获取反馈信息，适时调节控制，以缩小工作过程与目标之间的差距，并通过评价研究工作进程，总结经验教训及时改进工作。

3. 总结性评价

总结性评价又称终结性评价或效果评价，是指教育工作进行到一段时间或完成某阶段性工作后，对其成果作出价值判断，也就是以教育目标为基准对评价对象达到的程度进行评价。该评价侧重于对结果的评价，不关心过程和原因。例如，幼儿园在学期末对教师进行综合考评等。

（二）按评价的基准分类

根据评价的基准不同，幼儿园工作评价可分为以下三类。

1. 相对评价

相对评价是指在评价对象的集合体内选定一个或几个对象作为基准，然后将每个评价对象与基准进行比较评价。如评选先进教师等。

2. 绝对评价

绝对评价又称目标参照评价，是指在评价对象的集合体之外确定一个客观的标准或以某个既定目标为参照，判断评价对象达到的程度的评价。如上级对实验园的验收评价等。

3. 个体内差异的评价

个体内差异的评价是指以个体的过去为参照，评价个体的现在；或以个体的某方面为参照，评价其他方面。如幼儿园内部的自我评价等。

（三）按评价的方法分类

根据评价的方法不同，幼儿园工作评价可分为定量评价和定性评价。

1．定量评价

定量评价又称量化评价，是指采用定量计算的方法搜集和处理数据资料，对评价对象做出定量结果的价值判断。

2．定性评价

定性评价又称质性评价，是指采用观察、调查、分析等方法搜集和处理资料，对评价对象做出文字性描述的价值判断。

（四）按评价的主体分类

根据评价的主体不同，幼儿园工作评价可分为内部评价和外部评价。

1．内部评价

内部评价又称自我评价，评价对象是评价者本身，评价者根据一定标准对自己的学习、工作等状况进行自我分析和判断。

2．外部评价

外部评价又称他人评价，由评价对象以外的组织和个人组成评价小组或由专门人员依据一定标准对被评价者某方面的实态进行评价。

因各种评价的侧重点不同，可以根据需要和具体情况选择合适的类型，也可以综合运用。在选择类型时要注意结合评价对象的特点，考虑评价类型的差异和特点，以及对评价结果造成的影响等。

四、幼儿园工作评价的对象

幼儿园工作评价涉及内容较广，总体包括以下几个方面。

（一）幼儿园管理状态

对幼儿园管理状态的评价是为了了解和掌握幼儿园组织职能作用的发挥情况，主要内容包括对工作目标的评价，对组织机构设置的评价，对活动准则及规章制度的评价，对管理过程的运行评价，对目标管理与民主管理实施的评价等。

（二）幼儿园工作人员

对幼儿园工作人员的评价是为了考察组织中的人员素质及工作状况，主要内容包括对管理者及领导的评价，对教师的评价，对总务人员的评价等。

（三）幼儿园工作

幼儿园工作主要包括保教工作和总务工作等。对保教工作的评价可以反映保教人员的工作状况和幼儿园保教工作管理的成效，主要内容包括对保教管理过程的评价，对教养工作秩序的评价等。对总务工作的评价是考察后勤服务的质量和水平，主要内容包括对办园物质环境、卫生保健、财务管理、招生编班、档案建设的评价等。

（四）幼儿园公共关系

幼儿园教育质量的提高及教育管理效益的发挥取决于其是否能与环境积极地相互作用。因此，幼儿园公共关系评价也是重要内容，主要包括对家长委员会、家长工作状况的评价，对社区环境的协调服务的评价，对幼儿园辐射功能的评价等。

第二节　幼儿园工作评价的实施

幼儿园工作评价的组织与实施主要包括确定评价目的与评价内容、评价方案设计、评价方案撰写、评价方案实施、撰写评价报告等。

一、评价目的的确定

评价目的是进行幼儿园工作评价活动所要达到的目标和要求，是评价的指导思想，是制订评价方案的前提和依据。确定评价目的即解决“为什么评”的问题，有助于科学地设计评价方案，也使评价活动不至于成为一种盲目的、低效的或无效的劳动。

幼儿园确定的评价目的必须充分体现国家的教育目标和幼儿园培养人才的目标，符合教育规律和幼儿园的实际情况，并对教育活动具有指导作用。

二、评价内容的确定

确定评价内容即解决“评什么”的问题。幼儿园工作评价的内容有很多，如教师半日活动评价、教师工作评价、保育工作评价、幼儿园总务工作评价、家长工作评价、幼儿园目标管理评价等。一般来说，组织者可以根据幼儿园实际需要，结合各阶段工作重点，确定所要评价的内容。

三、评价方案的设计

评价方案是指整个评价工作的总体结构和工作计划，是根据教育活动和评价的一般规律，对评价的目的、内容范围、方法和程序等方面加以规范的基本文件。评价方案是评价工作的关键性指南，确保评价达到预期的目的。一般来说，设计评价方案需要设计评价的指标体系、选择适宜的评价方法等。

（一）设计评价的指标体系

指标通常是指反映某种社会现象的数字，如合格率、平均数等。幼儿园教育工作的复杂性决定了其评价指标不可能都用数字来表示，一般是用反映评价对象某方面特征的主要因素、模糊量（如优秀、良好等）或数字等综合表示。

幼儿园工作评价指标一般分为定量评价指标和定性评价指标，在实践中这两种指标往往结合起来使用。

1. 设计定量评价指标

设计定量评价指标应依据统计数据，搜集评价对象可以量化的信息，运用数学方法做出推论，计算出评价对象的各项指标及数值。

设计定量评价指标时最主要的是赋予评价指标权重，从而使评价结果正确反映评价对象的真实情况。

2. 设计定性评价指标

设计定性评价指标主要根据评价者的直觉、经验，根据评价对象过去和现在的延续状况和信息资料，再结合评价对象的性质、特点、发展变化规律等做出判断。

3. 设计指标体系要注意的问题

幼儿园评价指标体系在设计过程中要先将评价对象进行分解，也就是将大项目分解成指标体系，但要注意以下几点。

（1）指标体系要全面。

（2）各要素要区分开，不要重复。

（3）分解指标时要能够直接观察或检测到，便于操作和记录。

案例分析

小星星幼儿园将教师绩效评价从四个方面（德、能、勤、绩）的具体指标与权重分配进行年底的考评，见表 12-1。

表 12-1　教师绩效评价的项目指标与权重分配表

评价方面	项目指标	权重	分数
德：工作态度和职业道德、道德意识和职业精神	1.教师道德	2%	20
	2.爱岗敬业	2%	
	3.工作责任心	5%	
	4.遵纪守法	5%	
	5.协助合作与配班工作	4%	
	6.社会公德与家庭美德	2%	
能：从事本职工作的能力	1.体能	3%	40
	2.专业学历与培训进修	5%	
	3.教育智能（观察幼儿的能力、综合分析与判断能力、创造能力等；反思实践，提出合理化工作建议，解决实际问题的能力；能够提供适宜的解决工作问题的方案，具有创新性）	8%	
	4.教学技能（工作岗位需要的技能技巧、实施能力、组织能力和与人交往能力等）	10%	
	5.师幼互动	7%	
	6.家长沟通	7%	

续表

评价方面	项目指标	权重	分数
勤：工作积极性、事业心	1.工作主动、积极	3%	15
	2.工作负荷	4%	
	3.出勤率（无病假、事假）	8%	
绩：工作效率和效果	1.无安全责任事故	5%	25
	2.完成岗位工作的实绩（日常工作检查、评比结果）	5%	
	3.参与园内教研活动	5%	
	4.个人教科研成果（备课笔记、园内外评比、观摩课、论文、课题研究情况）	8%	
	5.岗位之外的绩效（党团工会及社区公益活动）	2%	

（二）评价方法选择

（1）数量表示法。此方法是最常用的方法，就是对评定项目打分或标出百分比，多与定量评价指标配合使用。

（2）程度表示法。此方法是一种简单易行的方法，也叫等级评价法，用优、好、中、良、差进行评定，多与定性评价指标配合使用。

四、评价方案的实施

幼儿园工作评价的实施是评价人员以评价方案为依据，根据收集的多种材料和信息，对评价对象进行判断的过程。评价方案的实施是幼儿园工作评价的重要步骤，没有具体实施过程，评价方案就是空话套话。

（一）评价实施的步骤

1. 成立领导小组

为了保证评价工作的科学、客观、公平、公正，幼儿园必须根据要求建立和组织评价工作领导小组，负责评价的组织、实施及验收。领导小组的成员要根据不同的评价对象、内容、要求等因素选择合适的人，而且要对其进行理论和技术培训，统一思想、提高认识。

2. 争取评价对象的理解

对评价工作进行宣传，获得评价对象的理解和支持，让评价对象认识到自己工作中的问题和不足，从而改进和提高工作质量，使评价工作能够顺利开展。

3. 收集、处理资料

利用各类方法如测验法、观察法、访谈法、问卷法、文献分析法、案例分法、统计分析法等收集资料。如想了解家长对幼儿园工作的意见，可以用问卷法；想了解幼儿的相互交往情况，可以用观察法等。收集资料后，要对其进行分类处理，一看资料是否健全，二看资料是否准确，这样才能保证评价的真实性。

4．实施评价，得出结论

对处理过的资料进行归类和分析后对数据进行处理，从而得出相应的结果，最后对结果进行说明，分析其原因，指出问题，提出整改意见和建议，形成评价报告。

（二）实施评价时的注意事项

1．评价要客观全面

实施评价时，搜集材料要全面、系统，数据可靠；选择的评价者要客观公正、实事求是；指标体系要设计科学，定量和定性分析相结合。

2．评价和指导相结合

评价是为了更好地工作，实现教育目标和工作目标。要发挥评价的促进作用，需要将评价与指导相结合，并对评价结果做出合理分析，从而得出改进的建议和途径。

3．评价工作要制度化

幼儿园工作要达到优秀水平不是一蹴而就的，因此要使评价工作切实起到作用，需要将幼儿园工作评价制度化，把评价工作有效地纳入管理运行过程中，从而通过有效评价来指导和控制幼儿园的实际工作，保证幼儿园教育目标的实现

五、评价报告的撰写

幼儿园工作评价报告要求对幼儿园工作评价的过程和结论进行全面描述，提出合理化意见和建议，幼儿园工作评价报告一般包括以下几个部分。

（一）封面

1．标题

评价报告的标题由评价对象、评价内容构成，如关于××幼儿园办园条件的评估报告、幼儿园安全工作自查报告等。

2．其他信息

其他信息主要包括以下方面。

（1）评价者：实施评价的组织，如幼儿园上级部门等。

（2）评价对象：可以是单位、集体或个人，如幼儿园全体教职工、某班带班教师等。

（3）评价时间：评价的具体实施时间或跨度时间，如2020年5月20日至2020年6月20日。

（4）评价完成时间：一般是报告呈递时间，如2020年7月1日。

（二）序言

序言又称前言，即报告的开头部分，内容主要包括评价的目的或指导思想，评价方案的背景，评价标准的来源，评价人员的组成，评价情况的简要描述等。

（三）正文

正文是评价报告最主要的部分，也是整个评价工作最重要的部分，主要内容包括以下方面。

（1）评价方法与过程：描述所采用的评价方法及评价实施的具体过程，重点写清评价信息的搜集与处理过程。

（2）评价结果及对结果的分析：介绍搜集到的主要信息及对这些信息的分析处理结果。

（四）结尾

评价报告的结尾主要包括以下两个方面的内容。

（1）评价结论：对评价信息处理后推断得出的结论。

（2）评价建议：对评价对象的有关工作提出相应的建议。

案例分析

《××市幼儿园等级评估标准（修订）》说明

一、标准指标体系的设立

标准指标体系共设5个一级指标、16个二级指标、44个三级指标，共154项评估标准，并配有评分操作方法。

二、标准指标体系的评分权重分配

标准指标体系总分为700分。5个一级指标的权重分配为：办园条件（表12-2）130分（占总分的18%）；队伍建设110分（占总分的16%）；保育教育质量200分（占总分的28%）；幼儿园管理150分（占总分的22%）；幼儿发展与评价110分（占总分的16%）。

三、指标体系中一些概念的说明和界定

（1）证照均须在有效期内。

公办园包含证照：托幼机构卫生评价报告、餐饮服务许可证、登记注册证、事业单位法人登记证、组织机构代码证、税务登记证。

民办园包含证照：托幼机构卫生评价报告、餐饮服务许可证、办学许可证、组织机构代码证、税务登记证、收费许可证或民办教育收费标准备案表、民办非企业单位（法人）登记证、土地证、房产证（含幼儿园与单位或个人签署的租、借等长期合法使用合同等）。

（2）幼儿园用地面积包括建筑用地、室外活动场地、绿化及园内道路用地等。

$$\text{绿化覆盖率}=\frac{\text{已绿化面积}}{\text{可绿化面积}}\times 100\%$$

（3）已绿化面积指园内已种花草、树木的面积，可绿化面积指幼儿园占地面积减去不能绿化的地方（如建筑物、跑道、水池、沙地等）的面积。

（4）办园特色，指幼儿园在全面贯彻教育方针的前提下形成的相对稳定的办园风格，包括办园模式、课程设置和开发、教育教研、幼儿园管理特色等。

（5）保教人员年流动率，指一学年内（上年9月份至下年9月份）入职和离职的人数之和占学年初教职工总人数的比例。

四、出现以下情况之一，创建工作实行一票否决

（1）证照不全。

（2）发生重大责任事故、安全责任事故或有重大安全隐患。

（3）体罚、变相体罚幼儿，有悖师德。

（4）违规收费。

（5）验收过程中弄虚作假。

（6）违背科学保教理念，“小学化”现象严重。

（7）其他因幼儿园管理不当产生较大社会负面影响。

表 12-2 办园条件指标体系

一级指标	二级指标	三级指标	评估内容	分值	评分操作办法	评估方法
办园条件（130分）	园舍（70分）	规模（8分）	1. 幼儿园证照齐全，若园舍为租赁的，需有合法有效的使用、租赁合同，租期须为5年以上（3分）	3	证照不全，创建工作实行一票否决；合同不足5年，扣2分	查看资料；实地查看
			2. 办园规模以3~12个班为宜，在人口聚集度较高的区域内可适当扩大至18个班规模（3分）	3	多于18个班，每多一个班扣1分，扣完为止	
			3. 幼儿园名称规范，不含有“国际、中华、双语、艺术”等字（2分）	2	名称不规范扣2分	
		环境（14分）	4. 选址符合《××省幼儿园基本办园标准（试行）》要求，园舍独立，设计符合幼儿特点，周边环境安全、卫生（4分）	4	园舍不独立，不得分。设计不符合幼儿特点，扣2分。周边环境不安全、不卫生，扣2分	实地查看
			5. 园内建筑安全坚固，有消防应急通道（2分）。通风、采光符合建筑规范要求（2分）。功能划分科学合理、满足使用需要（1分）	5	结合实际情况，每缺1项按照分值扣分	
			6. 园内环境净化、绿化、美化、儿童化、教育化（5分）。绿化覆盖率≥20%。园内严禁种植有毒、带刺植物	5	结合实际情况，每缺1项扣1分。绿化覆盖率每少5%，扣0.5分，扣完为止	
		场地（20分）	7. 幼儿园园舍建筑面积达到人均6㎡（4分）	4	人均占地面积每少1㎡扣1分，扣完为止	
			8. 幼儿户外活动面积达到人均4㎡（4分）	4	人均占地面积每少1㎡扣1分，扣完为止	
			9. 户外场地有软化的集中运动区和30米跑道（2分）。开辟有不同路面的自然生态区（2分）。室外活动场地地面平整、防滑、无障碍、无尖锐突出物（2分）。作为游戏场地的平屋顶应当具备有效的安全防护措施（2分）	8	结合实际情况，每缺1项按照分值扣分（没有作为游戏场地的平屋顶则该项不扣分）	
			10. 园内开辟动物饲养角、种植园地（2分）。配有沙池、戏水池等场地及相关设备（2分）	4	结合实际情况，每缺1项按照分值扣分	

续表

一级指标	二级指标	三级指标	评估内容	分值	评分操作办法	评估方法
办园条件（130分）	园舍（70分）	房屋建设（23分）	11.园舍用地、建筑面积符合《××省幼儿园基本办园标准（试行）》；建筑设计符合《托儿所、幼儿园建筑设计规范》（4分）	4	结合实际情况，酌情扣分，扣完为止	实地查看
			12.班级活动室、寝室共用的使用面积应≥90 ㎡，单设活动室使用面积应≥60 ㎡（2分）。配有独立的幼儿卫生间和有流动水洗手装置的盥洗室，盥洗室水龙头数量、间距设置合理（2分）	4	使用面积每低于标准10 ㎡扣1分；卫生间和盥洗室不合要求不得分	
			13.办公及辅助用房齐备：卫生室或保健室、隔离室、厨房、门卫室、教职工厕所（5分，每项1分）。园长教师办公室、财会室、教具储藏或资料室、运动器械存放室、会议室或接待室、值班室等（3分，每项0.5分）	8	结合实际情况，每缺1项按照分值扣分	
			14.幼儿园厨房需设置粗加工间、配餐间、主副食加工间、洗消间、主副食库房、炊事员更衣休息室（3分）。须满足“三分开”：生熟食品分开，副食品与调味品的贮藏分开，烹饪间与烧火间分开（使用燃气灶具可不分开）（2分）。如使用罐装燃气，应设置钢瓶间（2分）	7	厨房每缺1室，扣0.5分，缺3室，该项不得分。一个未分开扣1分。未按要求设置钢瓶间，扣2分	
		功能部室（5分）	15.园内设有多功能活动厅、幼儿图书阅览室、科学发现室、美术活动室、幼儿电脑室等功能室；功能齐全、实用，按教育教学活动和幼儿发展需要设计与提供玩具材料；各功能室面积要能够满足一个班50%幼儿的活动需求（5分）	5	每缺1室扣1分，功能室科学性、实用性不强，扣2分。面积不能满足50%幼儿的活动需求的扣1分	

续表

一级指标	二级指标	三级指标	评 估 内 容	分值	评分操作办法	评估方法
办园条件（130分）	设施设备（60分）	生活设备（8分）	16.每班配备环保安全、卫生美观、符合幼儿年龄特点的桌椅、床、玩具柜、图书架；须有标识清楚、间距合理的专用毛巾架、水杯架；有专用水杯、毛巾消毒设施（3分）。每班（含功能室）配有符合标准的照明、通风、饮水、取暖降温等设施设备，并采取相应防护；紫外线灯数量、安装距离达标（3分）。卫生间应设置不少于6个幼儿蹲位，蹲位须加隔板；保教人员卫生间应就近集中，或在各班分隔设置（2分）	8	结合实际情况，三种情况用品配备数量不足，不符合要求各扣2分	实地查看
		卫生保健设备（10分）	17.设卫生室的，应符合《托儿所幼儿园卫生保健工作规范》规定的设置基本要求和标准，取得辖区卫生行政部门颁发的《医疗机构执业许可证》（10分）。设保健室的，应符合《托儿所幼儿园卫生保健工作规范》规定的保健室设置基本要求和标准，保健室不得开展诊疗活动。保健室面积不少于12平方米（1分）。配备儿童观察床、桌椅、药品柜、资料柜、流动水或代用流动水的设施（2分）。配备儿童杠杆式体重计、身高计（供2岁以上儿童使用）、量床（供2岁以下儿童使用）（2分）。配备国际标准视力表或标准对数视力表灯箱、体围测量软尺（2分）。配备消毒压舌板、体温计、手电筒等晨检用品；配备消毒剂、紫外线消毒灯或其他空气消毒装置（2分）。应有临时隔离室，发现疑似传染病例时，可临时有效隔离（1分）	10	卫生室参照标准评分。保健室面积每少$1m^2$扣0.5分。保健室设施设备每缺少1项，扣0.5分，若缺项超出4个，不得分。隔离室未单独设置，位置不合理扣1分，设施不全，扣1分，无临时隔离室扣1分	

续表

一级指标	二级指标	三级指标	评 估 内 容	分值	评分操作办法	评估方法
办园条件（130分）	设施设备（60分）	厨房设备（10分）	18. 幼儿厨房配有电冰箱、留样柜、烤箱、蒸箱、和面机、绞肉机、消毒柜等主要设备，摆放科学便于使用（6分）	6	每缺1项扣1分	实地查看
			19. 幼儿厨房流程应科学合理（2分）。地面防滑，排气、排烟好，上下水通畅；防鼠防蝇设备齐全（2分）	4	流程布局不科学扣2分。每缺1项扣0.5分	
		消防安全设备（14分）	20. 按照中华人民共和国《建筑灭火器配置设计规范》要求，标配灭火器，并做到位置摆放合理，便于取放，配有使用说明和责任人；配有消防栓的幼儿园应保证随时能够使用（5分）	5	数量不足，灭火器过期，不得分，无责任人，摆放不合理，扣3分	
			21. 园内配有符合安全要求的电子监控、应急灯、防割手套、辣椒喷剂、橡胶警棍、警用钢叉等安全物防设施设备（5分）	5	每缺1项或该设备不能正常使用，电子监控扣2分，应急灯扣1分，其他每项扣0.5分	
		消防安全设备（14分）	22. 200 m^2 以上建筑必须有两个疏散楼梯；疏散指示标志设在通道两侧及拐弯处的墙面上；保证安全出口和消防通道畅通（4分）	4	无疏散通道或疏散通道不畅通，不得分，疏散指示标志无设置，扣2分	
		教学设备（18分）	23. 幼儿园玩教具配备要达到《××省幼儿园基本办园标准（试行）》中的要求，丰富多样、数量充足、安全环保，符合幼儿发展特点，自制玩教具数量占玩教具总数的1/3（2分）。户外配备适合各年龄段幼儿活动的大、中型活动器械5~10件（1分）。且种类齐全，有益于发展幼儿的各项动作技能（1分）。班级创设不少于4个活动区（1分）。提供符合幼儿年龄特点的成品及半成品操作材料，数量、种类满足游戏需要，使用率高，并能根据教育教学和幼儿发展需要及时补充更新（2分）	7	结合实际情况，按照每项分值扣分，扣完为止	

续表

一级指标	二级指标	三级指标	评 估 内 容	分值	评分操作办法	评估方法
办园条件（130分）	设施设备（60分）	教学设备（18分）	24. 全园幼儿图书人均5册以上，且种类丰富，适宜幼儿阅读（1分）。全园每年订阅供教师教学、教研使用的专业刊物不少于5种（1分）。各类教师用书（理论资料、教材、参考资料）人均15册以上（1分）。全园有供教学、教研使用的教育教学挂图、卡片、声像资料或专用计算机软件等，且不少于100种（套）（1分）。以上资料均能根据实际情况不断补充更新（1分）	5	结合实际情况，每缺1项按照分值扣分	实地查看
			25. 每班配有钢琴（电子琴）（1分）。每班配有电视机（电子白板或多媒体投影仪）、声像设备（录音机、DVD照相机）等现代化教育教学设施设备（1分）。以上设备均能很好地为班级教育教学活动服务（1分）。	3	结合实际情况，每缺1项按照分值扣分	
			26. 园内配有方便教师使用的计算机（且能上网）、打印机等设备（1分）。幼儿园建有网站或网络沟通平台（1分）。以上两项均能很好地为教师成长及教育教学服务（1分）。	3	结合实际情况，每缺1项按照分值扣分	

第三节 幼儿园工作评价的注意事项

评价工作是复杂的，需要细心细致，因此我们需要认真对待，降低评价误差，提高评价效果。幼儿园工作评价需要注意以下问题。

一、充分发挥基层的作用

评价的目的在于提高工作质量，使幼儿园办得更好，这不仅仅是管理者的愿望也是广大教职工的愿望。评价不是为了整治群众，而是为了实现基层群众的愿望。因此，评价工作要充分调动基层的积极性，让他们参与到评价工作中来，督促自己的行为，完成自己应该完成的任务。

（一）充分认识评价的意义

全体教职工要认识到评价的意义，真正感受到评价的必要性，认识到评价关系着幼儿园未来的发展。

（二）广泛征求基层的意见

毛泽东同志在《关于领导方法的若干问题》一文中说过“从群众中来，到群众中去”是中国共产党的群众路线的领导方法和工作方法。这种领导方法和工作方法是群众路线的领导方法和舆论观，而评价标准必须走群众路线，让群众讨论，才能够真正达到目的。评价标准是评价的关键，一定要有基层的充分介入。通过座谈会、访问、问卷、讨论等方式，让群众充分发表自己的意见，只有这样制定的标准才容易让大众接受，执行起来也比较容易，基层群众不能只看成是执行者，他们是幼儿园的主人。基层群众有责任为幼儿园的发展提出自己的意见。让群众参加评价标准的讨论，可使评价变为群众的需求和开展工作的动力。

二、评价要体现公平

评价标准出台后，一定要一视同仁、公平对待，管理者不可因人而异，对不同人采用不同的标准，这样评价就失去了客观性和公平性。评价要对事不对人，评价具有导向性。如果我们因人而异，就会让大家感到评价有失公正；如果没有科学性，带有主观情绪，主要看与评价者关系的好坏，这种错误导向会影响幼儿园的整体风气，使幼儿园失去凝聚力。因此，评价标准一旦确定，就应该严格执行，公平对待。

三、充分发挥评价的激励作用

评价的目的是推动教育与管理质量的提高，调动基层群众的积极性。但是如果不能正确对待评价结果，就会起到相反的作用，降低教职工的工作热情。通过评价，让基层群众认识到自己工作中存在的不足，找出问题，为今后的工作确定新的努力目标。对于那些评价结果较差的教职工，管理者要帮助其分析原因，制订提高方案，让其树立信心，而不是一味指责，这样做只会打击其积极性，使其丧失信心。

四、注意评价的全面性

不要一次评价就下定论，应该系统地、科学地、发展地、全方位地考察幼儿园教育与管理工作各方面的情况，这就要求评价的标准和内容要全面，要经过几次评价后再下最终结论，同时要结合平时表现。只有坚持评价的全面性，才能保障评价结论客观、准确和科学，要杜绝以偏概全。幼儿园是教育机构，很多指标不能量化，因此不能机械地对待评价标准和结果，要考虑到特殊性。

本章小结

1. 幼儿园工作评价是以幼儿园工作目标为依据，有组织、有计划、有程序地对幼儿园各方面工作深入调查、搜集资料，并进行价值判断的工作过程。

2. 幼儿园工作评价对幼儿园保教工作有导向作用、对教职工有激励作用、对管理工作有诊断作用、对发展规划有借鉴作用。

3. 幼儿园工作评价按不同的标准可分成多种类型，各种评价的侧重点不同，可以根据需要和具体情况选择合适的类型，也可以综合运用。

4. 幼儿园工作评价的对象主要包括：幼儿园管理状态、幼儿园工作人员、幼儿园工作、幼儿园公共关系等方面。

5. 幼儿园工作评价的组织与实施主要包括确定评价目的、确定评价内容、设计评价方案、实施评价方案、撰写评价报告等内容。

6. 评价要注意公平公正，调动基层群众积极性。

思考与练习

一、单项选择题

1.“幼儿园工作评价有利于全体教职工端正思想，树立正确的教育价值观，避免重教轻保、重智轻体、重智轻德等情况，真正实现幼儿身心全面、和谐发展的教育目标。”体现了幼儿园工作评价（　　）。

A. 对保教工作有导向作用　　B. 对教职工有激励作用
C. 对管理工作有诊断作用　　D. 对发展规划有借鉴作用

2.“幼儿园以大多数人达到的水平为基准，评选先进教职工、模范典型。”属（　　）。

A. 定性评价　　B. 相对评价　　C. 绝对评价　　D. 个体差异评价

3.（　　）即解决“为什么评”的问题，有助于科学地设计评价方案，也使评价活动不至于成为一种盲目的、低效的或无效的劳动。

A. 确定评价目的　　B. 确定评价内容　　C. 设计评价方案　　D. 实施评价方案

二、多项选择题

1. 幼儿园评价工作对象涉及（　　）。

A. 幼儿园管理状态　　B. 幼儿园工作人员　　C. 幼儿园工作　　D. 幼儿园公共关系

2. 根据评价基准不同，幼儿园评价可分为（　　）。

A. 相对评价　　B. 绝对评价　　C. 个体内差异评价　　D. 总结性评价

三、课堂实践

在某一集团化办学的连锁幼儿园，管理该幼儿园的集团领导为了提高教学质量，组织旗下的8所幼儿园进行集中教学活动评比。评委老师由集团领导及部分教学园长组成。经过对8所幼儿园一天的集中教学活动观摩，评出了一、二、三等奖，此活动告一段落。

请你结合幼儿园工作评价的相关内容，评价此种做法的利弊。

四、思考与应用

1. 根据案例结合当地幼儿园实际情况设计评价指标，做到内容详实、切合实际、操作容易。

2. 根据评价方案，分别到不同的幼儿园进行评价，并提交评价报告。

参考答案　　真题解析

参考文献

[1] 彼得·德鲁克.德鲁克管理思想精要[M].李维安，王世权，刘金岩，译.北京：机械工业出版社，2019.

[2] 李传军.管理学：理论与实践[M].2版.北京：北京大学出版社，2018.

[3] 王瑜，贺燕丽.幼儿园组织与管理[M].北京：高等教育出版社，2015.

[4] 姚丽娜.管理学基础与实务[M].2版.北京：清华大学出版社，2018.

[5] 张晓焱.幼儿园管理[M].北京：航空工业出版社，2014.

[6] 才金城.中国古代管理思想与智慧[M].北京：清华大学出版社，2014.

[7] 刘苏.现代幼儿园管理[M].天津：天津社会科学院出版社，2003.

[8] 张莉娜，王萍，吴明宇，等.幼儿园管理[M].北京：清华大学出版社，2018.

[9] 张慧敏.幼儿园组织与管理[M].北京：人民邮电出版社，2014.

[10] 帕特丽夏.幼儿园管理：儿童发展中心管理学[M].5版.严冷，赵东辉，高维华，等译.上海：华东师范大学出版社，2007.

[11] 加里·哈默，比尔·布林.管理大未来[M].陈劲，译.北京：中信出版社，2008.

[12] 哈罗德·孔茨，西里尔·奥唐奈，海因茨·韦里克.管理学[M].黄砥石，陶文达，译.傅介声，校.北京：中国社会科学出版社，1987.

[13] 秦明华，张欣.幼儿园组织与管理[M].2版.上海：复旦大学出版社，2014.

[14] 陈迁.幼儿园管理的50个细节[M].福州：福建教育出版社，2011.

[15] 文红欣.幼儿园组织与管理[M].北京：教育科学出版社，2012.

[16] 张燕，邢利娅.幼儿园组织与管理[M].北京：北京师范大学出版社，2002.

[17] 练集财.幼儿园人力资源管理实战手册[M].北京：中国农业出版社，2016.

[18] 霍力岩.学前教育评价[M].北京：北京师范大学出版社，2000.

[19] 胡惠闽，郭良菁.幼儿园教育评价[M].上海：华东师范大学出版社，2009.

[20] 张燕.关于我国幼儿教育现代化的思考[J].学前教育，1998(4)：4-5.

[21] 张莉.幼儿园管理的“改”与“变”[J].好家长，2019(70)：34-35.

[22] 彭海霞.基于幼儿生命成长的“实”文化追求：对新时期高品质幼儿园管理的思考与实践[J].教育科学论坛，2019(17)：71-77.